N° 66[1]

PENSIONS MILITAIRES

Volume mis à jour à la date du 15 novembre 1917.

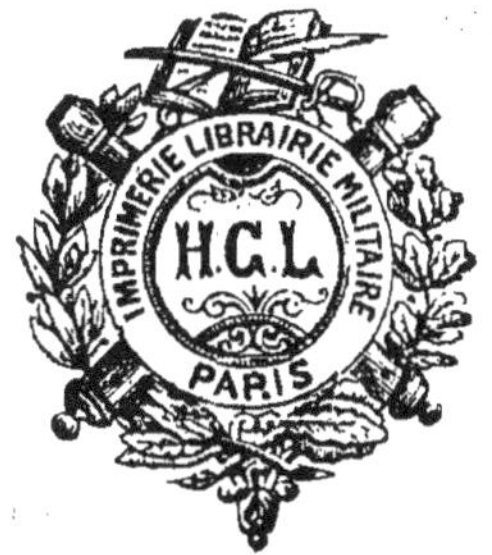

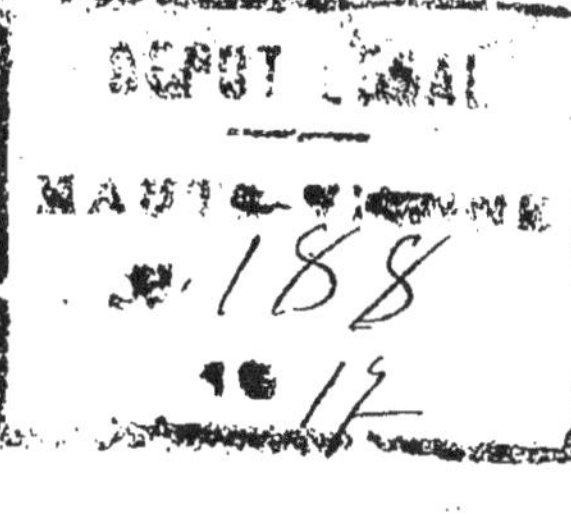

PARIS
HENRI CHARLES-LAVAUZELLE
Editeur militaire
124, Boulevard Saint-Germain, 124

(MÊME MAISON A LIMOGES)

PENSIONS MILITAIRES

Volume mis à jour à la date du 15 novembre 1917.

PARIS

Henri CHARLES-LAVAUZELLE

Editeur militaire

124, Boulevard Saint-Germain, 124

—

(MÊME MAISON A LIMOGES)

PENSIONS MILITAIRES

I^{RE} PARTIE.

Lois, ordonnances, décrets, etc., formant la réglementation du service des pensions militaires.

---

§ 1er. — Dispositions générales concernant l'armée de terre.

Extrait de la loi de finances du 25 mars 1817.

. . . .

TITRE IV.

Dispositions relatives aux pensions.

Art. 22. Toutes les pensions à la charge de l'Etat seront inscrites sur le livre des pensions du trésor royal, à partir du 1er juillet 1817, et payées sur les fonds généraux, suivant le mode établi pour celles précédemment inscrites au Trésor, aux époques qui seront déterminées par des ordonnances.

Le montant de la dépense sera retranché des crédits ouverts aux ministères, et accroîtra d'autant le fonds de la dette publique.

Art. 23. En conséquence, les Ministres ne pourront faire payer dorénavant aucune pension sur les fonds de leurs départements respectifs, pour les arrérages postérieurs au 30 juin 1817.

Art. 24. L'inscription au Trésor aura lieu d'après les tableaux qui seront adressés, par le Ministre des différents départements, au Ministre des finances. Ces tableaux devront énoncer la date et la nature de l'acte constitutif de chaque pension, ainsi que les motifs sur lesquels elle a été accordée.

Art. 25. Le Ministre des finances ne pourra faire inscrire ni payer aucune pension dont la création ne serait pas justifiée comme il est prescrit ci-dessus, ou dont le montant dépasserait le maximum fixé par les lois.

Art. 26. . . . . (1)

Art. 27. . . . . (2)

Néanmoins les pensions de retraite pour services militaires pourront être cumulées avec un traitement civil d'activité.

Loi sur les pensions de l'armée de terre.

A Paris, au Palais-Royal, le 11 avril 1831.

Louis-Philippe, Roi des Français, à tous présents et à venir, salut.

---

(1) Abrogé par l'article 40 de la loi du 16 avril 1895 (voir p. 54).

(2) Le premier alinéa de cet article a été modifié par l'art. 31 de la loi du 9 juin 1853 sur les pensions civiles (volume 66³) et par l'art. 11 de la loi du 5 août 1879 et l'art. 40 de la loi du 30 décembre 1913 (voir pages 78 et 156).

Les Chambres ont adopté, Nous avons ordonné et ordonnons ce qui suit :

TITRE Ier.

Des pensions de retraite pour ancienneté de service.

SECTION Ire.

DES DROITS A LA PENSION.

Art. 1er (1). Le droit à la pension de retraite par ancienneté est acquis à trente ans accomplis de service effectif.

Art. 2. Les années de service, pour la pension militaire de retraite, se comptent de l'âge où la loi permet de contracter un engagement volontaire.

Art. 3. Le service des marins incorporés dans l'armée de terre leur est compté pour le temps antérieur à cette incorporation, d'après les lois qui régissent les pensions de l'armée de mer.

Art. 4. Est compté pour la pension militaire de retraite le temps passé dans un service civil qui donne droit à pension, pourvu toutefois que la durée des services militaires soit au moins de vingt ans.

Art. 5. Il est compté quatre années de service effectif, à titre d'études préliminaires, aux élèves de l'Ecole polytechnique, au moment où ils entrent comme officiers dans les armes spéciales.

Art. 6. Le temps passé hors de l'activité, avec jouissance d'une pension de retraite, ne peut entrer dans la supputation du service effectif.

Il en est de même du temps pendant lequel une pension militaire aura été cumulée avec la solde d'activité dans les corps détachés de la garde nationale, comme auxiliaires de l'armée, à moins que le pensionnaire n'ait acquis dans ces corps, et par les causes énoncées au titre II ci-après, des droits à une pension plus élevée,

---

(1) Modifié par la loi du 26 avril 1855 (art. 19) fixant à vingt-cinq ans le temps de service exigé des sous-officiers et soldats (voir p. 28).

ou qu'il n'y ait fait campagne, auquel cas il jouira du bénéfice de l'article 7.

Art. 7. Les militaires qui auront le temps de service exigé par les articles précédents pour la pension d'ancienneté seront admis à compter en sus les années de campagnes, d'après les règles suivantes :

Sera compté pour la totalité, en sus de sa durée effective, le service militaire qui aura été fait :

1° Sur le pied de guerre ;

2° Dans un corps d'armée occupant un territoire étranger, en temps de paix ou de guerre ;

3° A bord, pour les troupes embarquées en temps de guerre maritime ;

4° Hors d'Europe, en temps de paix, pour les militaires envoyés d'Europe ; le même service en temps de guerre leur sera compté pour le double en sus de sa durée effective.

Sera compté de la même manière le temps de captivité à l'étranger des militaires prisonniers de guerre.

Sera compté pour moitié en sus de sa durée effective :

1° Le service militaire sur la côte, en temps de guerre maritime ;

2° Le service militaire à bord, pour les troupes embarquées en temps de paix.

Art. 8. (1) Dans la supputation des bénéfices attachés aux campagnes par l'article 7, chaque période dont la durée aura été moindre de douze mois sera comptée comme une année accomplie.

Néanmoins, il ne peut être compté plus d'une année de campagne dans une période de douze mois.

La fraction qui excédera chaque période dont la durée aura été de plus d'une année sera comptée comme une année entière.

SECTION II.

FIXATION DE LA PENSION D'ANCIENNETÉ.

Art. 9. Après trente (2) années de service effectif, les militaires

---

(1) Cet article 8 a été modifié par la loi du 15 mars 1904 (voir p. 230).

(2) Vingt-cinq ans pour les sous-officiers et soldats (art. 19 de la loi du 26 avril 1855).

ont droit au minimum de la pension d'ancienneté déterminée, pour leur grade, par le tarif annexé à la présente loi (1).

Chaque année de service au delà de trente ans et chaque année de campagnes supputées selon les articles 7 et 8 ajoutent à la pension un vingtième de la différence du minimum au maximum.

Le maximum est acquis à cinquante ans de service, campagnes comprises, aux officiers et assimilés.

Art. 10. La pension d'ancienneté se règle sur le grade dont le militaire est titulaire (2).

Si néanmoins *il demande* sa retraite avant d'avoir au moins deux ans d'activité dans ce grade, la pension se règle sur le grade immédiatement inférieur.

Art. 11. .... (3).

TITRE II.

Des pensions de retraite pour cause de blessures ou d'infirmités.

SECTION Ire.

DES DROITS A LA PENSION.

Art. 12. Les blessures donnent droit à la pension de retraite lorsqu'elles sont graves et incurables et qu'elles proviennent d'événements de guerre ou d'accidents éprouvés dans un service commande.

Les infirmités donnent le même droit lorsqu'elles sont graves et incurables et qu'elles sont reconnues provenir des fatigues ou dangers du service militaire.

Les causes, la nature et les suites des blessures ou infirmités

---

(1) Les tarifs en vigueur sont ceux des lois des 22 juin 1878 (voir p. 125), 13 juillet 1911 (p. 138) et 13 juillet 1917 (p. 301) (pour les officiers) et de la loi du 9 avril 1914 (pour les sous-officiers et soldats) (p. 62).
(2) Voir, pour les sous-officiers et soldats, l'article 65 de la loi du 21 mars 1905 (vol. 681).
(3) Abrogé par les lois des 22 juin 1878 et 21 mars 1905.

seront justifiées dans les formes et dans les délais qui seront déterminés par un règlement d'administration publique.

Art. 13. Les blessures ou infirmités provenant des causes énoncées dans l'article précédent ouvrent un droit immédiat à la pension si elles ont occasionné la cécité, l'amputation ou la perte absolue de l'usage d'un ou de plusieurs membres.

Art. 14. Dans les cas moins graves, elles ne donnent lieu à la pension que sous les conditions suivantes :

1° Pour l'officier, si elles le mettent hors d'état de rester en activité et lui ôtent la possibilité d'y rentrer ultérieurement;

2° Pour le sous-officier, caporal, brigadier et soldat, si elles le mettent hors d'état de servir et de pourvoir à sa subsistance.

SECTION II.

FIXATION DE LA PENSION.

Art. 15 (1). Pour la cécité, l'amputation ou la perte absolue de l'usage de deux membres, la pension est fixée conformément au tarif annexé à la présente loi (2).

Art. 16. Les blessures ou infirmités qui occasionnent la perte absolue de l'usage d'un membre, ou qui y sont reconnues équivalentes, donnent droit au minimum de la pension d'ancienneté, quelle que soit la durée des services.

Chaque année de service, y compris les campagnes, supputées selon les articles 7 et 8, ajoute à cette pension un vingtième de la différence du minimum au maximum d'ancienneté.

Le maximum est acquis à vingt ans de service, campagnes comprises.

Art. 17. Pour les blessures ou infirmités qui mettent le militaire dans une des positions prévues par l'article 14. les pensions sont fixées pareillement au minimum d'ancienneté; mais elles ne sont augmentées, dans la proportion déterminée par l'article pré-

---

(1) Modifié par la loi du 25 juin 1861 (voir p. 31).

(2) Les tarifs en vigueur sont ceux des lois des 22 juin 1878, 13 juillet 1911 (pour les officiers), du 9 avril 1914 (pour la troupe) et du 13 juillet 1917 (pour les officiers et la troupe) (voir p. 301).

cédent, que pour chaque année de service au delà de trente ans, campagnes comprises.

Le maximum est acquis à cinquante ans de service, y compris les campagnes.

Art. 18 (1). La pension pour cause de blessures ou infirmités se règle sur le grade dont le militaire est titulaire.

TITRE III.

Des pensions des veuves et orphelins.

SECTION Ire.

DES DROITS A LA PENSION.

Art. 19 (2). Ont droit à une pension viagère :

1° Les veuves de militaires tués sur le champ de bataille ou dans un service commandé ;

2° Les veuves des militaires qui ont péri à l'armée ou hors d'Europe et dont la mort a été causée soit par des événements de guerre, soit par des maladies contagieuses ou endémiques, aux influences desquelles ils ont été soumis par les obligations de leur service;

3° Les veuves de militaires morts des suites de blessures reçues soit sur le champ de bataille, soit dans un service commandé, pourvu que le mariage soit antérieur à ces blessures.

La cause, la nature et les suites des blessures seront justifiées dans les formes et dans les délais prescrits par un règlement d'administration publique;

4° Les veuves de militaires morts en jouissance de la pension de retraite, ou en possession de droits à cette pension, pourvu que le mariage ait été contracté deux ans avant la cessation de l'activité ou du traitement militaire du mari, ou qu'il y ait un ou plusieurs enfants issus du mariage antérieur à cette cessation.

---

(1) Le second paragraphe a été abrogé par les lois des 22 juin 1878 et 21 mars 1905.

(2) Voir les lois des 10 avril 1869 (p. 34), 15 avril 1885 (p. 40), 28 décembre 1895 (p. 55) (art. 41), 13 avril 1898 (p. 55) (art. 44), 25 février 1901 (p. 80) (art. 48) et 8 décembre 1905 (B. O., p. 1835).

Dans les cas prévus par le présent article, le mariage contracté par les militaires en activité de service postérieurement à la promulgation du décret du 16 juin 1808, n'ouvrira de droits à pension aux veuves et enfants qu'autant qu'il aura été autorisé dans les formes prescrites par ledit décret;

Art. 20 (1). En cas de séparation de corps la veuve d'un militaire ne peut prétendre à aucune pension; les enfants, s'il y en a, sont considérés comme orphelins.

Art. 21. Après le décès de la mère, ou lorsque, par l'effet des dispositions de l'article précédent, elle se trouve déchue de ses droits à la pension, l'enfant ou les enfants mineurs des militaires morts dans les cas prévus par l'article 19 ont droit, quel que soit leur nombre, à un secours annuel égal à la pension que la mère aurait été susceptible d'obtenir.

Ce secours est payé jusqu'à ce que le plus jeune d'entre eux ait atteint l'âge de 21 ans accomplis; mais, dans ce cas, la part des majeurs est réversible sur les mineurs.

SECTION II.

FIXATION DES PENSIONS DES VEUVES.

Art. 22. .... (2)
Néanmoins, la pension des veuves des maréchaux de France est fixée à six mille francs (6.000 fr.).

. . . .

TITRE IV.

Dispositions générales.

Art. 23. Dans les cas, non prévus par la présente loi, où il y aura lieu de récompenser des services militaires éminents ou extraordi-

---

(1) Modifié par la loi du 25 juin 1861 (voir p. 31).
(2) Le premier et le dernier alinéas ont été abrogés par les lois des 26 avril 1856 (p. 29), 20 juin 1878 (p. 36) et 18 août 1879 (p. 36).

naires, les pensions ne pourront être accordées que par une loi spéciale.

Art. 24. Les pensions militaires sont personnelles et viagères ; elles sont inscrites, comme dette de l'Etat, au livre des pensions du Trésor public.

Art. 25. Tout pourvoi contre la liquidation d'une pension militaire doit être formé, à peine de déchéance, dans le délai de trois (1) mois à partir du jour du premier paiement des arrérages, pourvu que, avant ce premier paiement, les bases de la liquidation aient été notifiées.

Art. 26. Le droit à l'obtention ou à la jouissance des pensions militaires est suspendu :

Par la condamnation à une peine afflictive ou infamante pendant la durée de la peine ;

Par les circonstances qui font perdre la qualité de Français durant la privation de cette qualité ;

Par la résidence hors du royaume, sans l'autorisation du Roi, lorsque le titulaire de la pension est Français ou naturalisé Français.

Art. 27. Les pensions militaires dans la fixation desquelles il sera fait application de l'article 4 de la présente loi ne pourront, en aucun cas, être cumulées avec un traitement civil d'activité.

Art. 28. Les pensions militaires et leurs arrérages sont incessibles et insaisissables, excepté dans le cas de débet envers l'Etat ou dans les circonstances prévues par les articles 203 et 205 du Code civil.

Dans ces deux cas, les pensions militaires sont passibles de retenues qui ne peuvent excéder le cinquième de leur montant pour cause de débet, et le tiers pour aliments.

TITRE V.

Dispositions transitoires.

Art. 29. Le service militaire antérieur à la promulgation de la

---

(1) Délai réduit à deux mois par l'article 24 de la loi de finances du 13 avril 1900 (voir p. 56).

présente loi ne pourra être compté au-dessous de l'âge de 14 ans, pour les tambours et trompettes, et de l'âge de 16 ans, tant pour les autres militaires que pour les élèves des écoles spéciales, sauf le cas prévu par l'article 5.

Art. 30, 31 et 32.................................... (1)

. . . .

Art. 33. Est réputé temps d'activité, pour le bénéfice de l'article 11 (2) : le temps passé avec jouissance de la solde de non-activité régie par les ordonnances des 20 mai 1818 et 5 mai 1824; 2° le temps passé en réforme suivant les règles posées par les ordonnances des 5 février 1823 et 8 février 1829.

Art. 34, 35 et 36.................................... (1)

. . . .

Art. 37. Sauf les cas prévus par les articles 29, 30, 31, 32, 33, 34 et 35, tous règlements, décrets, ordonnances et lois, antérieurement rendus ou promulgués, tant sur les droits et titres auxquels sont et peuvent être accordées les pensions militaires que sur la fixation de ces pensions, sont et demeurent abrogés.

La présente loi, discutée, délibérée et adoptée par la Chambre des Pairs et par celle des Députés, et sanctionnée par nous ce jourd'hui, sera exécutée comme loi de l'État.

Donnons en mandement à nos cours et tribunaux, préfets, Corps administratifs et tous autres, que les présentes ils gardent et maintiennent, fassent garder, observer et maintenir, et pour les rendre plus notoires à tous, ils les fassent publier et enregistrer partout où besoin sera; et, afin que ce soit chose ferme et stable à toujours, nous y avons fait mettre notre sceau.

Fait à Paris, au Palais-Royal, le 11 avril 1831.

---

(1) Devenus sans objet.
(2) L'article 11 est abrogé (voir le renvoi 3 de la page 7).

Ordonnance rendue en exécution de la loi du 11 avril 1831, sur les pensions de l'armée de terre, et portant règlement d'administration publique sur les justifications à faire, en certains cas, par les militaires, veuves et orphelins, pour établir leurs droits.

Saint-Cloud, le 2 juillet 1831.

Louis-Philippe, Roi des Français, à tous présents et à venir, salut.

Vu la loi du 11 avril 1831 sur les pensions de l'armée de terre;

Ayant à déterminer par un règlement d'administration publique les formes et les délais dans lesquels seront justifiées :

1o Les causes, la nature et les suites des blessures ou infirmités pour les droits des militaires à la pension de retraite, aux termes des articles 12, 13, 14, 15, 16 et 17 de ladite loi;

2o Les causes, la nature et les suites des blessures pour les droits ouverts par le paragraphe 3 de l'article 19 aux veuves des militaires morts des suites des blessures reçues, soit sur le champ de bataille, soit dans un service commandé;

Considérant qu'il est nécessaire de déterminer aussi les formes dans lesquelles seront justifiées les causes de mort, pour les droits ouverts aux veuves de militaires par le paragraphe 2 du même article 19;

Sur le rapport de notre Ministre secrétaire d'État de la guerre;

Notre Conseil d'Etat entendu,

Nous avons ordonné et ordonnons ce qui suit :

TITRE Ier.

Des formes et délais dans lesquels seront justifiées les causes, la nature et les suites des blessures ou infirmités, pour les droits des militaires à la pension de retraite.

Art. 1er. Tout militaire qui aura à faire valoir des droits à la pension de retraite, pour cause de blessures ou d'infirmités, devra faire sa demande avant de quitter le service.

L'administration de la guerre fera procéder, immédiatement après la réception de cette demande, à la vérification des droits du réclamant, selon les règles établies par la présente ordonnance.

Art. 2. Si, par une aggravation consécutive (1).............

Néanmoins la demande ne sera admissible qu'autant que les blessures ou infirmités auront été régulièrement constatées avant que le militaire ait quitté le service.

Art. 3. Toute demande d'admission à la pension de retraite, pour cause de blessures ou d'infirmités, devra être appuyée d'un certificat dans lequel les officiers de santé en chef de l'hôpital militaire ou de l'hospice civil et militaire où le dernier traitement aura été suivi constateront la nature et les suites desdites blessures ou infirmités et déclareront qu'elles leur paraissent incurables.

A l'égard des militaires qui n'auront pas été traités dans un de ces établissements, le certificat sera délivré par les officiers de santé en chef d'un des hôpitaux militaires ou hospices civils préalablement désignés par notre Ministre Secrétaire d'Etat de la guerre pour ces sortes de visites.

Art. 4. Toute demande de pension pour cause de blessures ou d'infirmités sera en outre appuyée :

1° Des justifications prescrites par les articles 5, 6 et 7 ci-après ;

2° De l'état des services et campagnes.

Art. 5. Les causes des blessures seront justifiées soit par les rapports officiels et autres documents authentiques qui auront constaté le fait, soit par les certificats des autorités militaires, soit enfin par une information ou enquête prescrite et dirigée par les mêmes autorités.

Art. 6. Lesdites justifications spécifieront la nature des blessures, ainsi que l'époque, le lieu et les circonstances soit des événements de guerre, soit du service commandé où elles auront été reçues.

---

(1) Deux alinéas devenus sans objet (voir p. 43 et 44 les décrets des 10 août 1886 et 15 mai 1889).

Art. 7. Les causes des infirmités seront justifiées soit par les rapports officiels et autres documents authentiques qui auront constaté l'époque et les circonstances de leur origine, soit par les certificats des autorités militaires, soit enfin par une information ou enquête prescrite et dirigée par les mêmes autorités.

Art. 8. La demande de tout militaire faisant partie d'un régiment ou autre corps de troupe sera instruite par les soins du conseil d'administration dudit corps.

Art. 9. La demande et les pièces à l'appui seront communiquées au sous-intendant militaire qui, s'il les trouve conformes aux articles ci-dessus, les visera et les transmettra à l'officier général commandant la brigade ou la subdivision, lequel désignera deux officiers de santé parmi ceux attachés soit au corps, soit à d'autres régiments, soit aux établissements publics.

Art. 10. Les officiers de santé désignés en vertu de l'article précédent procéderont à l'examen des blessures ou infirmités en présence du conseil d'administration et du sous-intendant militaire, qui donnera en séance lecture du titre II de la loi du 11 avril 1831.

Il sera dressé de cette opération un procès-verbal conforme au modèle ci-joint, n° 1 (1).

Art. 11. Le procès-verbal dressé en exécution de l'article précédent sera présenté, avec la demande et les pièces y annexées, à l'inspecteur général, lors de la plus prochaine inspection.

Art. 12. Dans les cas d'urgence, le lieutenant général commandant la division, sur le compte qui lui en sera rendu, exercera ou déléguera aux commandants de subdivision les attributions de l'inspecteur général.

Art. 13. L'inspecteur général, après avoir pris connaissance des

---

(1) Voir page 285 les modèles annexés à l'instruction du 23 mars 1897.

pièces visées conformément à l'article 9 et du procès-verbal énoncé dans l'article 10, fera procéder en sa présence, par deux autres officiers de santé qu'il aura choisis parmi ceux qualifiés dans l'article 9, à une vérification des causes qui motivent la demande.

Le sous-intendant militaire assistera à cette vérification, avant laquelle il fera en séance lecture du titre II de la loi, et, quel que soit le résultat de l'opération, il en dressera procès-verbal conformément au modèle ci-joint, n° 2 (1).

Art. 14. Après la vérification prescrite par l'article précédent, et s'il est reconnu que les causes, la nature et les suites des blessures ou infirmités rentrent, par leur origine, leur gravité et leur incurabilité, dans un des cas déterminés par la loi, l'inspecteur général fera préparer, par le conseil d'administration, le mémoire de proposition pour l'admission à la pension de retraite.

Ce mémoire, vérifié par le sous-intendant militaire et approuvé par l'inspecteur général, sera soumis à notre Ministre secrétaire d'Etat de la guerre avec toutes les pièces qui auront servi à l'instruction de la demande et les observations auxquelles elle aura pu donner lieu.

Art. 15. Toutes les dispositions ci-dessus seront applicables aux individus faisant partie d'établissements régis par un conseil d'administration.

Art. 16. Dans le cas où un militaire appartenant à un corps de troupe ou à un établissement militaire s'en trouverait assez éloigné pour ne pouvoir y être renvoyé ou transporté sans inconvénient, sa demande pourra, sur un ordre du lieutenant général commandant la division, être renvoyée, pour être instruite, au conseil d'administration de l'un des corps à proximité.

Art. 17. Les militaires en activité qui ne font pas partie de corps de troupe ou d'établissements régis par un conseil d'administration se pourvoiront, en observant les degrés de la hiérarchie, auprès du lieutenant général commandant la division dans le ressort de laquelle ils sont employés.

---

(1) Voir les modèles annexés à l'instruction du 23 mars 1897 (p. 285).

La demande sera faite et appuyée conformément aux articles 3, 4, 5, 6 et 7 de la présente ordonnance.

Elle sera renvoyée à un officier général ou supérieur, qui sera chargé d'en suivre l'instruction comme il est prescrit relativement aux conseils d'administration des corps.

Lorsque la demande aura été instruite par un maréchal de camp, le lieutenant général exercera lui-même les attributions de l'inspecteur général.

L'article 12 ci-dessus, concernant les cas d'urgence, s'appliquera de droit aux demandes spécifiées dans le présent article.

Art. 18. Les lieutenants généraux qui seront dans le cas de demander la pension de retraite pour cause de blessures ou d'infirmités se pourvoiront directement auprès de notre Ministre secrétaire d'Etat de la guerre, qui ordonnera l'instruction de leurs demandes dans les formes ci-dessus déterminées.

TITRE II.

De la justification des droits à la pension par les veuves et orphelins des militaires.

SECTION Ire.

DES FORMES ET DÉLAIS DANS LESQUELS SERONT JUSTIFIÉES LES CAUSES DE MORT PAR SUITE DE BLESSURES.

Art. 19. Dans le cas prévu par le paragraphe 3 de l'article 19 de la loi du 11 avril 1831, les causes, la nature et les suites des blessures des militaires décédés seront justifiées par leurs veuves dans les formes et dans les délais ci-après déterminés.

Art. 20. Les causes et la nature des blessures seront justifiées ainsi qu'il est prescrit aux articles 5 et 6 ci-dessus, relativement aux droits des militaires.

Art. 21 (1). Avant l'expiration d'une année, à compter du jour de la blessure, les blessés qui ne se considéreront pas

---

(1) Nouvelle rédaction (décret du 23 août 1903).

comme guéris feront constater par un médecin militaire que les effets desdites blessures subsistent encore. Cette constatation devra être renouvelée d'année en année.

Le médecin qui aura soigné le malade à son décès devra établir que la blessure a été la cause directe de la mort.

Tous les certificats médicaux seront légalisés par l'autorité compétente.

Si les blessés sont décédés une année révolue après la dernière constatation médicale, leurs veuves ne pourront invoquer la disposition du paragraphe 3 de l'article 19 de la loi du 11 avril 1831.

SECTION II.

DES FORMES DANS LESQUELLES SERONT JUSTIFIÉES LES CAUSES DE MORT PAR ÉVÉNEMENT DE GUERRE ET PAR MALADIES CONTAGIEUSES ET ENDÉMIQUES.

Art. 22. Dans les cas prévus par le paragraphe 2 de l'article 19 de la loi du 11 avril 1831, les causes de la mort seront justifiées dans les formes ci-après déterminées.

Art. 23. Si la mort a été causée par des événements de guerre, ces événements devront être constatés ainsi qu'il est prescrit à l'article 5 ci-dessus.

Il sera en outre justifié, dans les mêmes formes ou par des certificats authentiques d'officiers de santé, que lesdits événements ont été la cause directe et immédiate de la mort du militaire.

.... (1)

Art. 24. Les causes de mort par maladies contagieuses ou endémiques seront justifiées :

.... (2)

SECTION III.

DES JUSTIFICATIONS A FAIRE PAR LES ORPHELINS.

Art. 25. Les dispositions contenues aux sections I et II du pré-

---

(1) Alinéa abrogé (décret du 10 août 1886, voir p. 43).
(2) Quatre alinéas devenus sans objet (voir p. 40 et 41 les lois des 15 avril 1885 et 8 décembre 1905).

sent titre sont applicables aux enfants de militaires dans les cas où les articles 20 et 21 de la loi du 11 avril 1831 les admettent à représenter leur mère.

TITRE III.

Dispositions générales.

Art. 26. Avant de liquider les pensions de retraite pour blessures ou infirmités, notre Ministre Secrétaire d'Etat de la guerre fera communiquer au conseil de santé des armées, pour avoir son avis, les procès-verbaux et autres pièces constatant les causes, la nature et les suites desdites blessures ou infirmités.

Il en sera de même pour les justifications produites, dans les cas prévus par les articles 21, 24 et 25 de la présente ordonnance, par les veuves et orphelins de militaires.

Art. 27. Les formes déterminées par la présente ordonnance ne seront pas obligatoires pour les demandes actuellement en instance, lesquelles sortiront leur effet si les justifications sont conformes aux dispositions réglementaires précédentes et satisfont, quant au droit, au vœu de la loi du 11 avril 1831.

Art. 28. Notre Ministre secrétaire d'Etat de la guerre est chargé de l'exécution de la présente ordonnance, qui sera insérée au *Bulletin des Lois*.

Ordonnance relative aux titulaires de pensions militaires résidant en pays étranger (1).

Paris, le 24 février 1832.

Louis-Philippe, Roi des Français ;

Vu l'ordonnance royale du 7 décembre 1816, qui règle les conditions auxquelles les militaires français, ou naturalisés français, pourront obtenir l'autorisation de jouir à l'étranger des pensions dont ils sont titulaires, et qui assujettit ces pensions à une retenue du tiers, au profit du Trésor public, pendant toute la durée du sé-

---

(1) Voir page 42 pour les pensionnaires résidant dans les pays de protectorat.

jour que les titulaires feraient à l'étranger en vertu d'autorisations du Gouvernement;

Vu l'ordonnance du 13 juillet 1820, qui soumet à la même retenue les veuves de militaires français ou naturalisés Français, lorsqu'elles résident à l'étranger;

Vu la loi du 11 avril 1831, sur les pensions de l'armée de terre;

Considérant que, par le fait de cette loi, les ordonnances des 7 décembre 1816 et 13 juillet 1820 ont cessé d'être exécutoires;

Considérant qu'il importe d'assurer l'exécution des dispositions de ladite loi, portant :

« Art. 26. Le droit à l'obtention ou à la jouissance des pensions militaires est suspendu par la résidence hors du royaume sans l'autorisation du Roi, lorsque le titulaire de la pension est Français, ou naturalisé Français » ;

Et, art. 28. « Les pensions militaires et leurs arrérages sont incessibles et insaisissables, excepté dans le cas de débet envers l'Etat, ou dans les circonstances prévues par les articles 203 et 205 du Code civil » ;

Sur le rapport de notre Ministre secrétaire d'Etat des finances;

Notre Conseil d'Etat entendu,

Nous avons ordonné et ordonnons ce qui suit :

Art. 1er. Sera considérée comme résidence hors du royaume pour tous titulaires de pensions militaires, Français ou naturalisés Français, et emportant à ce titre la suspension du droit à la jouissance de la pension, l'absence du royaume sans notre autorisation, lorsque ladite absence sera prolongée au delà d'une année.

Art. 2. Toutes les autorisations de résider en pays étranger accordées aux titulaires de pensions militaires antérieurement à la loi du 11 avril 1831 sont révoquées. Il est accordé un an à ceux qui les ont obtenues pour se pourvoir en autorisation nouvelle.

Art. 3. Les titulaires de pensions militaires qui à l'avenir auront besoin de s'absenter *pendant plus d'une année* devront adresser leur demande en autorisation à notre Ministre de l'intérieur par l'intermédiaire des autorités locales.

Ils justifieront devant le maire de leur domicile, par une décla-ration faite en présence de témoins et conforme au modèle ci-joint, n° 1, des causes qui exigent leur séjour à l'étranger. Le maire du domicile et le préfet du département, en transmettant lesdites demandes et les pièces à l'appui, les accompagneront d'un avis motivé.

Art. 4. Les titulaires des pensions militaires qui seraient ac-tuellement absents du royaume et voudraient prolonger leur ab-sence pendant plus d'une année adresseront leur demande en au-torisation à notre Ministre de l'intérieur, par l'entremise de notre Ministre des affaires étrangères et de l'agent diplomatique ou con-sulaire français accrédité dans leur résidence ou dans celle qui en est la plus voisine.

Ils justifieront, par une déclaration conforme au modèle n° 2, et reçue par l'agent diplomatique ou consulaire ci-dessus désigné, des causes qui nécessitent la continuation de leur séjour hors du royaume. Dans ce cas, ces agents donneront les avis exigés des autorités locales par l'article 3.

Art. 5. Les autorisations de résider hors du royaume seront révocables.

Art. 6. Tout certificat de vie délivré à l'étranger et produit au Trésor pour le paiement d'une pension militaire devra être con-forme au modèle n° 3; mais il ne sera admis qu'autant que le titu-laire aura obtenu notre autorisation de résider hors du royaume, et que cette autorisation aura été notifiée aux agents du Trésor public. A cet effet, notre Ministre de l'intérieur adressera à notre Ministre des finances une ampliation des autorisations de résider à l'étranger accordées sur son rapport. La date et les conditions de l'autorisation seront consignées, sur le registre d'inscription des pensions et sur l'état d'arrérages, à l'article de chaque pen-sionnaire.

Art. 7. Néanmoins, les titulaires de pensions militaires, pourvus, avant la loi du 11 avril 1831, d'autorisations de résider à l'étran-ger, pourront, pendant le délai qui leur est accordé pour réclamer des autorisations nouvelles, toucher leurs pensions sur la pro-duction des pièces qui étaient précédemment exigées d'eux.

Art. 8. Lorsqu'un titulaire de pension militaire produira un certificat de vie délivré en France pour réclamer plus d'une année d'arrérages de sa pension, il devra justifier, par un certificat du maire de son domicile, qu'il n'a pas résidé plus d'un an hors du royaume depuis le dernier paiement, ou qu'il en avait obtenu l'autorisation

Art. 9. Les dispositions de la présente ordonnance ne seront point applicables : 1° aux veuves de militaires français ou naturalisés Français, pourvu qu'elles déclarent, dans leurs certificats de vie délivrés hors du royaume, n'avoir point perdu leur qualité de Française par un mariage avec un étranger, et 2° aux pensionnaires militaires qui, conformément à l'article 13 de l'ordonnance du 5 juin 1816 ou en vertu d'arrangement diplomatique, sont dispensés de se pourvoir d'une autorisation pour continuer à jouir de leurs pensions hors de France.

Art. 10. Nos Ministres secrétaires d'Etat des finances, de l'intérieur et des affaires étrangères, sont chargés de l'exécution de la présente ordonnance, qui sera insérée au *Bulletin des Lois.*

N° 1.

Modèle de la déclaration à produire par le titulaire d'une pension militaire à l'appui de sa demande en autorisation de résider en pays étranger.

Devant nous, Maire de la commune de....., canton de....., arrondissement de....., département de....., s'est présenté le sieur....., né à....., le....., et domicilié dans cette commune de....., depuis.....

Lequel nous a déclaré que (*indiquer les motifs de santé, d'affaires ou autres*), l'obligeant à aller habiter temporairement (*désigner le pays*), il est dans l'intention de réclamer l'autorisation dont il a besoin pour continuer à jouir en France de la pension militaire..... de..... pour laquelle il est inscrit sous le n°..... se soumettant à ne former dans ledit pays aucun établissement sans esprit de retour, et à n'y accepter ni fonctions ni traitements ou pensions qui, aux termes des articles 17, 19 et 21 du Code civil, puissent lui faire perdre la qualité de Français.

La présente déclaration reçue en présence de MM. (*les noms, qualités et demeures des témoins*), qui nous ont attesté l'individualité du sieur..... et nous ont affirmé que les motifs de son absence du terrifoire français sont bien tels qu'il le déclare.

En foi de quoi nous avons délivré le présent acte, qu'ont signé avec nous le déclarant et les deux témoins dénommés.

A....., ce.....

Vu pour légalisation de la signature de M....., maire de.....
A....., ce.....

Le Sous-Préfet de l'arrondissement de.....

Vu pour légalisation de la signature de M....., sous-préfet de l'arrondissement de.....

Le Préfet du département de.....

N° 2.

Modèle de la déclaration à produire par le titulaire d'une pension militaire à l'appui de sa demande en autorisation de continuer à résider en pays étranger.

Devant nous (*ambassadeur, envoyé, consul ou chargé des affaires de France*) à....., s'est présenté le sieur....., né à.....; le....., et se trouvant momentanément à....., depuis.....

Lequel nous a déclaré que (*indiquer sommairement les motifs de santé, d'affaires ou autres*) l'obligeant à résider temporairement à....., il est dans l'intention de se pourvoir pour réclamer l'autorisation dont il a besoin pour continuer à jouir en France de la pension......, de....., pour laquelle il est inscrit sous le n°....., se soumettant à n'y former aucun établissement sans esprit de retour, ni à y accepter aucune fonction, traitement ou pension qui, aux termes des articles 17, 19 et 21 du Code civil, puissent lui faire perdre la qualité de Français.

La présente déclaration reçue en présence de MM....., citoyens français, résidant momentanément à....., qui nous ont attesté l'individualité du sieur....., et nous ont affirmé que les motifs qui le retiennent hors de France sont bien tels qu'il le déclare.

En foi de quoi nous avons délivré le présent acte, qu'ont signé le déclarant et les deux témoins ci-dessus dénommés.

A....., ce.....

Vu pour légalisation de la signature de M....., A......, ce.....

Le Ministre des affaires étrangères,

N° 3.

Modèle du certificat de vie à produire par les pensionnaires militaires qui résident en pays étranger.

Nous (*ambassadeur, envoyé, consul ou autre chargé des affaires de France*) à....., certifions et attestons que le sieur....., né le..... suivant son acte de naissance, qu'il nous a représenté, résidant momentanément à....., et jouissant d'une pension de....., inscrite n°....., est vivant pour s'être présenté aujourd'hui devant nous ;

Lequel nous a déclaré que non seulement il ne jouit en France d'aucun traitement, sous quelque dénomination que ce soit, ni d'aucune autre pension ou solde de retraite soit à la charge de l'Etat, soit sur les fonds des invalides de la guerre et de la marine, mais que depuis qu'il habite....., il n'y a formé aucun établissement sans esprit de retour, et qu'il n'y a accepté ni fonction, ni grade, ni pension, ni traitement quelconques qui, aux termes des articles 17, 19 et 21 du Code civil, puissent lui faire perdre la qualité de Français. (*Si c'est une veuve de militaire, elle devra déclarer qu'elle n'a pas contracté de second mariage avec un étranger.*)

En foi de quoi nous avons délivré le présent certificat.

A......, ce.....

Vu pour légalisation de la signature de M....., A Paris, ce.....

Le Ministre des affaires étrangères,

*Loi relative à l'ouverture d'un crédit extraordinaire, etc.,
aux crédits d'inscription, aux rappels d'arrérages, etc.*

Palais des Tuileries, le 17 avril 1833.

Louis-Philippe, Roi des Français, à tous présents et à venir,
salut.

Les Chambres ont adopté, Nous avons ordonné et ordonnons
ce qui suit :

. . . .

Art. 3. A l'avenir, et pour mémoire seulement, le budget du
ministère de la guerre contiendra un chapitre éventuel et spécial
destiné à faire connaître les besoins que nécessitera, dans le
courant de l'année, l'inscription des pensions militaires.

Le crédit nécessaire au payement de ces pensions pendant la
même année sera ouvert au budget du ministère des finances,
jusqu'à concurrence des deux tiers du crédit éventuel d'inscription ouvert au Ministre de la guerre.

Art. 4. A partir de 1834, le Ministre de la guerre ne pourra
imputer, sur les crédits annuels d'inscription ouverts en vertu de
l'article ci-dessus, que les pensions liquidées et accordées dans
le cours de l'année pour laquelle chaque crédit aura été alloué.

Les portions de crédit demeurées sans emploi seront définitivement annulées, et le compte en sera présenté aux Chambres.

Art. 5. ....(1)

Art. 6. A l'avenir, tout militaire, veuve ou orphelin de militaire, qui se trouvera en demeure de faire valoir ses droits à
l'obtention d'une pension ou d'un secours annuel, sera tenu de se
pourvoir en liquidation auprès du Ministre de la guerre, dans un
délai dont la durée ne pourra excéder cinq ans, sans préjudice

---

(1) Abrogé par l'article 40 de la loi du 16 avril 1895 (voir p. 54).

des règles déjà fixées et des déchéances encourues ou à encourir d'après la législation en vigueur sur les pensions de l'armée de terre; passé ce délai, les demandes ne seront pas admises.

Les ayants droit qui, au jour de la promulgation de la présente loi, se trouveront déjà en demeure depuis plus de cinq ans, auront un délai d'un an pour se pourvoir, à partir de cette promulgation.

La présente loi, discutée, délibérée et adoptée par la Chambre des Pairs et par celle des Députés, et sanctionnée par nous cejourd'hui, sera exécutée comme loi de l'Etat.

Donnons en mandement à nos cours et tribunaux, préfets, corps administratifs, et tous autres, que les présentes ils gardent et maintiennent, fassent garder, observer et maintenir, et, pour les rendre plus notoires à tous, ils les fassent publier et enregistrer partout où besoin sera ; et, afin que ce soit chose ferme et stable à toujours, Nous y avons fait mettre notre sceau.

Fait à Paris, au palais des Tuileries, le 17e jour du mois d'avril, l'an 1833.

Ordonnance du 7 avril 1841.

(Pensions militaires ; Veuves ; Séparation de corps.)

[Aux termes de la loi du 11 avril 1831 (article 20), « en cas de séparation de corps, la veuve d'un militaire ne peut prétendre à aucune pension » :

La réconciliation des époux divorcés et leur cohabitation fait-elle cesser la séparation de corps et toutes les conséquences qui peuvent en résulter par rapport à l'application de la loi du 11 avril 1831? — Rés. aff.]

(14.811. — 7 avril 1841. — Dame Mazian.)

LOUIS-PHILIPPE, etc... — Vu les requêtes sommaire et ampliative à nous présentées par la dame Mazian, née Barachin, veuve du sieur Mazian (Antoine), colonel de gendarmerie, décédé en activité le 10 décembre 1836, tendantes à ce qu'il nous plaise annuler une décision rendue par notre Ministre de la guerre le 4 juillet 1839, qui a rejeté la demande qu'elle avait formée en réversion de la pension à laquelle elle croit avoir droit comme veuve d'un militaire ;

Vu l'acte de notoriété tendant à prouver que la veuve s'était réconciliée et vivait en bonne intelligence avec son mari ;

Vu l'article 20 de la loi du 11 avril 1831 ;

Considérant que si, aux termes de l'article 20 de la loi du 11 avril 1831, en cas de séparation de corps, la veuve d'un militaire ne peut prétendre à aucune pension, il résulte de l'instruction qu'il y a eu, postérieurement au jugement de séparation, réconciliation et cohabitation entre les époux Mazian ; que, dès lors, la séparation de corps avait cessé d'exister, ainsi que toutes les conséquences qui pouvaient en résulter par rapport à l'application de la loi du 11 avril 1831 ;

Art. 1er. La décision de notre Ministre de la guerre du 4 juillet 1839 est annulée.

M. Richaud, auditeur, rapp. — M. Hély d'Oissel, maître des requêtes, ff. du m. p. — Me Coffinières, avocat.

Décret relatif à la revision des Pensions liquidées par les Ministres de la guerre et de la marine.

Du 8 juin 1852.

Louis-Napoléon, Président de la République française,

Décrète :

Art. 1er. La revision des pensions liquidées par les Ministres de la guerre et de la marine rentrera, à partir de la date du présent décret, dans les attributions de la section de la guerre et de la marine du Conseil d'Etat.

Art. 2. L'avis émis par la section de la guerre et de la marine sera immédiatement communiqué au Ministre des finances, qui pourra, s'il le juge convenable, soumettre de nouveau la liquidation proposée à la revision des sections de la guerre et de la marine et des finances réunies.

Art. 3. .... (1)

Art. 4. Le Ministre d'Etat est chargé de l'exécution du présent décret.

Fait au palais des Tuileries, le 8 juin 1852.

Loi relative à la création d'une Dotation de l'armée, au rengagement, au remplacement et aux pensions militaires.

Du 26 avril 1855.

NAPOLÉON, par la grâce de Dieu et la volonté nationale, Empereur des Français,

A tous présents et à venir, salut.

Avons sanctionné et sanctionnons, promulgué et promulguons ce qui suit :

LOI.

(EXTRAIT DU PROCÈS-VERBAL DU CORPS LÉGISLATIF.)

Le Corps législatif a adopté le projet de loi dont la teneur suit :

. . . .

TITRE IV.

Des pensions de retraite des sous-officiers, caporaux ou brigadiers et soldats.

Art. 19. Le maximum et le minimum de la pension de retraite, fixée par la loi du 11 avril 1831, sont augmentés de cent soixante-cinq francs (165 fr.) pour les sous-officiers, caporaux, brigadiers et soldats.

Le droit à la pension de retraite par ancienneté est acquis à ces militaires à vingt-cinq ans accomplis de service effectif.

---

(1) Sans objet.

Toutes les autres dispositions de la loi du 11 avril 1831 sont maintenues.

Art. 20. Le surcroît de dépenses résultant de l'exécution de l'article précédent est prélevé sur l'actif de la dotation de l'armée, mais seulement en ce qui concerne les pensions des militaires des corps qui se recrutent par la voie des appels.

Délibéré en séance publique à Paris, le 28 mars 1855.

(*Suivent les signatures.*)

(EXTRAIT DU PROCÈS-VERBAL DU SÉNAT.)

Le Sénat ne s'oppose pas à la promulgation de la loi relative à la création d'une dotation de l'armée, au rengagement, au remplacement et aux pensions militaires.

Délibéré en séance, au palais du Sénat, le 20 avril 1855.

(*Suivent les signatures.*)

Mandons et ordonnons que les présentes, revêtues du sceau de l'État et insérées au *Bulletin des lois*, soient adressées aux cours, aux tribunaux et aux autorités administratives, pour qu'ils les inscrivent sur leurs registres, les observent et les fassent observer, et notre Ministre secrétaire d'État au département de la justice est chargé d'en surveiller la publication.

Fait au palais des Tuileries, le 26 avril 1855.

Loi relative aux Pensions des veuves de militaires et marins tués sur le champ de bataille, ou morts des suites des blessures qu'ils y auraient reçues.

Du 26 avril 1856.

NAPOLÉON, par la grâce de Dieu et la volonté nationale, Empereur des Français,

À tous présents et à venir, salut.

Avons sanctionné et sanctionnons, promulgué et promulguons ce qui suit :

LOI.

(EXTRAIT DU PROCÈS VERBAL DU CORPS LÉGISLATIF.)

Le Corps législatif a adopté le projet de loi dont la teneur suit :

Art. 1ᵉʳ. Est élevée du quart (1) à la moitié du maximum de la pension d'ancienneté affectée au grade dont le mari était titulaire la pension à laquelle ont droit, aux termes des lois des 11 et 18 avril 1831 et 26 avril 1855 :

1° Les veuves des militaires et marins tués sur le champ de bataille ;

2° Les veuves des militaires et marins qui ont péri à l'armée, et dont la mort a été causée par des événements de guerre ;

3° Les veuves des militaires et marins morts des suites de blessures reçues dans les circonstances prévues par les deux paragraphes précédents, pourvu que le mariage soit antérieur à ces blessures.

Le bénéfice des dispositions ci-dessus est applicable aux secours annuels accordés aux orphelins des militaires et marins dont il s'agit.

Art. 2. Les pensions et secours annuels déjà liquidés et concédés, depuis le mois de mai 1854, aux veuves ou orphelins des militaires et marins dans les cas prévus par l'article 1ᵉʳ, seront revisés conformément à la fixation qu'il détermine, avec jouissance à partir du 1ᵉʳ janvier 1856.

Délibéré en séance publique, à Paris, le 3 avril 1856.

(Suivent les signatures.)

(EXTRAIT DU PROCÈS-VERBAL DU SÉNAT.)

Le Sénat ne s'oppose pas à la promulgation de la loi relative

---

(1) Voir page 36 les lois des 20 juin 1878 et 18 août 1879 qui, dans ce cas, fixent la pension de la veuve à la moitié (s'il s'agit d'un officier) aux trois quarts du maximum de la pension de retraite afférente au grade du mari (s'il s'agit d'un sous-officier, caporal, brigadier ou soldat).

aux pensions des veuves des militaires et marins tués dans le combat ou morts des suites des blessures qu'ils y auraient reçues.

Délibéré en séance, au palais du Sénat, le 17 avril 1856.

(Suivent les signatures.)

Mandons et ordonnons que les présentes, revêtues du sceau de l'État et insérées au *Bulletin des lois*, soient adressées aux cours, aux tribunaux et aux autorités administratives, pour qu'ils les inscrivent sur leurs registres, les observent et les fassent observer, et notre Ministre Secrétaire d'État au département de la justice est chargé d'en surveiller la publication.

Fait au palais des Tuileries, le 26 avril 1856.

Extrait de la Loi qui modifie celle du 11 avril 1831, sur les Pensions de l'armée de terre.

Du 25 juin 1861.

NAPOLÉON, par la grâce de Dieu et la volonté nationale, Empereur des Français,

A tous présents et à venir, salut.

Avons sanctionné et sanctionnons, promulgué et promulguons ce qui suit :

LOI.

(EXTRAIT DU PROCÈS-VERBAL DU CORPS LÉGISLATIF.)

Le Corps législatif a adopté le projet de loi dont la teneur suit :

. . . .

Art. 2. Auront droit exceptionnellement, après vingt-cinq ans de service effectif, au minimum de la pension de retraite attribuée à leur grade, les officiers mis en non-activité pour infirmités temporaires, lorsqu'ils auront été reconnus par un conseil d'enquête, conformément aux prescriptions de la loi du 19 mai 1834, non susceptibles d'être rappelés à l'activité.

Art. 3. A partir du 1er janvier 1862, le service militaire accompli en Algérie ne sera compté que pour le double de sa durée effective.

Art. 4. . . . . (1)

Art. 5. Pour l'amputation d'un membre ou la perte absolue de l'usage de deux membres, les officiers, sous-officiers, caporaux, brigadiers et soldats, ainsi que leurs assimilés, reçoivent le maximum de la pension qui leur est attribuée par la présente loi ou par la loi du 26 avril 1855.

En cas d'amputation de deux membres ou de la perte totale de la vue, ce maximum est augmenté, pour les officiers et les assimilés, de vingt pour cent, et pour les sous-officiers, caporaux, brigadiers et soldats et assimilés, de trente pour cent.

Dans cette dernière augmentation se trouve compris le supplément alloué par l'article 33 de la loi du 28 fructidor an VII.

Art. 6. En cas de séparation de corps, la femme contre laquelle elle a été admise ne peut prétendre à la pension de veuve; en ce cas, les enfants, s'il y en a, sont considérés comme orphelins.

. . . .

Art 8. Sont abrogées toutes les dispositions contraires à la présente loi.

Délibéré en séance publique à Paris, le 15 juin 1861.

(Suivent les signatures.)

(EXTRAIT DU PROCÈS-VERBAL DU SÉNAT.)

Le Sénat ne s'oppose pas à la promulgation de la loi, qui modifie celle du 11 avril 1831, sur les pensions de l'armée de terre

Délibéré et voté en séance, au palais du Sénat, le 24 juin 1861.

(Suivent les signatures.)

Mandons et ordonnons que les présentes, revêtues du sceau de

---

(1) Abrogé par les lois des 22 juin 1878 et 21 mars 1905.

l'Etat et insérées au *Bulletin des lois*, soient adressées aux cours, aux tribunaux et aux autorités administratives, pour qu'ils les inscrivent sur leurs registres, les observent et les fassent observer, et notre Ministre secrétaire d'Etat au Département de la justice est chargé d'en surveiller la publication.

Fait au palais de Fontainebleau, le 25 juin 1861.

*Décret relatif à la procédure devant
le Conseil d'État.*

Du 2 novembre 1864.

NAPOLÉON, par la grâce de Dieu et la volonté nationale, Empereur des Français, à tous présents et à venir, salut.

Vu les décrets des 11 juin et 22 juillet 1806 ;

Vu l'ordonnance du 18 janvier 1826 ;

Notre Conseil d'Etat entendu,

Avons décrété et décrétons ce qui suit :

Art. 1er.. (1).

. . . .

Art. 5. Les Ministres font délivrer aux parties intéressées qui le demandent un récépissé constatant la date de la réception et de l'enregistrement au ministère de leur réclamation.

Art. 6. Les Ministres statuent par des décisions spéciales sur

---

(1) Article abrogé par la loi de finances du 17 avril 1906 (voir p. 57).

les affaires qui peuvent être l'objet d'un recours par la voie contentieuse.

Ces décisions sont notifiées administrativement aux parties intéressées.

. . . .

Fait au palais de Saint-Cloud, le 2 novembre 1864.

Loi qui modifie celle du 18 avril 1831 sur les pensions de l'armée de mer.

Paris, le 10 avril 1869.

NAPOLÉON, par la grâce de Dieu et la volonté nationale, Empereur des Français, à tous présents et à venir, salut :

Avons sanctionné et sanctionnons, promulgué et promulguons ce qui suit :

LOI.

(EXTRAIT DU PROCÈS-VERBAL DU CORPS LÉGISLATIF.)

Le Corps législatif a adopté le projet de loi dont la teneur suit :

Art. 1er. Les officiers des corps de la marine dans lesquels le droit à pension n'est acquis, aux termes du deuxième paragraphe de l'article 1er de la loi du 18 avril 1831, qu'à trente ans de services, auront droit exceptionnellement, après vingt-cinq ans de service effectif, au minimum de la pension de retraite attribuée à leur grade, lorsque, après avoir été mis en non-activité pour infirmités temporaires, ils auront été reconnus par un conseil d'enquête, selon les prescriptions de la loi du 19 mai 1834, non susceptibles d'être rappelés à l'activité.

Cette disposition est applicable aux maîtres principaux et aux maîtres entretenus, aux conducteurs principaux et aux conducteurs des diverses directions de travaux dans les ports et établissements de la marine, après qu'ils auront été reconnus par le Ministre de la marine, sur l'avis du conseil de santé, non susceptibles d'être maintenus à l'activité.

Art. 2. Auront droit à la pension les veuves des officiers des corps de la marine, des maîtres et des conducteurs mentionnés à l'article précédent, lorsque leur mari sera mort en activité après vingt-cinq ans de service accomplis.

Cette disposition est applicable aux veuves des officiers des corps de l'armée de terre mentionnés à l'article 2 de la loi du 25 juin 1861.

Art. 3. La pension d'ancienneté se règle sur le grade dont le marin est titulaire, conformément à l'article 9 de la loi du 18 avril 1831.

Toutefois, elle est liquidée sur le grade immédiatement inférieur si, à raison de l'augmentation du cinquième dans le cas prévu par l'article 11 de ladite loi, il y a avantage pour le marin dans ce mode de liquidation.

Art. 4. Les dispositions de la présente loi seront appliquées à toutes les pensions non inscrites avant sa promulgation.

Délibéré en séance publique, à Paris, le 17 mars 1869 .

(Suivent les signatures.)

(EXTRAIT DU PROCÈS-VERBAL DU SÉNAT.)

Le Sénat ne s'oppose pas à la promulgation de la loi ayant pour objet de modifier la loi du 18 avril 1831 sur les pensions de l'armée de mer.

Délibéré et voté en séance, au palais du Sénat, le 6 avril 1869.

(Suivent les signatures.)

Mandons et ordonnons que les présentes, revêtues du sceau de l'Etat et insérées au *Bulletin des lois*, soient adressées aux cours, aux tribunaux et aux autorités administratives, pour qu'ils les inscrivent sur leurs registres, les observent et les fassent observer, et notre Ministre Secrétaire d'Etat au département de la justice et des cultes est chargé d'en surveiller la publication.

Fait au palais des Tuileries, le 10 avril 1869.

Loi du 20 juin 1878, relative aux pensions des veuves et aux secours des orphelins des militaires ou marins.

Le Sénat et la Chambre des Députés ont adopté,

Le Président de la République promulgue la loi dont la teneur suit :

Art. 1er. A dater de la promulgation de la présente loi, les pensions des veuves des militaires et marins non encore inscrites au grand-livre de la dette publique, qui, aux termes des lois des 11 et 18 avril 1831, étaient fixées au quart du maximum de la pension d'ancienneté affectée au grade dont le mari était titulaire, seront fixées au tiers dudit maximum.

Art. 2. Les veuves des militaires et marins tués sur le champ de bataille ou dont la mort a été causée par des événements de guerre auront droit, conformément à l'article 1er de la loi du 26 avril 1856, à une pension qui sera de moitié du maximum de la pension d'ancienneté affectée au grade dont le mari était titulaire.

La présente loi, délibérée et adoptée par le Sénat et par la Chambre des députés, sera exécutée comme loi de l'Etat.

Fait à Versailles, le 20 juin 1878.

Extrait de la loi du 18 août 1879, sur les pensions des sous-officiers, caporaux ou brigadiers et soldats de l'armée de terre.

Le Sénat et la Chambre des Députés ont adopté,

Le Président de la République promulgue la loi dont la teneur suit :

TITRE Ier.

Des droits à la pension de retraite.

Art. 1er. Les sous-officiers, caporaux, brigadiers, soldats de l'armée de terre et leurs assimilés acquièrent des droits à une pension de retraite soit par la durée de leurs services, soit par suite de blessures ou d'infirmités.

Art. 2. Le droit à la pension de retraite pour ancienneté est acquis à vingt-cinq ans de service effectif, par les militaires maintenus sous les drapeaux au delà des limites d'âge fixées par l'article 51 de la loi du 27 juillet 1872, en qualité de commissionnés ou par application des lois antérieures.

Art. 3. .... (1).

Art. 4. .... (2).

TITRE II.

Fixation du taux de la pension de retraite.

Art. 5. La pension pour ancienneté de service comporte un minimum et un maximum qui sont déterminés, pour chaque grade, par le tarif annexé à la présente loi.

Le minimum est acquis à vingt-cinq années de service effectif.

Le maximum est acquis à quarante-cinq ans de service, campagnes comprises.

Chaque année de service en sus des vingt-cinq années et chaque campagne augmentent le minimum d'une somme égale au vingtième de la différence du maximum au minimum.

Art. 6. .... (3).

Art. 7. Chaque année de service accomplie en sus des 15 ans, ainsi que chaque campagne, donnent droit à une augmentation égale à un dixième de la différence entre le minimum de la pension d'ancienneté et le minimum de la pension proportionnelle.

Toutefois, si les campagnes ajoutées aux années de service forment un total de plus de vingt-cinq ans, les années ou campa-

---

(1) Modifié par l'article 65 de la loi du 21 mars 1905 (vol. n° 68-1).
(2) Modifié par l'article 74 de la loi du 21 mars 1905.
(3) Voir l'article 1er de la loi du 11 juillet 1899 et le tarif annexé à cette loi (p. 61 et 63).

gnes en sus sont calculées sur le taux d'accroissement des pensions d'ancienneté de vingt-cinq à quarante-cinq ans.

Art. 8. .... (1).

TITRE III.

Des pensions pour blessures ou infirmités.

Art. 9. La pension à titre de blessures ou d'infirmités est acquise dans les conditions déterminées par les prescriptions des lois antérieures.

La liquidation en est calculée d'après les règles indiquées dans lesdites lois.

TITRE IV.

Dispositions spéciales à l'arme de la gendarmerie.

Art. 10 (2). Les tarifs de la présente loi s'appliquent aux pensions des sous-officiers, brigadiers de gendarmerie ou gendarmes. Toutefois, les pensions des militaires de cette arme sont liquidées suivant les dispositions de l'ordonnance du 20 janvier 1841, et, de plus, elles sont augmentées, pour chaque année d'activité passée dans la gendarmerie au delà de quinze ans de service effectif, soit dans l'armée, soit dans la gendarmerie :

De 18 francs pour le sous-officier;
De 15 francs pour le brigadier;
De 8 francs pour le gendarme.

Le droit à ces annuités est acquis après vingt-cinq ans de service effectif. Le maximum de l'augmentation est atteint à trente ans de service effectif.

Art 11. Le militaire qui, après être sorti de la gendarmerie pour une cause quelconque, y est réadmis, ne profite de la majoration dont il s'agit que pour le temps accompli dans cette arme depuis sa réadmission.

---

(1) Abrogé par la loi du 21 mars 1905.
(2) Les tarifs sont remplacés par ceux de la loi du 9 avril 1914, p. 63.

Art. 12. En cas d'admission à la retraite à titre de blessures ou d'infirmités, le bénéfice des annuités déterminées à l'article précédent est acquis au militaire qui compte plus de quinze ans de service effectif, mais seulement pour le nombre d'années de présence dans l'arme de la gendarmerie.

Art. 13. Les annuités fixées par l'article 10 seront décomptées et fractionnées selon les règles générales adoptées pour la liquidation des pensions militaires; elles sont déterminées par le grade dont le militaire est titulaire à l'époque de sa mise à la retraite.

TITRE V.

Des pensions des veuves et des secours aux orphelins.

Art. 14. Sont élevés du tiers à la moitié du maximum de la pension d'ancienneté affectée au grade dont le mari ou le père était titulaire ou était en possession de droits à la jouissance, les pensions des veuves et les secours annuels accordés aux orphelins mineurs des sous-officiers, brigadiers, caporaux, soldats ou assimilés.

Art. 15. Sont élevés de la moitié aux trois quarts du maximum de la pension d'ancienneté affectée au grade dont le mari ou le père était titulaire, les pensions et secours auxquels ont droit, aux termes de la loi du 26 avril 1856, les veuves et orphelins des sous-officiers, brigadiers ou caporaux et soldats dont les maris ou pères ont été tués sur les champs de bataille, ou qui ont péri à l'armée et dont la mort a été causée par des événements de guerre.

Art. 16. Dans le cas où les veuves et orphelins des militaires de la gendarmerie ont droit à des pensions ou à des secours annuels, ces pensions et secours annuels, calculés d'après les lois générales sur les pensions militaires, sont augmentés de la moitié des annuités afférentes au temps d'activité passé dans la gendarmerie par le mari ou le père, si ce dernier avait plus de quinze ans de service effectif soit dans l'armée, soit dans la gendarmerie.

Art. 17. Sont élevés aux trois quarts du maximum de la pension d'ancienneté affectée au grade dont le mari ou le père était titulaire, les pensions de veuves et les secours annuels accordés aux orphelins mineurs des sous-officiers, brigadiers de gendarmerie ou gendarmes qui ont péri par suite de lutte ou combat soutenu dans l'exercice de leurs fonctions.

Les pensions et secours annuels liquidés en vertu du présent article sont augmentés, en outre, des trois quarts des annuités énoncées aux articles 10, 11 et 12.

TITRE VI.

Dispositions générales et transitoires.

Art. 18. Sont abrogées les dispositions des lois et décrets antérieurs contraires à la présente loi.

Art. 19. Les dispositions de la présente loi sont applicables à toutes les pensions non encore inscrites, au moment de sa promulgation, au livre de la dette publique.

La présente loi, délibérée et adoptée par le Sénat et par la Chambre des députés, sera exécutée comme loi de l'Etat.

Fait à Paris, le 18 août 1879.

Loi portant: 1° modification du paragraphe 2 de l'article 19 des lois des 11 et 18 avril 1831 sur les pensions des armées de terre et de mer; 2° application au département de la marine et des colonies des dispositions de l'article 6 de la loi du 17 avril 1833, concernant l'armée de terre, et relatives au délai pendant lequel une pension peut être réclamée.

Le Sénat et la Chambre des Députés ont adopté,
Le Président de la République promulgue la loi dont la teneur suit :

Art. 1ᵉʳ (1). Ont droit à la pension, les veuves des militaires, marins ou assimilés dont la mort a été causée soit par des événements de guerre, soit par des maladies contagieuses ou endémiques aux influences desquelles ils ont été soumis par les obligations de leur service, pourvu que le mariage soit antérieur auxdits événements de guerre et à l'origine desdites maladies.

Les causes, l'origine et la nature des événements de guerre et des maladies contagieuses ou endémiques seront constatées par un certificat d'origine dressé à l'époque où ils se seront produits, et, s'il y a lieu, avant le retour en France.

Si les faits se sont passés hors de France, lorsque les militaires et marins, à leur retour, ne se considéreront pas comme guéris, ils feront constater, par leurs services médicaux respectifs, que les effets desdits événements et maladies subsistent encore.

Cette constatation devra être renouvelée d'année en année, pendant leur séjour en France, par les officiers de santé militaire ou maritime de la localité où ils résideront.

Le médecin qui aura soigné le malade à son décès devra affirmer que les événements de guerre ou les maladies ci-dessus constatées ont été la cause directe de la mort.

Tous les certificats médicaux seront légalisés par l'autorité compétente.

Si les militaires et marins sont décédés une année révolue après la date de la dernière constatation médicale, leurs veuves seront sans droit à la pension.

Art. 2. A l'avenir, tout marin ou assimilé, veuve ou orphelin de marin ou assimilé, qui se trouvera en demeure de faire valoir ses droits à l'obtention d'une pension ou d'un secours annuel, sera tenu de se pourvoir en liquidation auprès du Ministre de la marine, dans un délai dont la durée ne pourra excéder cinq ans, sans préjudice des règles déjà fixées et des déchéances encourues ou à encourir d'après la législation en vigueur sur les pensions de l'armée de mer; passé ce délai, les demandes ne seront pas admises.

Les ayants droit qui, au jour de la promulgation de la présente

---

(1) Nouvelle rédaction. (Loi du 8 décembre 1905.)

loi, se trouveront déjà en demeure depuis plus de cinq ans, auront un délai d'un an pour se pourvoir à partir de cette promulgation.

Art. 3. Toutes les prescriptions ci-dessus seront observées sous peine de déchéance.

La présente loi, délibérée et adoptée par le Sénat et par la Chambre des députés, sera exécutée comme loi de l'Etat.

Fait à Paris, le 15 avril 1885.

Décret du 29 juin 1886, relatif aux pensionnaires militaires résidant dans les pays de protectorat.

Le Président de la République française,

Vu le rapport du Ministre des finances;

Vu l'article 26 de la loi du 11 avril 1831, qui a posé le principe général que le droit à l'obtention ou à la jouissance d'une pension militaire est suspendu par la résidence hors du territoire français sans autorisation du Gouvernement;

Vu l'ordonnance du 24 février 1832 qui a réglé l'exécution de cet article et déterminé la durée d'absence qui ne doit pas être considérée comme résidence à l'étranger, et les catégories de pensionnaires qu'il n'y a pas lieu de soumettre à la nécessité de l'autorisation;

Vu l'ordonnance du 11 septembre 1832 réglant les conditions imposées aux anciens marins, titulaires de pensions sur la Caisse des invalides de la marine, qui désirent résider temporairement à l'étranger;

Vu les articles 143 et 278 du décret du 31 mai 1862 sur la comptabilité publique;

Vu les lois des 21 et 22 mars 1885, qui ont transporté de la Caisse des invalides de la marine au ministère des finances le paiement des pensions civiles et militaires de la marine et des colonies;

Vu le décret du 17 novembre 1885 rendu pour l'exécution de ces lois;

Vu les lois et décrets organisant le protectorat français dans l'Annam, au Tonkin, en Tunisie, au Cambodge et à Madagascar;

Considérant qu'en ce qui concerne la jouissance des pensions militaires, il convient d'assimiler la résidence dans les pays de protectorat à la résidence dans les colonies françaises ;

Sur l'avis des Ministres des affaires étrangères, de la justice, de l'intérieur, de la guerre, et de M. le Grand Chancelier de la Légion d'honneur,

Décrète :

Art. 1er. Les pensionnaires militaires de la guerre et de la marine, domiciliés dans les pays de protectorat, ne seront pas tenus de demander l'autorisation de résidence exigée par l'article 26 de la loi du 11 avril 1831.

Art. 2. Le Ministre des finances est chargé de l'exécution du présent décret, qui sera inséré au *Bulletin des lois* et publié au *Journal officiel*.

Fait à Paris, le 29 juin 1886.

Décret du 10 août 1886, qui abroge les décrets des 20 août et 27 novembre 1864 et fixe à cinq années le délai pour la production des demandes de pension ou de revision de pension à titre de blessures ou d'infirmités.

Le Président de la République française,

Sur le rapport du Ministre de la guerre et du Ministre de la marine et des colonies ;

Vu l'avis du Ministre des finances ;

Vu les lois des 11 et 18 avril 1831 sur les pensions des armées de terre et de mer ;

Vu l'article 6 de la loi du 17 avril 1833 relatif aux pensions de l'armée de terre ;

Vu l'article 2 de la loi du 15 avril 1885 relatif aux pensions des armées de terre et de mer ;

Vu l'article 17, n° 5, de la loi du 27 juillet 1872 sur le recrutement de l'armée ;

Vu les ordonnances des 2 juillet 1831 et 26 janvier 1832 portant règlement d'administration publique pour l'exécution des lois des 11 et 18 avril 1831 ;

Vu les décrets des 20 août et 27 novembre 1864 portant modification de l'article 2 des ordonnances des 2 juillet 1831 et 26 janvier 1832 ;

Le Conseil d'Etat entendu,

Décrète :

Art. 1er. Si, par une aggravation consécutive, les blessures ou infirmités qui ont donné droit à la retraite atteignent un des degrés de gravité spécifiés à l'article 13 de la loi du 11 avril 1831, il pourra être procédé à une nouvelle liquidation de la pension.

A cet effet, le militaire retraité adressera directement sa demande au Ministre de la guerre, dans un délai de cinq ans qui courra du jour de la cessation de l'activité, le tout à peine de déchéance.

La concession de la nouvelle pension sera précédée des visites et contre-visites réglementaires et de l'avis du comité consultatif de santé.

Art. 2. Les titres de réforme pour blessures reçues dans un service commandé ou pour infirmités contractées dans les armées de terre et de mer ne pourront être délivrés aux sous-officiers, caporaux et soldats, qu'après que l'origine, la nature et la gravité desdites blessures ou infirmités auront été constatées par des certificats d'origine et des procès-verbaux de visite et de contre-visite établis suivant les formes réglementaires en matière de pensions.

Art. 3 (1). Le militaire réformé dans les conditions prévues à l'article précédent qui, par une aggravation consécutive des blessures ou infirmités ayant motivé la réforme, se trouvera dans l'un des cas prévus aux articles 12, 13 et 14 de la loi du 11 avril 1831, devra adresser directement au Ministre de la guerre sa demande en liquidation de pension, dans un délai de cinq ans qui courra du jour de la cessation de l'activité, le tout à peine de déchéance.

Art. 4. Les demandes en liquidation de pension prévues aux articles 1er et 3 du présent décret sont, lorsqu'elles parviennent au ministère de la guerre, inscrites sur des registres à ce destinés.

Il est délivré aux intéressés des bulletins énonçant la date des demandes et les pièces produites.

---

(1) Nouvelle rédaction. (Décret du 15 mai 1889, *B. O.*, p. 1038.)

Le Ministre de la guerre statue, par des décisions spéciales, sur les refus de pension. Ces décisions sont notifiées administrativement aux intéressés.

Art. 5 (1). L'entrée en jouissance des pensions liquidées en exécution des articles 1er et 3 du présent décret est fixée à la date du procès-verbal dressé en exécution de l'article 13 de l'ordonnance du 2 juillet 1831, qui a servi de base à l'instruction de la pension.

Il est fait mention de cette date dans le décret de concession.

Art. 6 (1). Les dispositions qui précèdent sont applicables aux officiers, officiers-mariniers, sous-officiers, marins, militaires ou assimilés, appartenant aux départements de la marine et des colonies.

Ceux des certificats de congédiement, qui tiennent lieu de titre de réforme n° 1 pour les inscrits maritimes, doivent être délivrés dans les conditions prescrites à l'article 2 du présent décret.

Les demandes sont adressées au Ministre de la marine et des colonies. L'avis du conseil supérieur de santé remplace l'avis du comité technique de santé.

Art. 7 (1). Par mesure transitoire, les militaires ou marins actuellement réformés pour blessures reçues dans un service commandé, ou infirmités contractées dans les armées de terre et de mer, qui, au moment de la promulgation du présent décret, se trouvent encore dans les délais prévus aux décrets des 20 août et 27 novembre 1864 pour obtenir pension par suite d'aggravation de leurs blessures ou infirmités, peuvent bénéficier des dispositions de l'article 3.

Art. 8. Sont abrogés le dernier paragraphe de l'article 21 et le dernier paragraphe de l'article 23 des ordonnances des 2 juillet 1831 et 26 janvier 1832 relatives aux pensions de veuves.

Art. 9. Sont et demeurent abrogés : l'article 2 de l'ordonnance du 2 juillet 1831, l'article 2 de l'ordonnance du 26 janvier 1832, les décrets des 20 août et 27 novembre 1864 et, en général, toutes les dispositions contraires à celles du présent décret.

---

(1) Nouvelle rédaction. (Décret du 15 mai 1889.)

Art. 10. Le Ministre de la guerre et le Ministre de la marine et des colonies sont chargés, chacun en ce qui le concerne, de l'exécution du présent décret qui sera inséré au *Bulletin des lois* et publié au *Journal officiel*.

Décision ministérielle portant classification nouvelle des blessures ou infirmités ouvrant des droits à la pension de retraite.

Paris, le 23 juillet 1887.

Des omissions ont été constatées dans les tableaux du 3 janvier 1879 portant classification des blessures ou infirmités ouvrant des droits à la pension de retraite en vertu des lois des 11 et 18 avril 1831; de fréquentes difficultés d'appréciation ont été soulevées par la disposition de ces tableaux et ont démontré la nécessité de les reviser.

Une commission spéciale, constituée par les départements de la guerre et de la marine, a procédé à ce travail de revision; elle a préparé de nouveaux tableaux qui semblent de nature à faire disparaître à l'avenir toute difficulté.

En conséquence :

Le tableau annexé à la circulaire du 3 janvier 1879 et portant classification des blessures et infirmités ouvrant des droits à la pension de retraite est annulé; il est remplacé par la classification nouvelle ci-après, qui, seule, servira désormais de guide aux médecins pour l'application de la loi du 11 avril 1831.

Tableau de la classification des blessures et infirmités ouvrant des droits à la pension suivant les catégories fixées par les lois des 11 et 18 avril 1831.

1re CLASSE.

Cécité ou perte totale et irrémédiable de la vue.

2e CLASSE.

Amputation de deux membres.

3e CLASSE.

Amputation d'un membre (pied ou main).

4e CLASSE.

*Perte absolue de l'usage de deux membres.
Infirmités équivalentes.*

1. Hémiplégie complète. . .... ⎫ d'origine traumatique ou oc-
    Paraplégie complète. . .... ⎬ casionnée par les fatigues
    ⎭ du service.

2. Altération grave des fonc- ⎫ blessures de la tête, conges-
    tions cérébrales (abolition ⎪ tion, insolation, méningo-
    de la mémoire, de la pa- ⎬ encéphalite, fatigues du
    role, imbécillité, démence, ⎪ service, etc.
    aliénation mentale, etc.) ⎪
    résultant de : ⎭

3. Paralysie générale à la période d'état gâteux.

4. Mutilations éten- ⎫ l'œil, l'orbite et le maxillaire supé-
    dues de la face ⎪ rieur d'un côté ;
    comprenant à la ⎬ les deux maxillaires supérieurs et le
    fois ou. . ... ⎪ nez ou un maxillaire supérieur et
    ⎪ l'inférieur ;
    ⎪ la mâchoire inférieure en totalité et
    ⎭ la langue.

5. Fistule stomacale ; ⎫
    anus contre na- ⎬ résultant d'une blessure.
    ture provenant ⎪
    de l'intestin grêle ⎭

6. Ablation simultanée du pénis et des testicules par blessure.

7. Ankylose simultanée de plusieurs articulations des membres supérieurs et des membres inférieurs, par suite d'affection rhumatismale contractée à l'occasion du service.

5ᵉ CLASSE.

Perte absolue de l'usage d'un membre. Infirmités équivalentes.

8(1) Amputation tarso-métatarsienne, médio-tarsienne, sous-astragalienne, lorsque la marche est possible sur le moignon.

9. Hémiplégie incomplète, paraplégie incomplète. . . . } permettant quelques mouvements utiles, provenant d'un traumatisme ou des fatigues du service.

10. Paralysie générale progressive à la période d'état, provenant des fatigues du service.

11. Ataxie locomotrice progressive, provenant des fatigues du service.

12. Epilepsie, accès épileptiformes, chorée, spasmes fonctionnels, paralysie agitante, spasmodique ou autres névroses de la motilité et de la sensibilité, résultant d'un traumatisme ou d'un fait de service.

13. Paralysie d'un organe important (muscles de l'œil, de la langue, du pharynx, du larynx, de la vessie, du rectum, etc.), provenant d'un traumatisme ou des fatigues du service.

14. Atrophie musculaire progressive ayant envahi tout un membre, ou incomplètement deux membres, ou s'étendant aux muscles du tronc, provenant des fatigues du service.

15. Ulcère ou cicatrice ulcérée, résultant de plaie ou de grande perte de substance.

16. Eléphantiasis, lèpre, ulcères profonds, étendus ou multiples des pays chauds.

17. Cicatrice étendue et profonde du crâne avec perte de substance du péricrâne et des os dans toute leur épaisseur, provenant d'un traumatisme ou d'une opération.

18. Déviation persistante de la tête et du tronc, produisant une gêne considérable des mouvements et résultant d'un traumatisme ou d'une affection contractée à l'occasion du service (lésion du rachis ou des muscles).

---

(1) Le numéro 8 a été reporté de la 4ᵉ à la 5ᵉ classe par décision du 2 février 1905 (B. O., 1908, p. 787).

19. Surdité complète des deux côtés, résultant d'une blessure ou d'une maladie contractée à l'occasion du service.

20. Destruction, atrophie d'un œil ou perte complète de la vision avec déformation extérieure très apparente du globe oculaire (staphylôme, leucôme, hernie de l'iris, etc.).

21. Perte de la vue d'un côté et diminution de la vue de l'autre côté, ou affaiblissement de l'acuité visuelle inférieure à un quart des deux côtés, résultant d'une maladie contractée à l'occasion du service (ophtalmie granuleuse, iridochoroïdite, atrophie papillaire, etc.).

22. Déformation de la face, des paupières et des voies lacrymales ; ablation du nez, etc., occasionnant une gêne fonctionnelle importante, et résultant d'un traumatisme.

23. Déformation de l'une ou l'autre mâchoire, avec perte de substance étendue ; déviation des arcades dentaires ou perte de la plupart des dents ; ou destruction de la voûte palatine, du voile du palais ; ou ankylose de l'articulation temporo-maxillaire, résultant d'une blessure.

24. Fistule persistante ou rétrécissement des voies aériennes de cause traumatique (fracture du larynx, plaie de la trachée, etc.). Laryngo-trachéotomie pratiquée pour une maladie contractée à l'occasion du service et nécessitant le port permanent d'une canule.

25. Fistule persistante ou rétrécissement du pharynx et de l'œsophage, par suite de blessure.

26. Fistule persistante, ou rétraction considérable du thorax, résultant soit d'un traumatisme, soit d'une pleurésie ou de l'opération de l'empyème, si la maladie a été occasionnée par les fatigues ou dangers du service, indépendamment de toute prédisposition constitutionnelle appréciable.

27. Hernie irréductible du poumon de cause traumatique.

28. Affection chronique du cœur et des gros vaisseaux provenant d'un traumatisme ou d'une maladie rhumatismale ou infectieuse, contractée à l'occasion du service.

29. Bronchite chronique, compliquée d'emphysème et d'affection du cœur ou d'accès d'asthme provenant des fatigues du service.

30. Tuberculose des organes respiratoires (larynx, poumons, plèvres) ou des organes digestifs (intestin, péritoine, viscères, etc.) provenant des fatigues ou dangers du service, et indépendante de toute prédisposition constitutionnelle appréciable.

31. Affection chronique de l'estomac consécutive à une maladie endémique des pays chauds, ou provenant d'un long séjour dans ces contrées ou des fatigues du service en campagne.

32. Dysenterie, diarrhée chronique, ayant amené la détérioration de la constitution, contractée dans les pays chauds ou dans le service en campagne.

33. Engorgement chronique ou abcès du foie, dû à l'influence palustre ou à un séjour prolongé dans les pays chauds.

34. Cachexie palustre avec détérioration de la constitution et engorgement des viscères, ou néphrite et hydropisie.

35. Hernie ventrale volumineuse ou éventration.

36. Fistule stercoraire d'origine traumatique.

37. Rétrécissement ou prolapsus du rectum; fistule incurable à l'anus, à la suite de blessure, de diarrhée ou de dysenterie des pays chauds.

38. Néphrite et cystite purulente; concrétions urinaires; fistule vésicale ou uréthrale; rétrécissement incurable ou perte de substance irrémédiable de l'urèthre, causant l'incontinence ou la rétention d'urine d'origine traumatique.

39. Ablation totale du pénis; ablation ou destruction des deux testicules. { par suite de traumatisme.

40. Abcès par congestion symptomatique d'une lésion incurable du rachis ou du bassin, provenant d'un traumatisme ou des fatigues du service.

41. Impotence absolue d'un membre, résultant de..........
  paralysie d'origine traumatique, rhumatismale ou autre;
  atrophie musculaire ou trophique d'origine rhumatismale ou autre;
  arthrite suppurée chronique d'une grande articulation, d'origine rhumatismale ou autre;
  déformation et ankylose des articulations, consécutives à un rhumatisme chronique;
  rétraction musculaire et tendineuse ou par brides et adhérences cicatricielles.
  déviation ou raccourcissement considérable par suite de fracture vicieusement consolidée ou d'opération de résection;
  pseudarthrose consécutive à une fracture ou à une résection;

41. Impotence absolue d'un membre, résultant de (*suite*).....
- périosto-myélite généralisée chronique, de cause traumatique ;
- luxation non réduite d'une grande articulation ;
- anévrisme diffus, anévrisme artérioso-veineux étendu provenant d'une blessure.

42. Ankylose complète.........
- de l'épaule ;
- du coude dans l'extension ;
- de la hanche dans la flexion ou avec déviation du membre ;
- du genou dans la flexion ;
- du pied fortement dévié ou luxé.

par suite de traumatisme, de résection ou d'affection rhumatismale ou autre provenant des fatigues du service.

43. Flexion ou extension permanente de tous les doigts de la main, résultant d'un traumatisme ou d'une affection contractée à l'occasion du service.

44. Ablation simultanée du pouce et de l'index avec ou sans enlèvement des métacarpiens correspondants.

45. Ablation .. ....
- de trois doigts et de leurs métacarpiens ;
- des quatre derniers doigts de la main ;
- de deux doigts avec gêne des mouvements ou déviation des doigts conservés et atrophie de la main.

46. Ablation ..... .
- des deux premiers métatarsiens ;
- des trois derniers métatarsiens

6e CLASSE.

47. Cicatrices étendues, douloureuses, rétractées, ulcéreuses, adhérentes aux organes profonds ou accompagnées de hernie musculaire occasionnant une gêne fonctionnelle importante, quelle que soit la région.

48. Fistule persistante provenant d'une périostite nécrosique ou carieuse d'origine traumatique.

49. Tumeur de nature diverse, occasionnant un trouble fonc-

tionnel grave et provenant manifestement d'un traumatisme subi dans le service.

50. Diminution très prononcée de l'ouïe des deux côtés, ou
surdité complète d'un côté avec paralysie faciale ou destruction de l'appareil auditif externe, résultant d'une
blessure ou d'une maladie contractée à l'occasion du
service

51. .... (1)

52. Hernie inguinale ou crurale (unique ou double), lorsqu'elle
est irréductible ou présente des difficultés exceptionnelles
de contention.

53. Hémorroïdes volumineuses et permanentes, ayant amené
l'affaiblissement de la constitution, et développées sous
l'influence du séjour dans les pays chauds.

54. Hydrocèle, hématocèle devenu incurable par l'épaississe-
ment des parois vaginales ou par toute autre complica-
tion, et ayant pour origine un traumatisme attribuable au
service.

55. Varices développées, { compliquées d'œdème permanent, de
oblitérations vei- { troubles trophiques prononcés ou
neuses .... { d'ulcères.

56. paralysie incomplè- { d'un membre d'origine traumatique,
te, atrophie incom- { rhumatismale (sciatique ou autre),
plète........... { attribuable aux fatigues ou dangers
{ du service.

57. Déviation partielle { d'un membre par contracture ou para-
et rétraction par- { lysie musculaire, cicatrices adhé-
tielle........... { rentes ou brides cicatricielles.

58. Cal irrégulier, difforme, avec chevauchement ou direction
vicieuse, ostéite ou cicatrice adhérente, etc., résultant
d'une fracture des os longs des membres, des os du bassin
ou de l'omoplate, et occasionnant une gêne considérable
des fonctions.

59. Arthrite chronique non suppurée d'une grande articulation
d'origine traumatique, rhumatismale ou autre, attribuable
aux fatigues ou dangers du service.

---

(1) Suivant décision du 1er mars 1907, la perte de la vision d'un côté est
rangée, dans tous les cas, dans la 5e classe (n° 20, *B. O.*, 1908, p. 787).

60. Ankylose complète..

/ du coude dans la flexion ;
du poignet avec gêne des mouvements de pronation, de supina-tion et des doigts ;
de la hanche, dans la rectitude du membre ;
du genou dans l'exten-sion ;
du pied avec déforma-tion, engorgement ou atrophie et gêne des mouvements des or-teils ;

par suite de trauma-tisme, de résection ou d'affection rhu-matismale ou autre provenant des fati-gues du service.

61. Luxation non réduite du poignet ou des os du tarse, lors-qu'elle détermine une gêne fonctionnelle importante.

62. Luxation non réduite du pouce ou du gros orteil, accompa-gnée de cicatrices adhérentes et de raideur des autres doigts.

63. Flexion ou extension permanente de trois doigts de la main, avec gêne des mouvements des autres doigts ou atrophie de la main et de l'avant-bras.

64. Ablation du pouce avec ou sans enlèvement simultané de son métacarpien.

65. Ablation ..

/ de deux doigts avec enlèvement simultané des métacarpiens correspondants ;
de deux doigts avec raideur des doigts conser-vés ;

Toute autre mutilation analogue des doigts et de la main, entraînant une gêne fonctionnelle importante.

66. Ablation...

/ de tous les orteils d'un pied ;
du premier métatarsien et du gros orteil ;
de deux autres métatarsiens.

Extrait de la loi de finances du 16 avril 1895.

Art. 40. A dater de la promulgation de la présente loi, les décrets de concession de toute nature à la charge de l'État seront publiés au *Journal officiel* et insérés au *Bulletin des lois*.

Les pensions seront inscrites au Trésor public après la publication au *Journal officiel* des décrets de concession.

Il ne pourra, en aucun cas, y avoir lieu au rappel de plus de trois années d'arrérages antérieures à la date de la publication au *Journal officiel* du décret de concession.

Sont abrogés l'article 26 de la loi du 25 mars 1817, l'article 5 de la loi du 17 avril 1833 et le deuxième paragraphe de l'article 25 de la loi du 9 juin 1853.

. . . .

Loi relative au droit à pension militaire des fonctionnaires du service de la trésorerie et des postes aux armées.

Le Sénat et la Chambre des députés ont adopté,

Le Président de la République promulgue la loi dont la teneur suit :

Art. 1er. Dans le cas de blessures ou d'infirmités résultant de l'exercice de leurs fonctions en campagne ou pendant une période d'instruction, les agents et les sous-agents du service de la trésorerie et des postes sont traités, au point de vue des droits à l'obtention de pensions militaires, comme les militaires dont le rang leur est attribué par les articles 16 et 19 du règlement d'administration publique du 14 mars 1877, rendu en exécution de l'article 19 de la loi du 13 mars 1875.

Ont, de même, droit à pension militaire les veuves et orphelins desdits agents et sous-agents, pourvu que le mariage soit antérieur à l'événement qui a amené l'admission à la retraite ou la mort du mari.

Art. 2. Les dispositions qui précèdent seront applicables aux agents ou sous-agents, ainsi qu'aux veuves et orphelins dont les droits se seraient ouverts moins de cinq années avant la promulgation de la présente loi.

La présente loi, délibérée et adoptée par le Sénat et par la Chambre des députés, sera exécutée comme loi de l'Etat.

Fait au Havre, le 27 juillet 1895.

FÉLIX FAURE.

Par le Président de la République :

Le Ministre de la guerre,
Gal ZURLINDEN.

Le Président du conseil,
Ministre des finances,
A. RIBOT.

Extrait de la loi de finances du 28 décembre 1895.

. . . .

Art. 41. Lorsqu'un militaire de l'armée de terre ou de l'armée de mer a été retraité pour blessures ou infirmités, la **veuve** a droit à pension, pourvu que son mariage, dûment autorisé s'il y a lieu, soit antérieur auxdites blessures ou à l'origine desdites infirmités.

. . . .

Extrait de la loi de finances du 13 avril 1898.

. . . .

Art. 38 (1). Lorsqu'un pensionnaire militaire a disparu de son domicile et que plus de trois ans se sont écoulés sans qu'il ait réclamé les arrérages de sa pension, sa femme ou les enfants mineurs qu'il a laissés peuvent obtenir, à titre provisoire, la liquidation des droits de réversion qui leur seraient ouverts par les articles 19, 20 et 21 des lois des 11 et 18 avril 1831.

La même règle pourra également être suivie à l'égard des

---

(1) Nouvelle rédaction. (Loi du 25 février 1901, art. 48, voir p. 80.)

orphelins des militaires et des marins, et des orphelins de fonctionnaires et agents civils, lorsque la mère pensionnée ou en possession de droit à une pension aura disparu depuis plus de trois ans.

Les dispositions ci-dessus sont applicables aux pensionnaires de la Caisse des invalides de la marine.

Une pension à titre provisoire peut également être attribuée à la femme et aux enfants du militaire en activité qui a été déclaré absent par jugement.

. . . .

Art. 44. Les veuves de militaires, marins ou assimilés, ... ont droit à pension lorsque le mari réunit au jour de son décès, survenu après le 1er janvier 1896, vingt-cinq ans de services tant militaires que civils, et que la condition de durée de mariage, requise par la loi de pension sous le régime de laquelle le mari était placé en dernier lieu, aura été remplie.

. . . .

Lorsque la mère est décédée ou inhabile à recueillir la pension ou déchue de ses droits, l'orphelin ou les orphelins ont droit, jusqu'à leur majorité, à une pension temporaire égale à celle que la mère a obtenue ou aurait pu obtenir.

. . . .

Extrait de la loi de finances du 13 avril 1900.

Art. 24. . . . .

Le délai du recours au Conseil d'Etat, fixé à trois mois par l'article 11 du décret du 22 juillet 1806, est réduit à deux mois, sans qu'il soit dérogé aux dispositions de lois ou de règlements qui ont fixé des délais spéciaux pour les pourvois au Conseil d'Etat.

. . . .

Extrait de la loi de finances du 31 mars 1903.

Art. 58. Les officiers et assimilés et les fonctionnaires employés et agents du ministère des colonies visés à l'article 14 de la loi du 5 août 1879, qui sont placés hors cadres pour une période de trois années au plus, et dûment autorisés, soit à seconder des entreprises industrielles ou commerciales intéressant spécialement les colonies ou les pays de protectorat français, soit à servir auprès d'une puissance étrangère, ou dans l'administration locale d'une colonie ou d'un pays de protectorat français, continuent à acquérir, dans cette situation, des droits à pension et sont astreints à verser au Trésor une retenue fixée à 5 p. 100 pour les officiers et les fonctionnaires qui leur sont assimilés et à 3 p. 100 pour le personnel n'ayant pas l'assimilation d'officier.

Ces retenues sont calculées sur le montant des émoluments perçus dans leur nouvelle situation à titre de solde ou d'accessoires de solde.

Art. 67. A partir du 1er janvier 1903, les officiers généraux et assimilés placés dans la 2e section du cadre de l'état-major général avant d'avoir atteint la limite d'âge déterminée par la loi recevront une solde égale à la pension de retraite à laquelle ils auraient droit s'ils étaient retraités à la même date.

Extrait de la loi de finances du 17 avril 1906.

II. — *Autres impôts et revenus.*

Art. 4. Seront enregistrés en debet et jugés sans autres frais que le droit de timbre : les recours portés devant le Conseil d'Etat, en vertu de la loi des 7-14 octobre 1790, contre les actes des autorités administratives, pour incompétence ou excès de pouvoirs ; les recours contre les décisions portant refus de liquidation ou contre les liquidations de pensions.

En cas de rejet total ou partiel de la requête, les droits d'enregistrement du recours et de l'arrêt sont dus par le requérant. Il en est de même lorsque l'arrêt constate qu'il n'y a pas lieu de statuer, à moins que cette décision ne soit motivée sur le retrait de l'acte attaqué, opéré postérieurement à l'introduction du recours, auquel cas le requérant n'est tenu de payer aucun droit d'enregistrement.

Le pourvoi peut être formé sans l'intervention d'un avocat au Conseil d'État, en se conformant, d'ailleurs, aux prescriptions de l'article 1er du décret du 22 juillet 1806. L'article 1er du décret du 2 novembre 1864 est abrogé.

Extrait de la loi portant ouverture et annulation de crédits au titre de l'exercice 1911.

(Direction du Contrôle; Bureau des Budgets
et Dépenses engagées.)

Paris, le 16 décembre 1911.

Le Sénat et la Chambre des députés ont adopté,
Le Président de la République promulgue la loi dont la teneur suit :

TITRE V.

Dispositions spéciales.

Art. 17. Est rectifié comme il suit, en ce qui concerne les veuves et orphelins, première catégorie, le tableau annexé à l'article 85 de la loi de finances du 13 juillet 1911 et relatif aux pensions des veuves et des orphelins des militaires de la gendarmerie :

« La moitié du maximum de la pension d'ancienneté du grade du mari, augmentée de la moitié de la majoration spéciale à laquelle le mari pouvait prétendre (1). »

---

(1) Dispositions transitoires (voir p. 139, la loi du 23 décembre 1912).

Extrait de la loi du 30 décembre 1913 sur les pensions.

TITRE III.

Dispositions communes aux pensions civiles et militaires.

Art. 32. Les services rendus après l'âge de 20 ans dans le cadre local des administrations des départements, communes, colonies ou pays de protectorat, sont admissibles pour l'établissement du droit à pension, pourvu que la durée des services rendus à l'Etat soit au moins de douze ans dans la partie sédentaire et de dix ans dans la partie active ou dans les services coloniaux.

En ce qui concerne les fonctionnaires régis par la loi du 9 juin 1853, cette pension n'est liquidée que pour le temps pendant lequel ils ont subi les retenues prescrites par ladite loi.

Pour les fonctionnaires soumis aux dispositions de la loi du 22 août 1790, le temps passé au service de l'Etat entre seul en liquidation et il est rémunéré à raison de $1/30^e$ par an de la pension correspondant à trente ans de services.

Pour les fonctionnaires placés sous le régime des lois des 11 ou 18 avril 1831, la pension est d'abord calculée comme si tous les services avaient été rendus à l'Etat, puis elle est réduite en raison de la durée des services locaux, en commençant par défalquer les annuités les moins élevées. A l'égard des veuves ou orphelins de ces derniers fonctionnaires, la pension est réduite dans la mesure où les services locaux sont intervenus pour en permettre l'obtention.

Par mesure transitoire, les agents d'Etat en fonctions lors de la promulgation de la présente loi conservent le bénéfice des articles 9 de la loi du 9 juin 1853, 30 de la loi du 29 mars 1897, 56 de la loi du 30 janvier 1907, 87, 88 et 89 de la loi du 8 avril 1910.

Art. 33. Les fonctionnaires et employés civils, y compris ceux qui sont régis, au point de vue de la retraite, par l'article 14 de la loi du 5 août 1879, peuvent être détachés au service des départements, communes, colonies, pays de protectorat, pays étrangers, établissements publics ou privés. Ils conservent dans cette position leurs droits à l'avancement hiérarchique et à la pension.

Le détachement est autorisé pour une durée maximum de cinq ans, par arrêté du Ministre dont relève l'agent, sur avis conforme du Ministre des finances. Il peut être prorogé dans les mêmes formes, pour une ou plusieurs périodes égales.

L'intéressé subit les retenues légales sur le traitement d'activité qui lui serait alloué dans le corps ou service dont il est détaché.

Les retenues sont recouvrées pour le compte du Trésor, sur titres de perception établis par le Ministre des finances.

Les agents détachés ne peuvent être admis à la retraite qu'autant qu'ont pris fin les fonctions occupées en cette qualité.

Les avantages spéciaux attachés par la loi du 9 juin 1853, articles 5 (§ 2), 7 (§ 1er), 10 (§ 1er) et par la loi du 17 août 1876 à l'exercice de certaines fonctions publiques ne sont accordés qu'aux agents détachés dans des administrations publiques françaises ou de pays de protectorat pour y exercer des fonctions de même nature.

Art. 34. Les militaires, marins et assimilés qui seraient régulièrement détachés du service de l'Etat sont soumis aux dispositions des alinéas 3 et 4 de l'article précédent.

Art. 35. La part contributive des départements, des colonies ou pays de protectorat, communes ou autres établissements publics, dans les pensions civiles ou militaires inscrites au grand livre de la dette publique est soumise, en ce qui concerne la jouissance, aux mêmes règles que la part à la charge de l'Etat.

Art. 36. Les débets envers les services locaux des colonies ou des pays de protectorat sont assimilés aux débets envers l'Etat pour l'application de l'article 28 de la loi du 11 avril 1831; de l'article 30 de la loi du 18 avril 1831 et de l'article 26 de la loi du 9 juin 1853, déterminant les retenues dont sont passibles les pensions militaires et civiles payées sur les fonds du Trésor.

En cas de débets simultanés envers l'Etat et les colonies ou pays de protectorat, les retenues ne pourront excéder un cinquième de la pension, et devront être effectuées en premier lieu au profit de l'Etat.

. . . .

Art. 41. L'article 10 (§§ 2 et 3) de la loi du 30 novembre 1875 et le paragraphe 2 de l'article unique de la loi du 26 décembre 1887 sont abrogés et remplacés par les dispositions suivantes :

« Tout fonctionnaire qui réunit vingt ans de services à l'époque de l'acceptation du mandat de sénateur ou de député pourra, dès qu'il aura atteint sa cinquantième année, obtenir une pension exceptionnelle.

« Cette pension sera réglée, savoir :

« 1° Si l'intéressé était soumis aux dispositions de la loi du 9 juin 1853, conformément à l'article 12, paragraphe 3, de cette loi;

« 2° S'il était régi par la loi du 22 août 1790, à raison, pour chaque année de service, de un trentième de la pension qui lui aurait été acquise pour trente ans de service;

« 3° S'il était placé sous le régime des lois des 11 et 18 avril 1831, à raison pour chaque année de service effectif et de campagne de un trentième ou de un vingt-cinquième du minimum de la pension d'ancienneté afférente au grade dont il était titulaire au jour de l'acceptation de son mandat. Toutefois, si la durée totale des services, campagnes comprises, dépasse trente ou vingt-cinq ans, l'excédent sera liquidé sur le pied de un vingtième par an de la différence entre le maximum et le minimum.

« L'article 19 des lois des 11 et 18 avril 1831 n'est pas applicable à la pension concédée en vertu de l'alinéa précédent, sauf le droit pour la veuve de se prévaloir des dispositions de l'article 44 de la loi du 13 avril 1898. »

---

§ 2. — Pensions proportionnelles.

Loi unifiant les pensions proportionnelles des sous-officiers, caporaux et soldats rengagés et commissionnés.

Paris, le 11 juillet 1899.

Le Sénat et la Chambre des députés ont adopté.

Le Président de la République promulgue la loi dont la teneur suit :

Art. 1er. A partir de la promulgation de la présente loi, les pensions proportionnelles auxquelles peuvent prétendre, en vertu des lois des 18 mars et 15 juillet 1889, les sous-officiers, brigadiers, caporaux et soldats rengagés ou commissionnés justifiant de quinze ans de service effectif seront liquidées à raison, pour chaque année de service effectif et pour chaque campagne, d'un vingt-cinquième du minimum de la pension d'ancienneté afférente au grade obtenu depuis deux ans au moins.

Le tarif des pensions d'ancienneté demeure applicable aux pensions proportionnelles liquidées pour plus de vingt-cinq ans de services, campagnes comprises.

Est modifié ainsi qu'il suit le tarif n° 1 annexé à la loi du 18 mars 1889 :

(Le tarif n° 1 est remplacé par celui annexé à la loi du 9 avril 1914 ci-après.)

Art. 2. Les pensions proportionnelles liquidées après quinze ans de service effectif depuis la promulgation de la loi du 15 juillet 1889, par application du tarif annexé à la loi du 18 mars de la même année, au profit des sous-officiers, brigadiers, caporaux et soldats rengagés ou commissionnés, seront, sur la demande des titulaires, revisées et liquidées comme il est dit à l'article précédent.

Un délai d'un an, à compter de la promulgation de la présente loi, est accordé aux intéressés pour demander au Ministre de la guerre ou au Ministre de la marine la revision de leur pension.

La jouissance des pensions revisées partira du 1er mars 1899.

La présente loi, délibérée et adoptée par le Sénat et par la Chambre des députés, sera exécutée comme loi de l'Etat.

Fait à Paris, le 11 juillet 1899.

ÉMILE LOUBET.

Par l' Président de la République :

Le Ministre des finances,   *Le Ministre de la guerre,*
J. CAILLAUX.   GALLIFFET.

Le Ministre de la marine,
DE LANESSAN.

Loi complétant la loi du 11 juillet 1899 et l'article 85 de la loi des finances du 13 juillet 1911 par la création d'un tarif de pension correspondant aux emplois d'adjudant-chef et d'aspirant.

(Direction du Contentieux et de la Justice militaire; Bureau des Pensions et Gratifications de réforme.)

Paris, le 9 avril 1914.

Le Sénat et la Chambre des députés ont adopté,

Le Président de la République promulgue la loi dont la teneur suit :

Art. unique. Le tableau annexé à la loi du 11 juillet 1899, relative à l'unification des pensions proportionnelles des sous-officiers, caporaux et soldats rengagés et commissionnés est remplacé par le tableau suivant :

GRADES.	PENSIONS PROPORTIONNELLES à 15 ans de service	ACCROISSEMENT ANNUEL de 15 à 25 ans de service.	MINIMUM de la PENSION d'ancienneté à 25 ans de service.	ACCROISSEMENT ANNUEL de 25 à 45 ans de service.		MAXIMUM.	EN CAS DE CÉCITÉ absolue ou d'amputation de deux membres (4).	MAJORATION SPÉCIALE à l'arme de la gendarmerie.		VEUVES ET ORPHELINS. 1re catégorie, 1/2 (2)	2e catégorie, 3/4 (3)
	fr.	fr.	fr.	fr.	cent.	fr.	fr.	fr.	cent.	fr.	fr.
Adjudant-chef...	660 »	44 »	1.100 »	15	»	1.400 »	2.045 »	»		700 »	1.050 »
Adjudant........	600 »	40 »	1.000 »	15	»	1.300 »	1.915 »	32	50	650 »	975 »
Aspirant (1)......	570 »	38 »	950 »	15	»	1.250 »	1.850 »	32	50	625 »	937 »
Sergent major...	540 »	36 »	900 »	15	»	1.200 »	1.785 »	32	50	600 »	900 »
Sergent	480 »	32 »	800 »	15	»	1.100 »	1.655 »	32	50	550 »	825 »
Caporal..........	420 »	28 »	700 »	10	»	900 »	1.395 »	32	50	450 »	675 »
Gendarme.......	405 »	27 »	675 »	7	50	825 »	»	25	»	413 »	619 »
Soldat..........	360 »	24 »	600 »	7	50	750 »	1.200 »	»		375 »	563 »

(1) Sous réserve du droit au tarif d'adjudant pour celui qui était titulaire de cet emploi quand il est passé aspirant.
(2) Pensions augmentées de la moitié de la majoration spéciale à la gendarmerie que le mari ou le père a obtenue ou pourrait obtenir.
(3) Pensions augmentées des trois quarts de la majoration spéciale à la gendarmerie que le mari ou le père a obtenue ou aurait pu obtenir.
(4) Loi du 13 juillet 1917 (B. O., p. 1918).

La présente loi, délibérée et adoptée par le Sénat et par la Chambre des députés, sera exécutée comme loi de l'Etat.

Fait à Eze, le 9 avril 1914.

R. POINCARÉ.

Par le Président de la République :

Le Ministre de la guerre,	*Le Ministre des finances,*
J. NOULENS.	René RENOULT.

Loi relative aux pensions à accorder : 1° aux stagiaires officiers d'administration d'artillerie coloniale; 2° aux ouvriers d'état de 1re classe de l'artillerie et du génie; 3° aux gardiens de batterie; et 4° aux adjudants d'administration du génie.

Paris, le 10 août 1917.

Art. 1er. Les stagiaires officiers d'administration d'artillerie coloniale de 1re classe et les ouvriers d'état de 1re classe de l'artillerie et du génie sont assimilés pour la retraite aux adjudants-chefs.

Les gardiens de batterie et les adjudants d'administration du génie sont assimilés pour le même objet aux adjudants-chefs ou aux adjudants, suivant qu'ils appartiennent à la première ou à la seconde moitié de la liste d'ancienneté de leur emploi.

Art. 2. Les services rendus comme gardiens de batterie auxiliaires entreront en ligne de compte pour le droit à pension militaire.

Les gardiens de batterie auxiliaires jouissant déjà, à un titre quelconque, d'une retraite proportionnelle à raison de services antérieurs, cesseront de la toucher pour n'avoir droit qu'à la pension affectée aux gardiens de batterie et lors de la liquidation de cette dernière.

Toutefois, cette pension sera diminuée, le cas échéant, de la partie acquise aux intéressés, à raison de leurs versements antérieurs opérés à la Caisse nationale des retraites, à titre de part contributive de l'Etat dans les conditions de l'article 3 du décret du 26 février 1897.

Cette disposition sera applicable aux pensions liquidées à partir de la promulgation de la présente loi.

---

§ 3. — Retraites par anticipation.

Loi ayant pour objet de rapporter la loi du 5 janvier 1872, relative aux pensions des officiers et assimilés qui comptent vingt-cinq ans de service.

Versailles, le 29 mai 1875.

L'Assemblée nationale a adopté la loi dont la teneur suit :

Art. 1er. Est rapportée la loi du 5 janvier 1872, relative à l'admission à la pension de retraite, à titre d'ancienneté, des officiers et assimilés, après vingt-cinq ans de service effectif.

Toutefois, le Ministre de la guerre pourra procéder à la liquidation et à la concession des pensions des officiers et assimilés en activité qui lui auront adressé, par la voie hiérarchique, leur demande avant la promulgation de la présente loi, et des officiers et assimilés en non-activité à l'égard desquels il aura reconnu, avant la même date, devoir prendre cette mesure.

Art. 2. Les veuves des officiers et assimilés, décédés après vingt-cinq ans de service effectif, continueront de recevoir l'application de l'article 2 de la loi du 10 avril 1869.

Délibéré en séance publique, à Versailles, le 29 mai 1875.

(Suivent les signatures.)

Loi relative à la mise à la retraite par anticipation d'un certain nombre d'officiers.

Paris, le 7 avril 1905.

Le Sénat et la Chambre des députés ont adopté,

Le Président de la République promulgue la loi dont la teneur suit :

Art. 1er. Par dérogation à l'article 1er de la loi du 11 avril 1831, pourront être admis à la pension de retraite, sur leur demande, à titre d'ancienneté, après vingt-cinq ans de service, et jusqu'à concurrence du nombre d'officiers en excédent des cadres, les officiers des armes où il existe des officiers en excédent.

Ces officiers auront droit, quelle que soit leur ancienneté de grade, au minimum de la pension de ce grade, augmenté, pour chaque année de campagne, d'un vingtième de la différence du minimum au maximum.

Art. 2. Les officiers exceptionnellement admis à la retraite en vertu de la présente loi demeureront à la disposition du Ministre de la guerre, dans les conditions prévues à l'article 2 de la loi du 22 juin 1878, mais pendant 10, 9, 8, 7 ou 6 années, selon qu'ils auront été retraités à 25, 26, 27, 28 ou 29 ans de service.

Art. 3. La mise à la retraite de ces officiers sera prononcée dans un délai de deux ans au maximum (1), à dater du jour de la promulgation de la présente loi, et ces officiers ne seront remplacés dans leur grade que le jour où ils auraient terminé leur trentième année de services, s'ils étaient restés en activité.

La présente loi, délibérée et adoptée par le Sénat et par la Chambre des députés, sera exécutée comme loi de l'Etat.

Fait à Paris, le 7 avril 1905.

---

(1) Voir page 68 les lois de finances du 30 janvier 1907 (art. 64) et du 31 décembre 1907 (art. 38 et 40).

Circulaire sur les admissions à la retraite par anticipation.

Paris, le 15 juin 1905.

Une loi du 7 avril 1905, promulguée au *Journal officiel* du 12, autorise l'admission à la retraite par anticipation des officiers qui se trouvent en excédent des cadres.

Pour éviter toute fausse interprétation de cette loi, il y aura lieu de tenir compte des observations ci-après :

1° Le nombre des officiers en excédent des cadres est actuellement de :

> 556 pour l'infanterie,
> et 20 pour le génie.

C'est donc uniquement dans ces armes et dans la limite des nombres énoncés ci-dessus que les admissions à la retraite par anticipation, après vingt-cinq ans de service effectif, pourront être autorisées pendant les deux ans qui suivront la promulgation de la loi.

Le postulant devra en outre se trouver dans la position d'activité et ne pas compter trente ans de service effectif.

Les officiers en *non-activité* ou *en congé de longue durée* sont donc exclus du bénéfice de la nouvelle loi.

Les officiers en *non-activité pour infirmités temporaires* ne pourront, comme par le passé, être admis à la retraite après vingt-cinq ans de service, que dans les conditions prévues par la loi du 25 juin 1861 ;

2° En échange de l'avantage qui lui aura été fait, l'officier ainsi retraité par anticipation demeurera à la disposition du Ministre de la guerre dans les conditions prévues à l'article 2 de la loi du 22 juin 1878, mais pendant 10, 9, 8, 7 ou 6 années selon qu'il aura été retraité à 25, 26, 27, 28 ou 29 ans de service ;

3° La pension obtenue par anticipation sera égale au minimum de la pension du grade, quelle que soit la durée du service effectif que réunira l'intéressé, augmenté du bénéfice de campagne dans les conditions ordinaires; la pension sera fixée d'après le dernier grade, sans que la condition de deux ans d'ancienneté dans le grade soit exigée ;

4° Cette pension sera reversible sur la veuve ou les orphelins au même titre et dans les mêmes conditions que la pension à trente ans de service effectif.

Extrait de la loi de finances du 30 janvier 1907.

. . . .

Art. 64. Les dispositions prévues par la loi du 7 avril 1905, relative à la mise à la retraite par anticipation d'un certain nombre d'officiers appartenant aux armes ou services dans lesquels il existait un excédent, sont prorogées d'un an à compter du 7 avril 1907.

Ces dispositions seront rendues applicables aux armes ou services dans lesquels il existera des excédents au jour de la promulgation de la présente loi, et ce, jusqu'à la date du 7 avril 1908.

Dans les mêmes conditions et en vue de réduire l'effectif des officiers d'administration de 1re classe des services de l'intendance et de santé à entretenir en surnombre par application de l'article 70 de la loi de finances du 31 mars 1903, les mêmes dispositions sont rendues applicables aux officiers d'administration susindiqués, jusqu'à concurrence de vingt unités.

. . . .

———————————◆———————————

Extrait de la loi de finances du 31 décembre 1907.

. . . .

Art. 38. Les dispositions prévues par la loi du 7 avril 1905, relative à la mise à la retraite par anticipation d'un certain nombre d'officiers appartenant aux armes ou services dans lesquels il existait un excédent, déjà prorogées d'un an par la loi de finances du 30 janvier 1907, le sont encore d'une année à compter du 7 avril 1908 (I).

Ces dispositions sont rendues applicables aux armes ou services dans lesquels il existera des excédents au jour de la promulgation de la présente loi, et ce, jusqu'à la date du 7 avril 1909.

Dans les mêmes conditions et en vue de réduire l'effectif des officiers d'administration de 1re classe des services de l'intendance et de santé à entretenir en surnombre par application de l'article 70 de la loi de finances du 31 mars 1903, les dispositions de la loi du 7 avril 1905, déjà rendues applicables à ces officiers par la loi de finances du 30 janvier 1907, le sont encore jusqu'à concurrence de vingt nouvelles unités.

. . . .

———————————————————————

(1) Délai prorogé d'un an par l'article 34 de la loi de finances du 26 décembre 1908.

Art. 40. Par dérogation à l'article 1er de la loi du 11 avril 1831, pourront être admis à la pension de retraite, sur leur demande, à titre d'ancienneté, après vingt ans de services, et jusqu'à concurrence de 112, les officiers de l'armée coloniale comptant au moins six années de séjour aux colonies.

Ces officiers auront droit, quelle que soit leur ancienneté de grade, au minimum de la pension de ce grade, augmenté, pour chaque année de campagne, d'un vingtième de la différence du minimum au maximum.

Extrait de la loi de finances du 8 avril 1910.

Art. 80. Le Ministre de la guerre est autorisé à admettre par anticipation à la pension de retraite, en 1910, jusqu'à concurrence d'un nombre maximum de 200, des officiers des armes de l'infanterie, de la cavalerie, de l'artillerie et du génie, dans les conditions de la loi du 7 avril 1905, mais sans qu'il soit nécessaire que ces armes présentent des excédents.

Leur pension sera calculée sur la base d'un trentième du minimum de la pension de leur grade par année de service et augmentée, pour chaque campagne, d'un vingtième de la différence entre le maximum et le minimum.

S'il n'y a pas d'excédent dans leur arme, ces officiers seront remplacés dans les cadres.

Circulaire sur les admissions à la retraite par anticipation prononcées par application de la loi de finances du 8 avril 1910.

(Cabinet du Ministre; Bureau de la Correspondance générale.)

Paris, le 8 juillet 1910.

Aux termes de l'article 80 de la loi de finances du 8 avril 1910, « le Ministre de la guerre est autorisé à admettre par anticipation à la pension de retraite, en 1910, jusqu'à concurrence d'un nombre maximum de deux cents, des officiers des armes de l'infanterie, de la cavalerie, de l'artillerie et du génie, dans les conditions de la loi du 7 avril 1905, *mais sans qu'il soit nécessaire que ces armes présentent des excédents* ».

Sont appelés à bénéficier des dispositions qui précèdent, non seulement les officiers en activité, mais encore ceux qui se trouvent en non-activité ou en congé de longue durée.

Quant aux officiers en non-activité pour infirmités temporaires, ils ne pourront, comme par le passé, être admis à la retraite après vingt-cinq ans de service que dans les conditions prévues par la loi du 25 juin 1861.

En échange de l'avantage qui lui aura été fait, l'officier ainsi retraité par anticipation demeurera à la disposition du Ministre de la guerre dans les conditions prévues à l'article 2 de la loi du 22 juin 1878, mais pendant dix, neuf, huit, sept ou six années, selon qu'il aura été retraité à vingt-cinq, vingt-six, vingt-sept, vingt-huit ou vingt-neuf ans de service.

Conformément aux prescriptions du deuxième alinéa de l'article 80 de la loi de finances du 8 avril 1910, la pension obtenue par anticipation sera calculée sur la base du trentième du minimum de la pension du grade par année de service, sans que la condition de deux années d'ancienneté dans le grade soit exigée, et augmentée pour chaque campagne du vingtième de la différence entre le maximum et le minimum.

Cette pension sera réversible sur la veuve ou les orphelins, au même titre et dans les mêmes conditions que la pension à trente ans de service effectif.

Les deux cents retraites anticipées prévues par l'article 80 de la loi de finances de 1910 seront réparties de la manière suivante entre les quatre armes intéressées :

Infanterie.	119
Cavalerie.	35
Artillerie.	37
Génie.	9
TOTAL ÉGAL.	200

§ 4. — Dispositions relatives à la marine et aux colonies.

Extrait de la loi du 18 avril 1831 sur les pensions de l'armée de mer.

TITRE Ier.

Des pensions militaires pour ancienneté de service.

SECTION Ire.

DES DROITS A LA PENSION.

Art. 1er. Le droit à la pension de retraite d'ancienneté est acquis, pour les officiers de la marine et pour les marins de tous les grades, à vingt-cinq ans accomplis de service effectif.

Dans les autres corps de la marine, le même droit est acquis à trente ans accomplis de service effectif.

Toutefois, les individus de ces derniers corps, qui réuniraient ou six ans de navigation sur les vaisseaux de l'Etat, ou neuf ans tant de navigation sur lesdits vaisseaux que de service dans les colonies, seront assimilés aux marins. Mais, dans aucun cas, le service des colonies ne motivera de réduction sur la durée légale desservices que pour les individus envoyés d'Europe.

Art. 2. Les années de service effectif pour la pension de retraite se comptent de l'âge de 16 ans.

Art. 3. Le service des militaires entrés dans la marine leur est compté, pour le temps antérieur à cette admission, d'après les lois qui régissent les pensions de l'armée de terre.

Ils seront toutefois assimilés aux marins si, avant ou après leur admission dans la marine, ils réunissent les conditions voulues par le 3e paragraphe de l'article 1er.

Art. 4. Est compté pour la pension de retraite le temps passé dans un service civil qui donne droit à pension, pourvu toutefois que la durée des services dans le département de la marine soit au moins ou de vingt ans en France, ou de dix ans dans les colonies, pour les individus envoyés d'Europe.

Art. 5. Il est compté quatre années de service effectif, à titre d'études préliminaires, aux élèves de l'École polytechnique, au moment où ils entrent dans les corps de la marine.

Est aussi compté comme service effectif le temps passé à l'Ecole navale à partir de l'âge de 16 ans.

Art. 6. Le temps passé hors de l'activité, avec jouissance d'une pension de retraite, ne peut entrer dans la supputation du service effectif.

Il en est de même du temps pendant lequel une pension aura été cumulée avec la solde d'activité dans les corps détachés de la garde nationale comme auxiliaires de l'armée, à moins que le pensionnaire n'ait acquis dans ces corps et par les causes énoncées au titre II ci-après des droits à une pension plus élevée, ou qu'il n'y ait fait campagne, auquel cas il jouira du bénéfice de l'article 7.

Art. 7 (1). Les officiers, marins et autres qui auront le temps de service exigé par les articles précédents pour la pension d'ancienneté seront admis à compter en sus les bénéfices de campagne d'après les règles suivantes.

Sera compté pour la totalité en sus de sa durée effective le service à l'Etat qui aura été fait :

1° En temps de guerre maritime, à bord d'un bâtiment de l'Etat ou d'un bâtiment de commerce au compte de l'Etat ;

2° A terre, en temps de guerre, soit dans les colonies françaises, soit sur d'autres points hors d'Europe, pour les individus envoyés d'Europe ;

3° Le temps de captivité à l'étranger des officiers, marins et autres, faits prisonniers sur les bâtiments de l'Etat, ou sur les bâtiments de commerce armés par l'Etat, ainsi que sur les prises faites par ces bâtiments ;

4° Le temps de navigation des voyages de découverte ordonnés par le gouvernement.

Sera compté pour moitié en sus de sa durée effective, le service à l'Etat :

1° En paix maritime, à bord d'un bâtiment de l'Etat ou d'un bâtiment de commerce au compte de l'Etat ;

2° A terre, en temps de paix, soit dans les colonies françaises, soit sur d'autres points hors d'Europe, pour les individus envoyés d'Europe.

Sera compté pour sa durée simple le service à l'Etat fait en temps de guerre, à bord d'un bâtiment armé en course, ainsi que le temps de captivité en cas de prise.

Et pour une moitié de sa durée effective, le service fait en guerre comme en paix sur les bâtiments ordinaires du commerce.

---

(1) Modifié par l'article 47 de la loi de finances du 25 février 1901 (voir p. 80).

Dans tous les cas ci-dessus spécifiés, la navigation faite de 10 à 16 ans sur les bâtiments de l'Etat sera comptée pour sa durée effective, mais à titre de bénéfice seulement.

Les bénéfices résultant de la navigation sur les bâtiments ordinaires du commerce ne peuvent jamais entrer pour plus d'un tiers dans l'évaluation totale des services admis en liquidation.

Art. 8. Dans la supputation des bénéfices attachés aux campagnes par l'article 7, on comptera pour une année entière la campagne dans laquelle l'officier, marin ou autre, aura été blessé et mis hors de service.

En tout autre cas, on supputera le temps écoulé à partir de la mise en rade jusqu'à la rentrée dans un port de France, et, sur cette période, le mois commencé sera compté comme fini.

Néanmoins, si l'officier, marin ou autre, retourne immédiatement à la mer, il ne pourra compter qu'une année de bénéfice pour chaque période de douze mois, plus le mois commencé lors du désarmement.

Le service, tant sur les bâtiments armés en course que sur les navires du commerce, ne sera compté que du jour du départ du bâtiment pour sa destination. Il ne comprendra ni le temps de l'équipement, ni celui de la relâche dans un port de France, toutes les fois que cette relâche aura excédé quinze jours.

SECTION II.

FIXATION DE LA PENSION D'ANCIENNETÉ.

Art. 9. Les officiers de la marine et marins de tous les grades après vingt-cinq ans, et les individus des autres corps de la marine après trente ans de service effectif, ont droit au minimum de la pension d'ancienneté déterminée pour leur grade par le tarif annexé à la présente loi (1).

Chaque année de service au delà des termes fixés ci-dessus, et chaque année de campagne supputée selon les articles 7 et 8 ajoutent à la pension un vingtième de la différence du minimum au maximum.

Le maximum est acquis pour les officiers de la marine et marins à quarante-cinq ans, et, pour les individus des autres corps de la marine, à cinquante ans de service, campagnes comprises.

Art. 10. La pension se règle sur le grade dont l'officier est titulaire.

Si néanmoins il demande sa retraite avant d'avoir au moins deux ans d'activité dans ce grade, la pension se règle sur le grade immédiatement inférieur.

. . . .

---

(1) Ces tarifs ont été abrogés et sont d'ailleurs sans intérêt pour la liquidation des pensions militaires de la guerre. Les tarifs en vigueur ont été publiés dans le volume n° 66-3.

TITRE II.

Des pensions de retraite pour cause de blessures ou d'infirmités.

SECTION Ire.

DES DROITS A LA PENSION.

Art. 12. Les blessures donnent droit à la pension de retraite lorsqu'elles sont graves et incurables, et qu'elles proviennent d'événements de guerre ou d'accidents éprouvés dans un service commandé.

Les infirmités donnent les mêmes droits lorsqu'elles sont graves et incurables, et qu'elles sont reconnues provenir des fatigues ou des accidents du service.

Les causes, la nature et les suites des blessures ou infirmités seront justifiées dans les formes et dans les délais qui seront déterminés par un règlement d'administration publique.

Art. 13. Les blessures ou infirmités provenant des causes énoncées dans l'article précédent ouvrent un droit immédiat à la pension, si elles ont occasionné la cécité, l'amputation ou la perte absolue de l'usage d'un ou de plusieurs membres.

Art. 14. Dans les cas moins graves, elles ne donnent lieu à la pension que sous les conditions suivantes :

1° Pour l'officier, si elles le mettent hors d'état de rester en activité et lui ôtent la possibilité d'y rentrer ultérieurement;

2° Pour tout individu au-dessous du rang d'officier, si elles le mettent hors d'état de servir et de pourvoir à sa subsistance. -

. . . .

TITRE IV.

Dispositions générales.

Art. 23. Les dispositions de la loi sur les pensions de l'armée de terre sont pleinement applicables aux officiers, sous-officiers et soldats des troupes de la marine, sauf le bénéfice résultant de l'article 1er, en ce qui concerne l'époque à laquelle ils pourront acquérir droit à la pension d'ancienneté.

Art. 24. La pension des magistrats et autres fonctionnaires de l'ordre judiciaire, attachés au service des colonies, est, à parité d'offices, réglée sur les mêmes bases et fixée au même taux que celles des magistrats employés en France, sauf les bénéfices résultant des articles 1er, 4 et 7, pour les individus envoyés d'Europe.

La même règle d'assimilation s'applique aux fonctionnaires civils des colonies autres que ceux qui sont compris dans l'organisation du département de la marine en France, pourvu que ces fonctionnaires soient rétribués sur les deniers publics.

. . . .

Art. 28. Le droit à l'obtention ou à la jouissance d'une pension de retraite est suspendu :

Par la condamnation à une peine afflictive ou infamante, pendant la durée de la peine ;

Par les circonstances qui font perdre la qualité de Français, durant la privation de cette qualité ;

Par la résidence hors du royaume, sans l'autorisation du Roi, lorsque le titulaire de la pension est Français ou naturalisé Français.

Art. 29. Les pensions de retraite dans la fixation desquelles il sera fait application de l'article 4 de la présente loi ne pourront, en aucun cas, être cumulées avec un traitement civil d'activité.

. . . .

Donnons en mandement à nos cours et tribunaux, préfets, Corps administratifs, et tous autres, que les présentes ils gardent et maintiennent, fassent garder, observer et maintenir, et, pour les rendre plus notoires à tous, ils les fassent publier et enregistrer partout où besoin sera ; et, afin que ce soit chose ferme et stable à toujours, nous y avons fait mettre notre sceau.

Fait à Paris, au Palais-Royal, le 18 avril 1831.

Loi sur les pensions du personnel du Département de la marine et des colonies.

Du 5 août 1879.

Le Sénat et la Chambre des députés ont adopté ;
Le Président de la République promulgue la loi dont la teneur suit :

TITRE Ier.

Des droits à la pension de retraite.

Art. 1er. Le droit à la pension de retraite pour ancienneté de services et pour blessures ou infirmités reste acquis aux officiers, assimilés, autres fonctionnaires, officiers-mariniers, marins, ouvriers et divers agents du Département de la marine et des colonies, dans les conditions déterminées par les lois des 18 avril 1831, 21 juin 1856, 26 juin 1861 et 28 juin 1862, sauf les modifications qui y sont apportées par la présente loi.

Art. 2 (1). Ont droit à la pension, après vingt-cinq ans de service, les fonctionnaires, agents et autres qui réunissent six ans de navigation au service de l'Etat, tant sur les bâtiments de l'Etat que sur les navires de commerce au compte de l'Etat ou de service dans les colonies.

Dans aucun cas, le service des colonies ne motivera de réduction sur la durée légale des services que pour les individus envoyés d'Europe.

Art. 3. Tout officier marinier, magasinier de la flotte, premier commis aux vivres ou second commis aux vivres, réunissant quinze ans de service effectif au moins et qui a été reconnu impropre à l'embarquement, par suite des fatigues de la navigation, sans avoir droit à une pension pour infirmités conformément aux articles 12, 13 et 14 de la loi du 18 avril 1831, peut obtenir une pension proportionnelle.

Le taux de cette pension est fixé à raison d'un vingt-cinquième du minimum de la pension d'ancienneté du grade dont l'intéressé est titulaire, pour chaque année de service, campagnes comprises.

Au delà de vingt-cinq ans, campagnes comprises, la pension est réglée de la même manière que celle dite *d'ancienneté*, conformément au tarif n° 2 annexé à la présente loi (2).

TITRE II.

Fixation du taux de la pension de retraite.

Art. 4. Les pensions de retraite des officiers et autres dénommés dans l'article 1er de la présente loi sont fixées conformément aux tarifs ci-annexés.

Art. 5. Le bénéfice de l'article 11 de la loi du 18 avril 1831 est

---

(1) Nouvelle rédaction. (Loi de finances du 25 février 1901, art. 46.)
(2) Voir volume n° 66-3, pages 49 et 58.

conservé aux officiers mariniers, quartiers-maîtres et assimilés, selon les indications du tarif nº 2.

Les officiers et assimilés ne sont plus admis à en profiter.

Art. 6. Sont et demeurent abrogées les dispositions contenues dans le deuxième paragraphe de l'article 1ᵉʳ de la loi du 26 juin 1861, d'après lequel les pensions des vice-amiraux et contre-amiraux, ainsi que celles des fonctionnaires qui leur sont assimilés pour la retraite, ne peuvent, en aucun cas, excéder la solde attribuée, selon le grade, aux officiers généraux du cadre de réserve.

TITRE III.

Des pensions de veuves et orphelins.

Art. 7. Le droit à la pension pour les veuves et les orphelins mineurs des officiers, assimilés, agents, fonctionnaires, officiers mariniers, marins et ouvriers, demeure régi par les articles 19, 20 et 21 de la loi du 18 avril 1831, l'article 1ᵉʳ de la loi du 26 avril 1856, par les lois des 26 juin 1861 et 10 avril 1869, et par celle du 20 juin 1878.

Toutefois, les veuves des fonctionnaires et celles de tous les autres agents qui, aux termes du deuxième paragraphe de l'article 1ᵉʳ de la loi du 18 avril 1831, doivent réunir trente ans de service effectif pour pouvoir prétendre à une pension de retraite, auront désormais droit à la pension quand leurs maris mourront après vingt-cinq ans de service effectif.

En cas de décès de la mère, le droit résultant de la disposition contenue dans le deuxième paragraphe du présent article est dévolu aux orphelins.

Cette disposition ne sera appliquée qu'aux veuves ou aux orphelins des fonctionnaires et agents divers morts après la promulgation de la présente loi.

Art. 8. La pension des veuves et le secours annuel des orphelins des officiers mariniers, marins et autres compris au tarif nº 2, sont fixés à la moitié du maximum de la pension affectée au grade dont le mari ou le père était titulaire.

Toutefois, aucun des individus compris au tarif nº 2 ne pourra donner à sa veuve ou à ses orphelins droit à une pension supérieure à celle qui est attribuée par le tarif n° 1 aux veuves d'officiers ou assimilés du dernier grade, suivant le corps.

Dans aucun cas, la pension de veuve ou le secours d'orphelin ne pourra être inférieur à trois cents francs.

Art. 9. Les veuves ou orphelins des officiers mariniers, marins et assimilés tués sur le champ de bataille, ou dont la mort a été causée par des événements de guerre, ont droit aux trois quarts du maximum de la pension d'ancienneté attribuée au grade dont le mari ou le père était titulaire.

Art. 10. L'article 19, paragraphe 4, de la loi du 18 avril 1831 n'est pas applicable aux veuves des officiers mariniers, magasiniers de la flotte, premiers commis aux vivres et seconds commis aux vivres, morts en jouissance de la pension proportionnelle concédée par l'article 3 ci-dessus ou en possession de droits à cette pension.

Art. 11 (1). Les veuves ne seront plus admises à cumuler plusieurs pensions militaires; elles pourront seulement opter pour la plus forte, quand il y aura lieu.

TITRE IV.

Dispositions diverses.

Art. 12. Les officiers et assimilés de tous grades compris dans la première section du tarif n° 1 resteront, après leur mise à la retraite, pendant cinq années à la disposition du Ministre de la marine, qui pourra leur donner un emploi de leur grade dans la réserve de l'armée de mer, soit pour le service des ports, soit pour le service à la mer ou le service des colonies.

Le Ministre de la marine pourra également les mettre à la disposition du Ministre de la guerre.

Pendant ces cinq années, ils demeureront soumis aux lois et règlements militaires sur la réserve.

Art. 13. La retenue opérée au profit de la caisse des invalides sur la solde et les accessoires de solde des officiers, des assimilés et autres fonctionnaires compris dans le tarif n° 1, sera portée de trois à cinq pour cent, à compter du premier jour du mois qui suivra la promulgation de la présente loi.

---

(1) Article abrogé par l'article 40 de la loi du 30 décembre 1913 (p. 156).

La retenue que subissent les officiers mariniers, marins et autres auxquels le tarif n° 2 est applicable, reste fixée à trois pour cent.

Art. 14. Les tarifs annexés à la présente loi sont appliqués aux fonctionnaires et agents du service colonial d'après leurs assimilations avec le personnel métropolitain telles qu'elles sont établies par les décrets organiques.

Ces assimilations servent également à régler le taux de la retenue à laquelle lesdits fonctionnaires et agents sont soumis au profit de la caisse des invalides.

Art. 15. Chaque année, il sera communiqué aux Chambres un tableau indiquant les liquidations de pensions nouvelles qui auront été effectuées et les extinctions qui se seront produites parmi les pensionnaires dans le cours de l'année précédente.

Art. 16. Un crédit annuel sera inscrit au budget de la caisse des invalides pour venir en aide aux pensionnaires placés sous le régime des lois antérieures.

Le chiffre des allocations à attribuer suivant le grade sera le même que celui fixé pour l'armée de terre.

TITRE V.

Dispositions générales et transitoires.

Art. 17. Les dispositions de la loi sur les pensions de l'armée de terre continuent à être applicables aux officiers, sous-officiers et soldats des troupes de la marine, sauf le bénéfice résultant de l'article 2 de la présente loi, en ce qui concerne l'époque à laquelle ils pourront acquérir droit à la pension d'ancienneté.

Art. 18. La présente loi est applicable à toutes les pensions non encore inscrites au moment de sa promulgation.

Art. 19. Sont et demeurent abrogées toutes les dispositions contenues dans les lois antérieures et qui seraient contraires à la présente loi.

La présente loi, délibérée et adoptée par le Sénat et par la Chambre des députés, sera exécutée comme loi de l'État.

Fait à Paris, le 5 août 1879.

Signé : JULES GRÉVY

Par le Président de la République :

Le Ministre de la marine et des colonies,

Signé : JAURÉGUIBERRY.

Extrait de la loi de finances du 28 avril 1893.

. . . .

Art. 53. Les services rendus en qualité d'écrivains temporaires ou auxiliaires et d'auxiliaires civils du commissariat de la marine, pendant la période comprise entre le 23 décembre 1847 et le 29 juin 1878, sont admis pour l'établissement du droit à pension et entrent dans le calcul de la liquidation.

. . . .

Extrait de la loi de finances du 25 février 1901.

. . . .

Art. 46. (Modifie le paragraphe 1er de l'article 2 de la loi du 5 août 1879.)

Art. 47. (Modifie l'article 7 de la loi du 18 avril 1831.)

Art. 48. (Modifie l'article 38 de la loi de finances du 13 avril 1898.)

. . . .

Loi relative aux pensions de retraite des officiers mariniers des équipages de la flotte, des armuriers de la marine et des marins vétérans.

Paris, le 16 janvier 1905.

Le Sénat et la Chambre des députés ont adopté,

Le Président de la République promulgue la loi dont la teneur suit :

Art. 1er. Les pensions de retraite des officiers mariniers au corps des équipages de la flotte, ainsi que des assimilés du corps des armuriers de la marine et du corps des marins vétérans, sont fixées conformément au tarif annexé à la présente loi, qui remplace, en ce qui les concerne, le tarif annexé à la loi du 8 août 1883.

Art. 2. Les marins de tous grades des équipages de la flotte, les armuriers de la marine, ainsi que les marins vétérans réunissant au moins quinze ans de service effectif qui, en raison de leur inaptitude physique, auront été reconnus impropres au service de la flotte, auront droit à une pension proportionnelle.

Le taux de cette pension est fixé à raison d'un vingt-cinquième (1/25) du minimum de la pension d'ancienneté du grade dont l'intéressé est titulaire pour chaque année de service, campagnes comprises.

Au delà de vingt-cinq ans, campagnes comprises, la pension est réglée de la même manière que celle dite d'ancienneté, conformément aux tarifs en vigueur.

Art. 3. Sont maintenues en vigueur toutes les dispositions des lois antérieures qui ne sont pas contraires à celles de la loi qui est applicable à toutes les pensions non encore liquidées au moment de sa promulgation.

La présente loi, délibérée est adoptée par le Sénat et par la Chambre des députés, sera exécutée comme loi de l'Etat.

Fait à Paris, le 16 janvier 1905.

ÉMILE LOUBET.

Par le Président de la République :

Le Ministre de la marine,	*Le Ministre des finances.*
C. PELLETAN.	ROUVIER.

GRADES	PENSIONS DE RETRAITE POUR ANCIENNETÉ DE SERVICE (Art. 9 de la loi du 18 avril 1831.)			PENSIONS PROPORTIONNELLES d'ancienneté.		PENSIONS aux veuves — Secours annuels aux orphelins.
	Minimum à vingt-cinq ans de service effectif.	Accroissement pour chaque année de service au delà de vingt-cinq ans et pour chaque année résultant de la supputation des campagnes.	Maximum à quarante-cinq ans de service campagnes comprises.	Minimum après quinze ans de service.	Accroissement pour chaque année de service effectif au delà de quinze ans jusqu'à vingt-cinq ans.	Moitié du maximum de la pension d'ancienneté affectée au grade du mari ou du père. — (Art. 8 de la loi du 5 août 1879.)
1	2	3	4	5	6	7
	fr.	fr.	fr.	fr.	fr.	fr.
I. Pilotes de la flotte de 1re et de 2e cl. Premiers maîtres de toutes professions et chefs armuriers. Premiers maîtres vétérans de toutes professions........ Sous-chefs de musique des dépôts....	1.450	30	2.050	870	58	767
II. Maîtres de toutes professions et maîtres armuriers........ Maîtres vétérans de toutes professions. Maîtres musiciens...	1.300	25	1.800	730	52	767
III. Seconds maîtres de toutes professions. Seconds maîtres chauffeurs et seconds maîtres armuriers......... Pilotes de la flotte de 3e classe........ Seconds maîtres musiciens, tambours, clairons, tailleurs, cordonniers....... Seconds maîtres vétérans de toutes professions	1.100	20	1.500	660	44	750

Extrait de la loi du 30 décembre 1913 sur les pensions.

TITRE II.
Pensions militaires.

Art. 13. Est considéré comme service à la mer, au double point de vue de la détermination du temps de navigation prévué à l'article 46 de la loi du 25 février 1901 et de la supputation des bénéfices attachés aux campagnes de l'armée de mer, le temps écoulé à partir de la mise en rade du bâtiment jusqu'au jour inclus de sa rentrée dans un port de France pour y être mis en réserve ou désarmé.

Les mêmes bénéfices sont acquis, dans des conditions à déterminer par décret, aux officiers et équipages des bâtiments armés dont le poste de mouillage ou de stationnement normal est dans le port.

Toutefois, pour les bâtiments en essais ou en réserve, le séjour hors du port compte seul comme service à la mer.

Art. 14. Dans la liquidation des pensions militaires, il est tenu compte de la fraction d'année que ferait apparaître la totalisation des services effectifs et des campagnes, tout mois commencé donnant droit à un douzième d'annuité.

Art. 15. Les dénominations de grades fixées par la loi du 10 juin 1896 sont modifiées comme suit :

GRADES et EMPLOIS ACTUELS	GRADES et EMPLOIS NOUVEAUX.
Enseigne de vaisseau.	Enseigne de vaisseau de 1re classe.
Aspirant de 1re classe.	Enseigne de vaisseau de 2e classe.
Aspirant de 2e classe.	Aspirant de marine.
Adjudant principal de 1re classe et pilote major de 1re classe.	Officier principal des équipages de la flotte.
Adjudant principal de 2e classe et pilote major de 2e classe.	Officier de 1re classe des équipages de la flotte.
Adjudant principal de 3e classe et pilote major de 3e classe.	Officier de 2e classe des équipages de la flotte.
Adjudant principal de 4e classe.	Officier de 3e classe des équipages de la flotte.
Adjudant principal de 5e classe.	Officier de 4e classe des équipages de la flotte.

Art. 16. Les grades des officiers du personnel administratif de gestion et d'exécution de la marine, comprenant celui de l'inscription maritime, sont fixés comme suit :

DÉSIGNATION des GRADES ACTUELS.	DÉSIGNATION des GRADES NOUVEAUX.	CORRESPONDANCE DE GRADE au point de vue des pensions.
Agent administratif principal.	Officier d'administration principal.	Capitaine de corvette.
Agent administratif de 1re classe.	Officier d'administration de 1re classe.	Lieutenant de vaisseau.
Agent administratif de 2e classe.	Officier d'administration de 2e classe.	Enseigne de vaisseau de 1re classe.
»	Officier d'administration de 3e classe.	Enseigne de vaisseau de 2e classe.

Art. 17. Les grades des officiers du personnel technique des directions de travaux de la marine sont fixés comme suit :

DÉSIGNATION des GRADES ACTUELS.	DÉSIGNATION des GRADES NOUVEAUX.	CORRESPONDANCE DE GRADE au point de vue des pensions.
Agent technique en chef de 1re classe. Agent technique en chef de 2e classe.	Officier principal des Directions de travaux.	Capitaine de corvette.
Agent technique principal de 1re classe. Agent technique principal de 2e classe.	Officier de 1re classe des Directions de travaux.	Lieutenant de vaisseau.
Agent technique principal de 3e classe. Agent technique principal de 4e classe.	Officier de 2e classe des Directions de travaux.	Enseigne de vaisseau de 1re classe.
»	Officier de 3e classe des Directions de travaux.	Enseigne de vaisseau de 2e classe.

Art. 18. Le tarif n° 1 annexé à la loi du 5 août 1879 est, en ce qui concerne les personnels relevant du ministère de la marine, remplacé par le tarif inséré à l'état A annexé à la présente loi.

Pour l'application de ce tarif, les officiers subalternes de la marine sont classés dans les échelons de solde correspondant à ceux qui ont été déterminés pour les officiers de l'armée de terre par l'article 79 de la loi du 13 juillet 1911.

Art. 19. Les pensions et limites d'âge des commis principaux et commis du personnel administratif de gestion et d'exécution de la marine (comprenant celui de l'inscription maritime), des agents techniques principaux et agents techniques des directions de travaux de la marine sont fixées par l'état B annexé à la présente loi.

Les fonctionnaires compris sur cet état demeurent pendant les cinq années qui suivent leur mise à la retraite à la disposition du Ministre de la marine pour le service de la flotte et des arsenaux.

Art. 20. Le droit aux pensions déterminées par la présente loi et aux pensions, secours et allocations de toute nature auxquels peuvent prétendre les lieutenants de vaisseau, enseignes de vaisseau de 1re ou 2e classe et assimilés de la marine, ainsi que leurs veuves et orphelins, est subordonné aux conditions fixées par les lois en vigueur pour l'obtention des pensions qui dérivent du grade de l'officier.

Toutefois, le temps depuis lequel l'officier remplira, au moment de la promulgation de la présente loi, les conditions d'ancienneté de grade ou de services qui déterminent le classement dans un échelon de solde entrera en compte pour l'ouverture du droit à la pension afférente à cet échelon de solde.

Les pensions des capitaines de frégate ou des officiers de grade correspondant à celui de capitaine de corvette ainsi que les pensions des officiers subalternes et assimilés qui, aux termes des lois en vigueur, se déterminent d'après le tarif des pensions pour ancienneté de services applicable au grade inférieur, sont calculées conformément aux prescriptions desdites lois, d'après le tarif fixé pour l'échelon le plus élevé de ce grade.

Art. 21. Les officiers des directions de travaux et les agents techniques qui sont titulaires d'un grade ou d'un emploi comportant une pension de retraite supérieure à celle résultant des nouvelles dispositions et qui seraient mis à la retraite avant d'avoir acquis des droits à une pension au moins égale, recevront une pension calculée suivant les tarifs antérieurs à ceux de la présente loi.

La même exception s'appliquera, le cas échéant, aux veuves et orphelins desdits officiers et agents.

Le bénéfice de cette disposition transitoire s'étendra aux agents techniques promus avant le 1er janvier 1915 à la première classe de l'emploi.

Art. 22. La limite d'âge fixée à l'état B annexé à la présente loi pour la mise à la retraite sera prolongée au delà de 56 ans pour les agents techniques provenant du personnel ouvrier immatriculé, en service dans les arsenaux à la date du décret du 20 juillet 1910, jusqu'à ce qu'ils satisfassent à la condition de trente ans de services qui ouvre droit à pension.

Art. 23. La mise à la retraite, prononcée en exécution des dispositions législatives ou réglementaires sur la limite d'âge, comporte les mêmes effets que la mise à la retraite d'office pour l'application de l'article 2 de la loi du 8 août 1883 modifié par la loi du 22 mars 1906 et par la présente loi, et de la loi du 10 juin 1896 modifiée par la loi du 27 mars 1902.

Art. 24. Les officiers agents techniques principaux et agents techniques, commis principaux et commis, écrivains et ouvriers immatriculés de la marine, peuvent faire entrer en compte, pour la constitution du droit à une pension sur le Trésor, les services qu'ils auraient rendus antérieurement en qualité d'ouvriers auxiliaires dans les conditions du décret du 4 novembre 1909.

Art. 25. La pension des officiers, fonctionnaires et ouvriers immatriculés énumérés à l'article 24, qui comptent des services accomplis en qualité d'ouvriers auxiliaires, est liquidée sous déduction d'une somme égale à la pension constituée sur la Caisse nationale des retraites pour la vieillesse, en application du décret du 4 novembre 1909, par les versements obligatoires de l'Etat.

La pension due aux veuves des susdits officiers, fonctionnaires et ouvriers immatriculés est liquidée et calculée d'après les mêmes règles.

Art. 26. Les dispositions de la loi du 16 février 1903 sont applicables aux administrateurs généraux de l'inscription maritime.

Pourront bénéficier de ces dispositions, ceux desdits officiers généraux qui sont actuellement à la retraite, à la condition d'en faire la demande dans le délai d'un mois après la promulgation de la présente loi.

Art. 27. Les pensions des gardes-consignes, des pompiers de la marine et des surveillants des prisons maritimes sont fixées par l'état C annexé à la présente loi.

Art. 28. Les pensions des surveillants militaires des établissements pénitentiaires sont fixées conformément à l'état D annexé à la présente loi.

Art. 29. Les dispositions de la loi du 16 février 1912, relative à l'admission à la retraite et au passage anticipé dans la section de réserve des officiers généraux et fonctionnaires de grade correspondant, sont étendues aux inspecteurs généraux des colonies, sous réserve des modifications ci-après :

La mise à la retraite d'office et le passage anticipé dans la section de réserve sont prononcés par décret du Président de la République, sur rapport motivé du Ministre des colonies.

La mise à la retraite d'office pour raison de santé a lieu après examen et avis du conseil supérieur de santé des colonies.

La mise à la retraite d'office pour toute autre cause que les raisons de santé est prononcée après consultation, au scrutin secret, d'un conseil de cinq membres. Ce conseil est composé d'inspecteurs généraux des colonies de grade supérieur ou, à égalité de grade, d'une ancienneté supérieure à celle de l'intéressé, et choisis parmi les fonctionnaires présents en France au moment de sa convocation. Il est complété, le cas échéant, par des inspecteurs généraux des colonies du cadre de réserve et, à défaut de ceux-ci, par des contrôleurs généraux de l'administration de l'armée, de grade correspondant.

Art. 30. La limite d'âge pour l'admission à la retraite des gardes-maritimes est fixée à 60 ans.

Toutefois, cette disposition n'est applicable qu'aux gardes-maritimes nommés postérieurement au 1er août 1911.

Art. 31. Sont admis au bénéfice des dispositions de l'article 1er § 1er, de la loi du 10 avril 1869 modifiant celle du 18 avril 1831 sur les pensions de l'armée de mer, les commis principaux et commis du personnel de gestion et d'exécution de la marine ainsi que les agents principaux et agents techniques des directions de travaux qui auront été reconnus par le Ministre de la marine, sur l'avis du conseil supérieur de santé, non susceptibles d'être maintenus en activité.

TARIFS ANNEXÉS

aux articles 18, 19, 27 et 28 de la loi.

(Modifiés par la loi du 13 juillet 1917, *B. O.*, p. 1918.)

ÉTAT **A** *modifiant, en ce qui concerne les personnels du Département de la marine, le tarif n° 1 annexé à la loi du 5 août 1879.*

ÉTAT **B** *fixant le tarif des pensions des agents civils des services administratifs et des directions de travaux de la marine.*

ÉTAT **C** *fixant le tarif des pensions du personnel des gardes-consignes, des pompiers de la marine et des surveillants des prisons maritimes.*

ÉTAT **D** *fixant le tarif des pensions du personnel militaire des établissements pénitentiaires coloniaux.*

*ÉTAT **A** modifiant, en ce qui concerne les personnels du Dépar-* *tement de la marine, le tarif nº 1 annexé à la loi du 5 août 1879.*

GRADES.	LIMITE D'AGE.	PENSIONS DE RETRAITE POUR ANCIENNETÉ DE SERVICE. (Art. 9 de la loi du 18 avril 1831.) — Minimum à 25 ans ou 30 ans de service effectif, suivant le corps.	Accroissement pour chaque année de service effectif au delà de 25 ans ou 30 ans suivant le corps et pour chaque année résultant de la supputation des campagnes.	Maximum à 45 ans ou 50 ans de service suivant le corps, campagnes comprises.	AMPUTATION de deux membres ou perte totale de la vue — PENSION FIXE quelle que soit la durée des services 10 0/0 en sus du maximum.	AMPUTATION d'un membre ou perte absolue de l'usage de deux membres. — PENSION FIXE quelle que soit la durée des services.	BLESSURES OU INFIRMITÉS graves (Art. 16 de la loi du 18 avril 1831.) PENSION VARIABLE — Minimum.	BLESSURES OU INFIRMITÉS graves — Maximum.	BLESSURES OU INFIRMITÉS moins graves (Art. 17 de la loi du 18 avril 1831.) PENSION VARIABLE — Minimum.	BLESSURES OU INFIRMITÉS moins graves — Maximum.	PENSIONS aux veuves. — Secours annuels aux orphelins.
		fr.	fr.	fr.	fr.	fr.	fr.	fr.	fr.	fr.	fr.
1re Section.											
Vice-amiral	65	7.000	175	10.500	12.600	10.500	7.000	10.500	7.000	10.500	3.500
Mécanicien général de 1re classe	65										
Contrôleur général de 1re classe	65										
Inspecteur général du génie maritime	68										
Ingénieur général de 1re classe d'artillerie navale	65										
Commissaire général de 1re classe	68										
Médecin général de 1re classe	65										
Contre-amiral	62	6.000	100	8.000	9.600	8.000	6.000	8.000	6.000	8.000	2.667
Mécanicien général de 2e classe	62										
Contrôleur général de 2e classe	62										
Directeur du génie maritime	65										
Ingénieur général de 2e classe d'artillerie navale	62										
Directeur d'hydrographie	65										
Commissaire général de 2e classe	65										
Médecin général de 2e classe	62										
Administrateur général de l'inscription maritime	65	4.500	75	6.000	7.200	6.000	4.500	6.000	4.500	6.000	2.000
Capitaine de vaisseau	60										
Mécanicien inspecteur de 1re classe	60										
Contrôleur de 1re classe	60										
Ingénieur en chef de 1re classe du génie maritime	62										
Ingénieur en chef de 1re classe d'artillerie navale	60										

GRADES.	LIMITE D'ÂGE.	PENSIONS DE RETRAITE POUR ANCIENNETÉ DE SERVICE. (Art. 9 de la loi du 18 avril 1831.) Minimum à 25 ans ou 30 ans de service effectif, suivant le corps.	Accroissement pour chaque année de service effectif au delà de 25 ans ou 30 ans suivant le corps et pour chaque année résultant de la supputation des campagnes.	Maximum à 45 ans ou 50 ans de service suivant le corps, campagnes comprises.	PENSIONS DE RETRAITE POUR CAUSE DE BLESSURES OU INFIRMITÉS GRAVES OU INCURABLES. (Art. 12, 13, 14, 15, 16 et 17 de la loi du 18 avril 1831.) AMPUTATION de deux membres ou perte totale de la vue. — PENSION FIXE quelle que soit la durée des services 20 0/0 en sus du maximum.	AMPUTATION d'un membre ou perte absolue de l'usage de deux membres. — PENSION FIXE quelle que soit la durée des services.	BLESSURES OU INFIRMITÉS graves qui occasionnent la perte absolue de l'usage d'un membre ou qui y sont équivalentes. (Art. 16 de la loi du 18 avril 1831.) — PENSION VARIABLE. Minimum augmenté de l'accroissement prévu pour chaque année de service ou de campagne jusqu'au maximum. Minimum.	Maximum.	BLESSURES OU INFIRMITÉS moins graves qui mettent dans l'impossibilité de rester au service avant d'avoir accompli les 25 ou 30 ans exigés pour le droit à la pension d'ancienneté (Art. 17 de la loi du 18 avril 1831.) — PENSION VARIABLE. Minimum augmenté de l'accroissement prévu pour chaque année de service au delà de 25 ou 30 ans jusqu'au maximum. (Les services effectifs cumulés avec les campagnes formant 25 ou 30 ans.) Minimum.	Maximum.	PENSIONS aux veuves. — Secours annuels aux orphelins.
		fr.	fr.	fr.	fr.	fr.	fr.	fr.	fr.	fr.	fr.
Ingénieur hydrographe en chef de 1re classe	62	4.500	75	6.000	7.200	6.000	4.500	6.000	4.500	6.000	2.000
Commissaire en chef de 1re classe	62										
Médecin et pharmacien en chef de 1re classe	60										
Administrateur en chef de 1re classe de l'inscription maritime	62										
Capitaine de frégate (1)	58										
Mécanicien inspecteur de 2e classe	58										
Contrôleur de 2e classe	58										
Ingénieur en chef de 2e classe du génie maritime	60	3.700	65	5.000	6.000	5.000	3.700	5.000	3.700	5.000	1.667
Ingénieur en chef de 2e classe d'artillerie navale	58										
Ingénieur hydrographe en chef de 2e classe	60										
Commissaire en chef de 2e classe	60										
Médecin et pharmacien en chef de 2e classe	58										
Administrateur en chef de 2e classe de l'inscription maritime	60										
Capitaine de corvette (2)	»										
Mécanicien en chef	56										
Contrôleur adjoint	56										
Ingénieur principal du génie maritime	58	3.000	50	4.000	5.025	4.000	3.000	4.000	3.000	4.000	1.333
Ingénieur principal d'artillerie navale	56										
Ingénieur hydrographe principal	58										

(1) Capitaine de frégate du cadre de résidence fixe : limite d'âge à 60 ans.
(2) Ont également droit à la pension de capitaine de corvette les lieutenants de vaisseau, réunissant les conditions prévues par la loi du 27 mars 1902.

GRADES	LIMITE D'AGE	PENSIONS DE RETRAITE POUR ANCIENNETÉ DE SERVICE. (Art. 9 de la loi du 18 avril 1831.)			PENSIONS DE RETRAITE POUR CAUSE DE BLESSURES OU INFIRMITÉS GRAVES OU INCURABLES. (Art. 12, 13, 14, 15 16 et 17 de la loi du 18 avril 1831.)						PENSIONS aux veuves. — Secours annuels aux orphelins.
		Minimum à 25 ans ou 30 ans de service effectif, suivant le corps.	Accroissement pour chaque année de service effectif au delà de 25 ans ou 30 ans suivant le corps et pour chaque année résultant de la supputation des campagnes.	Maximum à 45 ans ou 50 ans de service suivant le corps, campagnes comprises.	AMPUTATION de deux membres ou perte totale de la vue. — PENSION FIXE quelle que soit la durée des services 20 0/0 en sus du maximum.	AMPUTATION d'un membre ou perte absolue de l'usage de deux membres. — PENSION FIXE quelle que soit la durée des services.	BLESSURES OU INFIRMITÉS graves qui occasionnent la perte absolue de l'usage d'un membre ou qui y sont équivalentes. (Art. 16 de la loi du 18 avril 1831.) — PENSION VARIABLE. Minimum augmenté de l'accroissement prévu pour chaque année de service ou de campagne jusqu'au maximum. — Minimum.	Maximum.	BLESSURES OU INFIRMITÉS moins graves qui mettent dans l'impossibilité de rester au service avant d'avoir accompli les 25 ou 30 ans exigés pour le droit à la pension d'ancienneté. (Art. 17 de la loi du 18 avril 1831.) — PENSION VARIABLE. Minimum augmenté de l'accroissement prévu pour chaque année de service au delà de 25 ou 30 ans jusqu'au maximum. (Les services effectifs cumulés avec les campagnes formant 25 ou 30 ans). — Minimum.	Maximum.	
		fr.	fr.	fr.	fr.	fr.	fr.	fr.	fr.	fr.	fr.
Commissaire principal............ 58 Médecin et pharmacien principal.. 56 Administrateur principal de l'inscription maritime.............. 58 Officier d'administration principal. 60 Officier principal des directions de travaux....................... 60		3.000	50	4.000	5.025	4.000	3.000	4.000	3.000	4.000	1.333
Lieutenant de vaisseau (1) 53 Chef de musique de 1re classe.............. 4e échelon de solde. 58 Mécanicien principal ee 1re classe............. 53		2.900	50	3.900	4.905	3.900	2.900	3.900	2.900	3.900	1.300
Ingénieur de 1re classe du génie maritime.... 3e échelon de solde. 56 Ingénieur de 1re classe d'artillerie navale..... 53		2.700	50	3.700	4.665	3.700	2.700	3.700	2.700	3.700	1.233
Ingénieur hydrographe de 1re classe......... 2e échelon de solde. 56 Commissaire de 1re classe 56		2.500	50	3.500	4.425	3.500	2.500	3.500	2.500	3.500	1.167
Médecin et pharmacien de 1re classe........... 1er échelon de solde. 53		2.300	50	3.300	4.185	3.300	2.300	3.300	2.300	3.300	1.100
Administrateur de 1re classe de l'inscription maritime............. 4e échelon de solde.		2.900	50	3.900	4.915	3.900	2.900	3.900	2.900	3.900	1.300
3e échelon de solde. 56		2.700	50	3.700	4.665	3.700	2.700	3.700	2.700	3.700	1.233
Officier d'administration de 1re classe.......... 2e échelon de solde. 58		2.500	50	3.500	4.425	3.500	2.500	3.500	2.500	3.500	1.167
Officier de 1re classe des directions de travaux. 1er échelon de solde. 58		2.300	50	3.300	4.125	3.300	2.300	3.300	2.300	3.300	1.100

(1) Lieutenant de vaisseau du cadre de résidence fixe : limite d'âge à 58 ans.

GRADES.	LIMITE D'ÂGE.	PENSIONS DE RETRAITE POUR ANCIENNETÉ DE SERVICE. (Art. 9 de la loi du 18 avril 1831.) Minimum à 25 ans ou 30 ans de service effectif, suivant le corps.	Accroissement pour chaque année du service effectif au delà de 25 ans ou 30 ans suivant le corps et pour chaque année résultant de la supputation des campagnes.	Maximum à 45 ans ou 50 ans de service suivant le corps, campagnes comprises.	AMPUTATION de deux membres ou perte totale de la vue. — PENSION FIXE quelle que soit la durée des services 20 0/0 en sus du maximum.	AMPUTATION d'un membre ou perte absolue de l'usage de deux membres. — PENSION FIXE quelle que soit la durée des services.	BLESSURES OU INFIRMITÉS graves qui occasionnent la perte absolue de l'usage d'un membre ou qui y sont équivalentes. (Art. 16 de la loi du 18 avril 1831.) — PENSION VARIABLE. Minimum augmenté de l'accroissement prévu pour chaque année de service ou de campagne jusqu'au maximum. — Minimum.	Maximum.	BLESSURES OU INFIRMITÉS moins graves qui mettent dans l'impossibilité de rester au service, avant d'avoir accompli les 25 ou 30 ans exigés pour le droit à la pension d'ancienneté. (Art. 17 de la loi du 18 avril 1831.) — PENSION VARIABLE. Minimum augmenté de l'accroissement prévu pour chaque année de service au delà de 25 ou 30 ans jusqu'au maximum. (Les services effectifs cumulés avec les campagnes formant 25 ou 30 ans.) — Minimum.	Maximum.	PENSIONS aux veuves. — Secours annuels aux orphelins.
		fr.	fr.	fr.	fr.	fr.	fr.	fr.	fr.	fr.	fr.
Enseigne de vaisseau de 1re classe (4e échelon de solde.) Chef de musique de 2e cl. Mécanicien princ. de 2e cl.	52 58 52	2.300	50	3.300	4.185	3.300	2.300	3.300	2.300	3.300	1.100
Ingénieur de 2e classe du génie maritime. Ingénieur de 2e classe d'artillerie navale (3e échelon de solde.) Ingénieur hydrographe de 2e classe.	56 52 56	2.150	50	3.150	4.005	3.150	2.150	3.150	2.150	3.150	1.050
Commissaire de 2e classe (2e échelon de solde.) Médecin et pharmacien de 2e classe. Administrateur de 2e cl. de l'inscript. maritime. Officier d'admin. de 2e cl.	56 52 56 56	2.000	50	3.000	3.825	3.000	2.000	3.000	2.000	3.000	1.000
Officier de 2e classe des directions de travaux. (1er échelon de solde.)	56	1.850	50	2.850	3.645	2.850	1.850	2.850	1.850	2.850	950
Enseigne de vaisseau de 2e classe (2e échelon de solde.)	»	1.800	50	2.800	3.585	2.800	1.800	2.800	1.800	2.800	933
Ingénieur de 3e classe du génie maritime. Ingénieur hydrographe de 3e classe. Commissaire de 3e cl. Médecin et pharmacien de 3e classe. Administrateur de 3e cl. de l'inscript. maritime. Officier d'admin. de 3e cl. Officier de 3e classe des directions de travaux. (1er échelon de solde.)	» » » » » 56 56	1.500	40	2.300	2.985	2.300	1.500	2.300	1.500	2.300	767

GRADES	LIMITE D'ÂGE.	PENSIONS DE RETRAITE POUR ANCIENNETÉ DE SERVICE. (Art. 9 de la loi du 18 avril 1831.)			PENSIONS DE RETRAITE POUR CAUSE DE BLESSURES OU INFIRMITÉS GRAVES OU INCURABLES. (Art. 12, 13, 14, 15, 16 et 17 de la loi du 18 avril 1831.)						PENSIONS aux veuves. — Secours annuels aux orphelins.
		Minimum à 25 ans ou 30 ans de service effectif, suivant le corps.	Accroissement pour chaque année de service effectif au delà de 25 ans ou 30 ans suivant le corps et pour chaque année résultant de la supputation des campagnes.	Maximum à 45 ans ou 50 ans de service suivant le corps, campagnes comprises.	AMPUTATION de deux membres ou perte totale de la vue. — PENSION FIXE quelle que soit la durée des services. 20 0/0 en sus du maximum.	AMPUTATION d'un membre ou perte absolue de l'usage de deux membres — PENSION FIXE quelle que soit la durée des services.	BLESSURES OU INFIRMITÉS graves qui occasionnent la perte absolue de l'usage d'un membre ou qui y sont équivalentes. (Art. 16 de la loi du 18 avril 1831.) — PENSION VARIABLE. Minimum augmenté de l'accroissement prévu pour chaque année de service ou de campagne jusqu'au maximum.		BLESSURES OU INFIRMITÉS moins graves qui mettent dans l'impossibilité de rester au service avant d'avoir accompli les 25 ou 30 ans exigés pour le droit à la pension d'ancienneté. (Art. 17 de la loi du 18 avril 1831.) — PENSION VARIABLE. Minimum augmenté de l'accroissement prévu pour chaque année de service au-delà de 25 ou 30 ans jusqu'au maximum. (Les services effectifs cumulés avec les campagnes formant 25 ou 30 ans.)		
							Minimum.	Maximum.	Minimum.	Maximum.	
		fr.	fr.	fr.	fr.	fr.	fr.	fr.	fr.	fr.	fr.
Officier principal des équipages de la flotte	56	3.000	50	4.000	5.025	4.000	3.000	4.000	3.000	4.000	1.333
Officier de 1re classe des équipages de la flotte	56	2.700	50	3.700	4.665	3.700	2.700	3.700	2.700	3.700	1 233
Officier de 2e classe des équipages de la flotte	54	2.500	50	3.500	4.425	3.500	2.500	3.500	2.500	3.500	1.167
Officier de 3e classe des équipages de la flotte	54	2.300	50	3.300	4.185	3.300	2.300	3.300	2.300	3.300	1.100
Officier de 4e classe des équipages de la flotte	54	1.800	50	2.800	3.585	2.800	1.800	2 800	1.800	2.800	933
Aspirant de marine. Élève commissaire. Élève administrateur de l'inscription maritime	»	1.400	30	2.000	2.625	2.000	1.400	2.000	1.400	2.000	767
2e SECTION.											
Professeur de l'École navale et professeur d'électricité à l'École des officiers torpilleurs... 1re classe.	60	3.700	65	5.000	6.000	5.000	3.700	5.000	3.700	5.000	1.667
2e classe.	58	3.000	50	4.000	4.800	4.000	3.000	4.000	3.000	4.000	1.333
3e classe	56	2.300	50	3.300	3.960	3.300	2.300	3.300	2.300	3.300	1.100
Professeur de l'École des mousses... 1re classe.	60	3.700	40	4.500	5.400	4.500	3.700	4.500	3.700	4 500	1.500
2e classe.	58	2.300	35	3.000	3.600	3.000	2.300	3.000	2.300	3.000	1.000
3e classe.	56	1.700	30	2.300	2.760	2.300	1.700	2.300	1.700	2.300	767
Professeur de dessin aux écoles techniques	»	1.700	30	2.300	2.760	2.300	1.700	2.300	1.700	2.300	767
Trésorier général des invalides de la marine	70	6.000	60	7.200	8.640	7.200	6.000	7.200	6.000	7.200	2.400
Trésorier de 1re classe des invalides de la marine	65	3.000	50	4.000	4.800	4.000	3.000	4.000	3.000	4.000	1.333
Trésorier de 2e classe des invalides de la marine	65	2.300	50	3.300	3.960	3.300	2.300	3.300	2.300	3 300	1.100

ETAT B fixant le tarif des pensions des agents civils des Services administratifs et des Directions de travaux de la Marine.

GRADES.	LIMITE D'ÂGE.	PENSIONS DE RETRAITE POUR ANCIENNETÉ DE SERVICE. (Art. 9 de la loi du 18 avril 1831.)			PENSIONS DE RETRAITE POUR CAUSE DE BLESSURES OU INFIRMITÉS GRAVES OU INCURABLES. (Art. 12, 13, 14, 15, 16 et 17 de la loi du 18 avril 1831.)						PENSIONS aux VEUVES. — Secours annuels aux orphelins.
		Minimum à 25 ans ou 30 ans de service effectif.	Accroissement pour chaque année de service effectif au delà de 25 ans ou 30 ans et pour chaque année résultant de la supputation des campagnes.	Maximum à 45 ans ou 50 ans de service, campagnes comprises.	Amputation de deux membres ou perte totale de la vue. — Pension fixe quelle que soit la durée des services.	Amputation d'un membre ou perte absolue de l'usage de deux membres. — Pension fixe quelle que soit la durée des services.	BLESSURES OU INFIRMITÉS GRAVES qui occasionnent la perte absolue de l'usage d'un membre ou qui y sont équivalentes. (Art. 16 de la loi du 18 avril 1831.) PENSION VARIABLE Minimum augmenté de l'accroissement prévu pour chaque année de service ou de campagne jusqu'au maximum.		BLESSURES OU INFIRMITÉS MOINS GRAVES qui mettent dans l'impossibilité de rester au service avant d'avoir accompli les 25 ou 30 ans exigés pour le droit à la pension d'ancienneté. (Art. 17 de la loi du 18 avril 1831.) PENSION VARIABLE Minimum augmenté de l'accroissement prévu pour chaque année de service au delà de 25 ou 30 ans jusqu'au maximum. (Les services effectifs cumulés avec les campagnes formant 25 ou 30 ans.)		
							Minimum.	Maximum.	Minimum.	Maximum.	
		fr.	fr.	fr.	fr.	fr.	fr.	fr.	fr.	fr.	fr.
Commis principal de 1re classe des services administratifs......... Agent technique princip. de 1re cl..	56	2.100	40	2.900	3.480 (a)	2.900	2.100	2.900	2.100	2.900	967
Commis principal de 2e classe des services administratifs......... Agent technique princip. de 2e cl..	56	1.900	40	2.700	3.240 (a)	2.700	1.900	2.700	1.900	2.700	900
Commis principal de 3e classe des services administratifs......... Agent techique princip. de 3e cl....	56	1.700	40	2.500	3.000 (a)	2.500	1.700	2.500	1.700	2.500	833
Commis de 1re classe des services administratifs................ Agent technique de 1re classe.....	56	1.350	30	1.950	2.535 (b)	1.950	1.350	1.950	1.350	1.950	767
Commis de 2e classe des services administratifs................ Commis de 3e classe des services administratifs................ Commis de 4e classe des services administratifs................ Agent technique de 2e et de 3e cl..	56	1.310	30	1.910	2.483 (b)	1.910	1.310	1.910	1.310	1.910	767

(a) 20 % en sus du maximum.

(b) 30 % en sus du maximum.

ETAT C fixant le tarif des pensions du personnel des gardes-consignes, *des pompiers de la Marine et des surveillants des prisons maritimes.*

GRADES	LIMITE D'AGE.	PENSIONS DE RETRAITE POUR ANCIENNETÉ DE SERVICE. (Art. 9 de la loi du 18 avril 1831.) Minimum à 25 ans ou 30 ans de service effectif.	Accroissement pour chaque année de service effectif au delà de 25 ans ou 30 ans et pour chaque année résultant de la supputation des campagnes.	Maximum à 45 ans ou 50 ans de service, campagnes comprises.	PENSIONS DE RETRAITE POUR CAUSE DE BLESSURES OU INFIRMITÉS GRAVES OU INCURABLES. (Art. 12, 13, 14, 15, 16 et 17 de la loi du 18 avril 1831.) Amputation de deux membres ou perte totale de la vue. — Pension fixe quelle que soit la durée des services. 30 0/0 en sus du maximum.	Amputation d'un membre ou perte absolue de l'usage de deux membres. — Pension fixe quelle que soit la durée des services.	Blessures ou infirmités graves qui occasionnent la perte absolue de l'usage d'un membre ou qui y sont équivalentes. (Art. 16 de la loi du 18 avril 1831.) PENSION VARIABLE. Minimum augmenté de l'accroissement prévu pour chaque année de service, ou de campagne jusqu'au maximum. Minimum.	Maximum.	Blessures ou infirmités moins graves qui mettent dans l'impossibilité de rester au service avant d'avoir accompli les 25 ou 30 ans exigés pour le droit à la pension d'ancienneté. (Art. 17 de la loi du 18 avril 1831.) PENSION VARIABLE. Minimum augmenté de l'accroissement prévu pour chaque année de service au delà de 25 ou 30 ans jusqu'au maximum. (Les services effectifs cumulés avec les campagnes formant 25 ou 30 ans.) Minimum.	Maximum.	PENSIONS aux veuves. — Secours annuels aux orphelins.
		fr.	fr.	fr.	fr.	fr.	fr.	fr.	fr.	fr.	fr.
Gardes-consignes majors chefs....	55										
Premiers maîtres pompiers........	50	1.360	30	1.960	2.548	1.960	1.360	1.960	1.360	1.960	767
Surveillants principaux des prisons maritimes....................	55										
Gardes-consignes majors...........	55										
Maîtres pompiers................	50	1.180	13	1.440	1.872	1.440	1.180	1.440	1.180	1.440	720
Surveillants chefs des prisons maritimes.....................	55										
Gardes-consignes................	55										
Seconds maîtres pompiers........,	50	900	13	1.160	1.508	1.160	900	1.160	900	1.160	580
Surveillants des prisons maritimes.	55										

Les fixations du présent tarif sont augmentées d'un cinquième dans le cas prévu à l'article 11 de la loi du 18 avril 1831.

ÉTAT D fixant le tarif des pensions du personnel militaire des établissements pénitentiaires coloniaux.

GRADES.	PENSIONS DE RETRAITE POUR ANCIENNETÉ DE SERVICE. (Art. 9 de la loi du 18 avril 1831.)			PENSIONS DE RETRAITE POUR CAUSE DE BLESSURES OU INFIRMITÉS GRAVES OU INCURABLES. (Art. 12, 13, 14, 15, 16 et 17 de la loi du 18 avril 1831.)						PENSIONS aux veuves. — Secours annuels aux orphelins.
	Minimum à 25 ans de service effectif.	Accroissement pour chaque année de service effectif au delà de 25 ans et pour chaque année résultant de la supputation des campagnes.	Maximum à 45 ans de service, campagnes comprises.	Amputation de deux membres ou perte totale de la vue. — Pension fixe quelle que soit la durée des services.	Amputation d'un membre ou perte absolue de l'usage de deux membres. — Pension fixe quelle que soit la durée des services.	BLESSURES OU INFIRMITÉS GRAVES qui occasionnent la perte absolue de l'usage d'un membre ou qui y sont équivalentes. (Art. 16 de la loi du 18 avril 1831.) PENSION VARIABLE. Minimum augmenté de l'accroissement prévu pour chaque année de service ou de campagne jusqu'au maximum. — Minimum.	Maximum.	BLESSURES OU INFIRMITÉS MOINS GRAVES qui mettent dans l'impossibilité de rester au service avant d'avoir accompli les 25 ans exigés pour le droit à la pension d'ancienneté. (Art. 17 de la loi du 18 avril 1831.) PENSION VARIABLE. Minimum augmenté de l'accroissement prévu pour chaque année de service au delà de 25 ans jusqu'au maximum. (Les services effectifs cumulés avec les campagnes formant 25 ans.) — Minimum.	Maximum.	
	fr.	fr.	fr.	fr.	fr.	fr.	fr.	fr.	fr.	fr.
Surveillant principal.................	1.850	40	2.650	3.180 (a)	2.650	1.850	2.650	1.850	2.650	883
Surveillant chef.	1.410	30	2.010	2.613 (b)	2.010	1.410	2.010	1.410	2.010	767
Surveillant de 1re classe.............	1.300	30	1.900	2.470 (b)	1.900	1.300	1.900	1.300	1.900	767
Surveillant de 2e classe.............	1.230	25	1.730	2.249 (b)	1.730	1.230	1.730	1.230	1.730	737
Surveillant de 3e classe.............	950	20	1.350	1.755 (b)	1.350	950	1.350	950	1.350	675

(a) 20 % en sus du maximum. — (b) 30 % en sus du maximum. — Les fixations du présent tarif sont augmentées de 2 cinquièmes dans le cas prévu à l'article 11 de la loi du 18 avril 1831.

§ 5. — Militaires indigènes.

Extrait de la loi du 23 mars 1882 qui constitue l'état civil des indigènes musulmans de l'Algérie.

Art. 1er. Il sera procédé à la constitution de l'état civil des indigènes musulmans de l'Algérie.

. . . .

Art. 14. A partir de l'arrêté d'homologation, l'usage du nom patronymique devient obligatoire pour les indigènes compris dans l'opération.

Dès ce moment, il est interdit aux officiers de l'état civil, aux officiers publics et ministériels, sous peine d'une amende de cinquante à deux cents francs (50 à 200 fr.), de désigner lesdits indigènes, dans les actes qu'ils sont appelés à recevoir ou à dresser, par d'autres dénominations que celles portées dans leurs cartes d'identité.

Art. 19. Il sera statué sur les rectifications à opérer dans les actes de l'état civil, conformément à la loi française.

———◆———

Extrait du décret du 13 mars 1883 portant règlement d'administration publique pour l'exécution de la loi du 23 mars 1882 relative à la constitution de l'état civil des indigènes musulmans de l'Algérie.

Art. 1er. Les opérations relatives à la constitution de l'état civil des indigènes musulmans de l'Algérie seront entreprises dans la région du Tell algérien, tel qu'il est déterminé au plan annexé au décret du 20 février 1873, dans le délai de deux mois qui suivra la publication du présent règlement au *Bulletin officiel* des actes du gouvernement général de l'Algérie.

. . . .

Art. 2. Les opérations seront étendues au dehors du Tell, aux époques qui seront ultérieurement déterminées, conformément à l'article 22, paragraphe 2, de la loi, par des arrêtés du gouverneur général, insérés, publiés et affichés ainsi qu'il est prescrit à l'article précédent.

. . . .

Art. 22. Les commissaires de l'état civil établissent en même temps, mais sans les délivrer, une carte d'identité pour chaque inscrit.

Ces cartes portent en français et en arabe :

Au recto, le numéro de référence au registre matrice, le nom patronymique de l'inscrit, son prénom et le nom de sa commune. Le prénom est toujours son nom personnel ancien ;

Au verso, son nom ancien, avec son surnom s'il en a un, et les noms de ses ascendants connus.

Le surnom est séparé du nom de l'inscrit par le mot *dit*.

. . . .

Art. 25. Après l'accomplissement de ces formalités, les registres matrices, cartes d'identité et tous autres documents sont adressés au maire de la commune.

Les cartes d'identité sont alors remises aux intéressés par les soins du maire ou de l'administrateur.

. . . .

Loi sur les pensions des militaires indigènes des régiments de tirailleurs et de spahis d'Algérie (1).

Paris, le 11 juillet 1903.

Le Sénat et la Chambre des députés ont adopté ;

Le Président de la République promulgue la loi dont la teneur suit :

Art. 1er. A partir de la promulgation de la présente loi, les indigènes servant dans les diverses troupes d'Algérie, ainsi que ceux de la compagnie de gendarmerie de Tunisie, auront droit à une pension proportionnelle lorsqu'ils auront accompli douze ans de services.

Les pensions proportionnelles et les pensions pour ancien-

---

(1) Modifiée par la loi du 18 juillet 1913 (voir p. 119).

neté de services seront décomptées d'après le tarif annexé
à la présente loi.

Art. 2. Tout militaire indigène, titulaire d'une pension
proportionnelle, reste à la disposition du Ministre de la guerre
pendant dix ans, à partir de sa radiation des contrôles.

Les obligations des militaires indigènes, pendant cette période, seront réglées par décret.

Art. 3. La présente loi ne modifie pas le tarif des pensions
applicables aux officiers indigènes originaires d'Algérie ou
de Tunisie, des régiments de tirailleurs ou de spahis.

Tous ces officiers, dans quelque régiment qu'ils servent, ont
droit à la pension de retraite et, le cas échéant, à la pension
et à la solde de réforme.

Dispositions transitoires.

Art. 4. Les hommes de troupes indigènes présents sous les
drapeaux qui, au jour de la promulgation de la présente loi,
compteront plus de quinze ans de service effectif, conserveront leur droit à une pension, liquidée sur la base du tarif
antérieur.

Les hommes de troupes indigènes qui, après la promulgation de la présente loi, contracteront un nouvel engagement,
devront être avertis que leur pension sera liquidée d'après les
tarifs annexés à la présente loi.

Il sera fait mention de ces dispositions dans le contrat d'engagement.

Art. 5. Sont abrogées les dispositions contraires à la présente
loi.

La présente loi, délibérée et adoptée par le Sénat et par la
Chambre des députés, sera exécutée comme loi de l'Etat.

Fait à Paris, le 11 juillet 1903.

GRADES.	MINIMUM de la pension proportionnelle à 12 ans de service effectif (12/25ᵐ de la pension à 25 ans).	ACCROISSEMENT pour chaque année de service effectif en sus de 12 ans ou pour chaque campagne jusqu'à 25 ans de service, campagnes comprises.	MINIMUM de la pension pour ancienneté à 25 ans de service effectif.	ACCROISSEMENT pour chaque année de service effectif en sus de 25 ans ou pour chaque campagne entre 25 ans et 45 ans de service, campagnes comprises.	MAXIMUM à 45 ans de service, campagnes comprises.	MAJORATION spéciale pour les auxiliaires indigènes algériens de la légion de gendarmerie d'Afrique et de la compagnie de gendarmerie de Tunisie.
	francs.	francs.	francs.	fr. c.	francs.	francs.
Sous-officier.....	216	18	450	7 50	600	15
Caporal ou brigadier	180	15	375	6 25	500	15
Soldat..........	144	12	300	5 00	400	12

Décret portant règlement, en exécution de l'article 20 de la loi du 7 juillet 1900, sur les pensions des militaires indigènes des troupes coloniales.

Paris, le 25 septembre 1905.

RAPPORT AU PRÉSIDENT DE LA RÉPUBLIQUE FRANÇAISE.

Monsieur le Président,

L'article 20 de la loi du 7 juillet 1900 portant organisation des troupes coloniales dispose « qu'il sera statué, par décret en forme de règlement d'administration publique, sur les conditions d'obtention des pensions pour les militaires indigènes des troupes coloniales, sur les tarifs de ces pensions et sur leur imputation ».

Nous avons l'honneur de vous demander de vouloir bien revêtir de votre signature ce décret, dont le texte a été adopté par le Conseil d'Etat.

Veuillez agréer, Monsieur le Président, l'hommage de notre respectueux dévouement.

Le Ministre des finances,
J. MERLOU.

Le Ministre des colonies,
CLÉMENTEL.

Le Ministre de la guerre,
MAURICE BERTEAUX.

DÉCRET.

Le Président de la République française,

Sur le rapport des Ministres de la guerre, des colonies et des finances,

Vu la loi du 7 juillet 1900 portant organisation des troupes coloniales, et notamment de l'article 20 ainsi conçu :

« Il sera statué, par décret en forme de règlement d'administration publique, sur les conditions d'obtention des pensions pour les militaires indigènes des troupes coloniales, sur les tarifs de ces pensions et sur leur imputation. »

Le Conseil d'Etat entendu,

Décrète :

Art. 1er. Les lois et règlements en vigueur pour les troupes coloniales sont applicables, sous réserve des modifications résultant du présent décret, aux militaires indigènes des troupes de l'Afrique occidentale, du Congo, de Madagascar et de l'Indo-Chine en ce qui concerne :

1° Les pensions de retraite des militaires de tous grades pour ancienneté ou à titre de blessures ou d'infirmités ; 2° les pensions et soldes de réforme des officiers ; 3° les soldes de réforme des sous-officiers ; 4° les pensions proportionnelles des sous-officiers, caporaux, brigadiers et soldats.

Art. 2. Les dispositions constitutives de droits à pension au profit des veuves et orphelins ne sont pas applicables aux veuves et orphelins des militaires indigènes.

Art. 3. Les bénéfices de campagne sont fixés ainsi qu'il suit : Est compté pour la totalité en sus de sa durée effective, le service fait en guerre ou en opérations militaires hors de la colonie d'origine ;

Est compté pour la moitié en sus de sa durée effective le service fait :

1° Dans les cas autres que ceux qui sont prévus ci-dessus, hors de la colonie d'origine ;

2°. En guerre ou en opérations militaires dans la colonie d'origine.

Les territoires énumérés ci-après, tout en étant réunis sous l'autorité d'un même gouverneur général ou d'un même commissaire général, sont considérés, pour l'application des dispositions du présent article, comme des colonies distinctes.

GOUVERNEMENT GÉNÉRAL DE L'INDO-CHINE.

1° Cambodge ;
2° Cochinchine ;
3° Annam et Tonkin ;
4° Laos.

GOUVERNEMENT GÉNÉRAL DE L'AFRIQUE OCCIDENTALE FRANÇAISE.

1° Sénégal et Mauritanie ;
2° Haut-Sénégal ; Niger ;
3° Guinée ;
4° Côte d'Ivoire ;
5° Dahomey.

COMMISSARIAT GÉNÉRAL DU CONGO FRANÇAIS.

1° Gabon et Moyen-Congo.
2° Oubanghi-Chari et Tchad.

La colonie d'origine est celle où le militaire a été incorporé
Les dates auxquelles commencent et finissent les bénéfices de campagne sont déterminées par le Ministre de la guerre, d'accord avec le Ministre des colonies.

Art. 4. Le taux des pensions des sous-officiers, caporaux, brigadiers et soldats est fixé d'après le tarif annexé au présent décret.

Art. 5. Les sous-officiers, caporaux, brigadiers et soldats qui obtiennent une pension proportionnelle peuvent être appelés à servir dans les réserves pendant une période de dix ans s'ils justifient seulement de quinze années de service effectif.

La durée des services effectifs accomplis au delà de quinze ans vient en déduction de cette période.

Art. 6. Les militaires comptant au moins quinze ans de service effectif lors de la promulgation du présent décret pourront opter pour le régime résultant de la législation antérieure.

Toutefois, pour la période postérieure, les bénéfices de campagne seront toujours comptés d'après les règles énoncées à l'article 3.

Art. 7. Les pensions et les soldes de réforme des sous-officiers, caporaux, brigadiers et soldats sont à la charge de chacune des colonies visées à l'article 1er en proportion de la durée des services accomplis dans chacune d'elles, et à la charge de la métropole en proportion de la durée des services accomplis hors desdites colonies.

Elles sont liquidées et concédées par l'autorité métropolitaine. Elles sont payées par imputation sur le budget métropolitain et remboursées par les colonies pour la part mise à leur charge en vertu du paragraphe 1er ci-dessus.

Les décrets et décisions de concession indiquent les parts contributives incombant respectivement aux diverses colonies intéressées et à la métropole.

Les pensions et les soldes de réforme des officiers sont à la charge de la métropole.

Art. 8. Sont abrogées toutes les dispositions contraires au présent décret.

Art. 9. Les Ministres de la guerre, des colonies et des finances sont chargés, chacun en ce qui le concerne, de l'exécution du présent décret, qui sera inséré au *Bulletin des lois* et au *Bulletin officiel* du ministère des colonies et publié au *Journal officiel* de la République française et dans les journaux officiels des colonies intéressées.

Fait à la Bégude-de-Mazenc, le 25 septembre 1905.

TARIF DES PENSIONS

DES SOUS-OFFICIERS, CAPORAUX, BRIGADIERS
ET SOLDATS INDIGÈNES.

TARIF des pensions des sous-officiers,

GRADES.	PENSIONS PROPORTIONNELLES. Minimum à 15 ans de service effectif.	Accroissement jusqu'à 25 ans de service, campagnes comprises, pour chaque année de service effectif accompli après 15 ans de service et pour chaque année résultant de la supputation des campagnes.	PENSIONS DE RETRAITE POUR ANCIENNETÉ DU SERVICE. Minimum à 25 ans de service effectif.	Accroissement pour chaque année de service effectif au delà de 25 ans et pour chaque année résultant de la supputation des campagnes.	Maximum à 45 ans de service, campagnes comprises.
	fr. c.	fr. c.	fr. c.	fr. c.	fr. c.
					Indo-
Adjudants.	201 00	13 44	336 00	6 72	470 40
Autres sous-officiers...	168 00	11 20	280 00	5 60	392 00
Caporaux ou brigadiers	120 00	8 00	200 00	4 00	280 00
Soldats.	99 00	6 60	165 00	3 30	231 00
					Mada
Adjudants.	129 60	8 64	216 00	4 32	302 40
Autres sous-officiers...	108 00	7 20	180 00	3 60	252 00
Caporaux ou brigadiers.	90 00	6 00	150 00	3 00	210 00
Soldats.	72 00	4 80	120 00	2 40	168 00
					Afrique occiden
Adjudants.	243 00	16 20	405 00	8 10	567 00
Autres sous-officiers...	202 50	13 50	337 50	6 75	472 50
Caporaux ou brigadiers	165 00	11 00	275 00	5 50	385 00
Soldats.	135 00	9 00	225 00	4 50	315 00

caporaux, brigadiers et soldats indigènes.

PENSIONS DE RETRAITE POUR CAUSE DE BLESSURES OU INFIRMITÉS. Cécité ou amputation de deux membres pension fixe quelle que soit la durée des services.	Amputation d'un membre ou perte absolue de l'usage de deux membres pension fixe quelle que soit la durée des services.	Blessures ou infirmités qui occasionnent la perte absolue d'un membre ou qui y sont reconnues équivalentes. Minimum.	Accroissement pour chaque année de service y compris les campagnes.	Maximum à 20 ans de service, campagnes comprises.	Blessures ou infirmités moins graves. Minimum.	Accroissement pour chaque année de service au delà de 25 ans, campagnes comprises.	Maximum à 45 ans de service, campagnes comprises.
fr. c.	fr. c.	fr. c.	fr. c.	fr. c.	fr. c.	fr. c.	fr. c.
Chine.							
611 52	470 40	336 00	6 72	470 40	336 00	6 72	470 40
509 60	392 00	280 00	5 60	392 00	280 00	5 60	392 00
364 00	280 00	200 00	4 00	280 00	200 00	4 00	280 00
300 30	231 00	165 00	3 30	231 00	165 00	3 30	231 00
gascar.							
393 12	302 40	216 00	4 32	302 40	216 00	4 32	302 40
327 60	252 00	180 00	3 60	252 00	180 00	3 60	252 00
273 00	210 00	150 00	3 00	210 00	150 00	3 00	210 00
218 40	168 00	120 00	2 40	168 00	120 00	2 40	168 00
tale et Congo.							
737 10	567 00	405 00	8 10	567 00	405 00	8 10	567 00
614 25	472 50	337 50	6 75	472 50	337 50	6 75	472 50
500 50	385 00	275 00	5 50	385 00	275 00	5 50	385 00
409 50	315 00	225 00	4 50	315 00	225 00	4 50	315 00

*Décret portant suppression du corps des cipahis
de l'Inde.*

Paris, le 17 mars 1907.

Rapport au Président de la République française.

Monsieur le Président,

Le corps des cipahis de l'Inde, qui avait été rétabli par le décret du 11 mars 1901, a été supprimé par prétérition par le décret du 19 septembre 1903 portant réorganisation de l'infanterie coloniale et les lois de finances de 1904 et des années postérieures n'ont rien prévu pour son entretien. Néanmoins, ce corps a continué d'être entretenu provisoirement au moyen d'une subvention du budget local de l'Inde française.

Pour mettre fin à cette situation, j'ai l'honneur de soumettre à votre signature le projet de décret ci-joint portant règlement d'administration publique qui le supprime définitivement.

Ce projet de décret a été soumis au Conseil d'Etat et a reçu l'approbation du Ministre des finances et du Ministre des colonies.

Veuillez agréer, etc.....

Décret.

Le Président de la République française,

Sur le rapport des Ministres de la guerre, des colonies et des finances ;

Vu la loi du 7 juillet 1900 portant organisation des troupes coloniales et notamment l'article 20 ainsi conçu :

« Il sera statué par décret en forme de règlement d'administration publique sur les conditions d'obtention des pensions pour les militaires indigènes des troupes coloniales, sur les tarifs de ces pensions et sur leur imputation » ;

Vu le décret du 25 septembre 1905 concernant les pensions des militaires indigènes des troupes coloniales ;

Le Conseil d'Etat entendu,

Décrète :

Art. 1er. Le corps des cipahis de l'Inde est supprimé à compter du 1er janvier 1907.

Art. 2. Les militaires du corps des cipahis de l'Inde licenciés par suppression d'emploi et admis individuellement dans un autre corps indigène des troupes coloniales désigné par le Ministre des colonies sont soumis, pour leurs pensions et leurs soldes de réforme, au régime du décret du 25 septembre 1905. La liquidation est faite d'après le tarif établi par ledit décret pour les militaires indigènes de l'Indo-Chine.

Les cipahis admis individuellement, après licenciement, dans un corps des troupes coloniales autre qu'un corps indigène restent soumis, pour leurs pensions et soldes de réforme, à la législation antérieure (1).

Art. 3. Les militaires du corps des cipahis de l'Inde licenciés par suppression de corps et liés au service, au moment du licenciement, par un rengagement devant leur faire atteindre quinze années de service, ont droit à une pension proportionnelle liquidée d'après le tarif prévu à l'article 4. Le montant de cette pension est fixé à raison d'un vingt-cinquième du minimum de la pension d'ancienneté de leur grade, pour chaque année de services effectifs et pour chaque année de campagne. Le bénéfice des dispositions qui précèdent ne pourra plus être réclamé après l'admission dans un autre corps. Ce bénéfice est acquis aux anciens cipahis qui ont pu être retraités, depuis le 17 mars 1907, sous le régime de l'article 3 du décret paru à cette date, et les pensions qui leur ont été concédées devront être revisées dans ce sens (1).

Art. 4. Les militaires du corps des cipahis de l'Inde comptant au moins 15 ans de service effectif au moment du licenciement du corps restent soumis, pour leurs pensions, à la législation antérieure.

Art. 5. Les pensions et les soldes de réforme concédées en vertu des dispositions des articles 2 et 3 sont imputées, et leur charge est répartie conformément aux principes posés par l'article 7 du décret du 25 septembre 1905.

Les pensions concédées en vertu des dispositions de l'article 4, ainsi que les pensions et les soldes de réforme des officiers indigènes, sont à la charge de la métropole.

Art. 6. Les Ministres de la guerre, des colonies et des finances sont chargés, chacun en ce qui le concerne, de l'exécution du présent décret, qui sera inséré au *Bulletin des lois*

___

(1) Nouvelle rédaction. (Décret du 8 mars 1910 ci-après.)

et au *Bulletin officiel* du ministère des colonies, et publié au *Journal officiel* de la République française et au *Journal officiel* des établissements français de l'Inde.

Fait à Paris, le 17 mars 1907.

Décret portant revision du décret du 17 mars 1907 supprimant le corps des cipahis de l'Inde.

(Directions des Troupes coloniales, du Contentieux et de la Justice militaire; Bureau technique.)

Paris, le 8 mars 1910.

RAPPORT AU PRÉSIDENT DE LA RÉPUBLIQUE FRANÇAISE.

Monsieur le Président,

La mise en vigueur du décret du 17 mars 1907, supprimant les cipahis de l'Inde, a suscité de la part des intéressés de nombreuses réclamations, qui portent en particulier sur l'abaissement du tarif de certaines retraites et sur l'exclusion des anciens cipahis des corps européens.

L'étude de ces demandes nous ayant convaincus qu'il n'avait pas été tenu, dans cet acte, un compte suffisant de certains droits acquis, il nous a paru équitable, en vue de réparer le dommage causé, de modifier quelques-unes des dispositions qu'il édicte.

C'est dans ce but que nous avons l'honneur de soumettre à votre signature le projet de décret ci-joint, délibéré et adopté par le Conseil d'Etat, et portant modification au décret précité du 17 mars 1907.

Le Ministre de la guerre,
BRUN.

Le Ministre des colonies,
GEORGES TROUILLOT.

Le Ministre des finances,
G. COCHERY.

DÉCRET.

Le Président de la République française,

Sur le rapport des Ministres de la guerre, des colonies et des finances;

Vu l'article 20 de la loi du 7 juillet 1900;

Vu le décret du 25 septembre 1905 concernant les pensions des militaires indigènes des troupes coloniales;

Vu le décret du 17 mars 1907 portant suppression du corps des cipahis de l'Inde;

Le Conseil d'Etat entendu,

Décrète :

Art. 1er. Les articles 2 et 3 du décret du 17 mars 1907 sont remplacés par les dispositions suivantes (1) :

Art. 2. Les Ministres de la guerre, des colonies et des finances sont chargés, chacun en ce qui les concerne, de l'exécution du présent décret, qui sera inséré au *Bulletin des lois* et au *Bulletin officiel* du ministère des colonies et publié au *Journal officiel* de la République française et au *Journal officiel* des établissements français de l'Inde.

Fait à Paris, le 8 mars 1910.

A. FALLIÈRES.

Par le Président de la République :

Le Ministre de la guerre,   *Le Ministre des colonies,*
BRUN.   GEORGES TROUILLOT.

Le Ministre des finances,
G. COCHERY.

Loi modifiant la loi du 11 juillet 1903 sur les pensions des militaires indigènes de l'Algérie et de la Tunisie.

(Etat-Major de l'Armée; Bureau de l'Organisation
et de la Mobilisation de l'Armée.)

Paris, le 18 juillet 1913.

Le Sénat et la Chambre des députés ont adopté,

Le Président de la République promulgue la loi dont la teneur suit :

Art. 1er. A partir de la promulgation de la présente loi, les indigènes servant dans les troupes de l'Afrique du Nord, ainsi

---

(1) Ces modifications ont été insérées dans le texte du décret du 17 mars 1907.

que ceux de la compagnie de gendarmerie de Tunisie, auront droit à une pension proportionnelle lorsqu'ils auront accompli seize ans de service.

Les pensions proportionnelles, ainsi que les pensions de retraite pour ancienneté, pour blessures ou infirmités, seront décomptées d'après le tarif annexé à la présente loi (1).

Art. 2. Tout militaire indigène, titulaire d'une pension proportionnelle, reste à la disposition du Ministre de la guerre pendant six ans à partir de sa radiation des contrôles. Les obligations des militaires pendant cette période seront réglées par décret.

Art. 3. La présente loi ne modifie pas les tarifs des pensions applicables aux officiers indigènes, originaires d'Algérie ou de Tunisie, des régiments de tirailleurs ou de spahis.

DISPOSITIONS TRANSITOIRES.

Art. 4. Les hommes de troupe indigènes présents sous les drapeaux et comptant quinze années de services effectifs à la date de la promulgation de la loi du 11 juillet 1903 conservent leur droit à une pension liquidée sur la base du tarif annexée à la loi du 11 juillet 1899.

Ceux qui, au jour de la promulgation de la présente loi, seront liés au service par un rengagement, à l'expiration duquel ils compteront douze ou quatorze ans de services, conservent le droit d'obtenir une pension au terme de ce rengagement en vertu et conformément au tarif de la loi du 11 juillet 1903.

Les hommes de troupe indigènes qui, après promulgation de la présente loi, contracteront un nouvel engagement, devront être avertis que leur pension sera liquidée d'après les tarifs annexés à la présente loi.

Il sera fait mention de ces dispositions dans le contrat d'engagement.

Art. 5. Sont abrogées les dispositions contraires à la présente loi.

La présente loi, délibérée et adoptée par le Sénat et par la Chambre des députés, sera exécutée comme loi de l'Etat.

---

(1) Tarif complété (art. 4 de la loi du 30 septembre 1916, *B. O.*, p. 1000).

TARIF ANNEXÉ (1)

à la loi modifiant celle du 11 juillet 1903 sur les pensions des militaires indigènes de l'Algérie et de la Tunisie.

GRADES	MINIMUM DE LA PENSION proportionnelle à 16 ans de services effectifs. — 15/25 du tarif métropolitain.	ACCROISSEMENT POUR CHAQUE ANNÉE de services effectifs en sus de 16 ans et pour chaque campagne jusqu'à 25 ans de services, campagnes comprises.	MINIMUM DE LA PENSION pour ancienneté à 25 ans de services effectifs.	ACCROISSEMENT pour chaque année de services effectifs en sus de 25 ans et pour chaque campagne entre 25 et 45 ans de services, campagnes comprises.	MAXIMUM A 45 ANS de services, campagnes comprises.	MAJORATION SPÉCIALE pour les auxiliaires indigènes algériens de la légion de gendarmerie d'Afrique et de la compagnie de gendarmerie de Tunisie
	francs.	francs.	francs.	fr. c.	francs.	francs.
Adjudant..........	600	20	780	7 50	930	»
Sous-officier.......	480	13	597	7 50	747	18
Caporal ou brigadier	420	12	528	6 25	653	10
Soldat............	360	10	450	5 »	550	8

(1) Complété par le tableau 3 annexé à la loi du 30 septembre 1916.

Vu pour être annexé à la loi du 18 juillet 1913, délibérée et adoptée par le Sénat et par la Chambre des députés.

Le Président de la République française,
R. POINCARÉ.

Par le Président de la République :

Le Ministre de la guerre,
Eug. ETIENNE.

Le Ministre des finances,
Ch. DUMONT.

II PARTIE.

Dispositions diverses.

---

§ 1er. — Décompte et rémunération des services.

---

*Arrêté du 17 août 1803, relatif aux pensions
des ouvriers des manufactures d'armes.*

Saint-Cloud, le 17 août 1803.

CONSEIL D'ÉTAT.

---

*Extrait du registre des délibérations.
Séance du 23 Thermidor an XI de la République.*

Avis.

Le Conseil d'État qui, d'après le renvoi du gouvernement, a entendu le rapport de la section de la guerre sur celui du Ministre chargé du département, relatif à la question de savoir quel sera le mode de liquidation définitive des pensions autres que les soldes de retraite et qui sont accordées en exécution de l'article 7 de l'arrêté du 15 floréal an XI.

. . . .

Est d'avis.

. . . .

2° Qu'il faut appliquer aux ouvriers des manufactures nationales d'armes qui sont l'objet de la loi du 19 août 1792 les dis-

positions de la loi du 8 floréal an XI en considérant les maîtres (1) comme sergents et les ouvriers comme soldats (2).

APPROUVÉ :

Le Premier Consul,

BONAPARTE.

Par le Premier Consul :

Le Secrétaire d'Etat,　　　　　　*Le Ministre de la guerre,*
HUGUES B. MARET.　　　　　　ALEX. BERTHIER.

---

*Ordonnance concernant les sous-officiers, caporaux et briga-
diers des corps de l'armée, qui ont été ou qui sont admis dans
la gendarmerie, soit comme brigadiers, soit comme gendarmes.*

Au palais des Tuileries, le 20 janvier 1841.

LOUIS-PHILIPPE, Roi des Français, à tous présents et à venir,
salut,

Vu les lois du 28 germinal an VI, du 11 avril 1831 et du 14 avril
1832, ainsi que les articles 364 et 368 de notre ordonnance du 16
mars 1838 ;

Sur le rapport du président de notre conseil, Ministre secrétaire d'Etat au département de la guerre,

Nous avons ordonné et ordonnons ce qui suit :

Art. 1er (3). Les sous-officiers, caporaux et brigadiers des
corps de l'armée qui ont été ou qui seront admis dans la gendarmerie, soit comme brigadiers, soit comme gendarmes, seront
considérés, à l'avenir, pour la retraite, comme étant restés titulaires de leur ancien grade jusqu'à promotion à un grade supérieur à celui-ci dans la gendarmerie.

Ils compteront comme activité dans leur ancien grade, pour
le bénéfice de l'article 11 de la loi du 11 avril 1831, le temps de

---

(1) Depuis le règlement du 15 novembre 1904, les maîtres sont dénommés ouvriers immatriculés de 1re classe, et les ouvriers, ouvriers
immatriculés de 2e classe.

(2) Ce privilège a été conservé par la loi du 11 avril 1831 en ce qui
concerne les pensions de retraite.

(3) Article abrogé par la loi de finances du 13 juillet 1911 (voir p. 138).

service pendant lequel ils en seront restés titulaires, en vertu de la disposition ci-dessus.

Art. 2 (1). Il sera fait application des dispositions de l'article qui précède aux sous-officiers, caporaux et brigadiers admis dans la gendarmerie après une interruption de service.

Art. 3. Le grade dont ces militaires sont pourvus, indépendamment de l'emploi qu'ils occupent dans la gendarmerie, se perd :

1° Par démission ou congé du service de la gendarmerie ;
2° Par rétrogradation ou cassation ;
3° Par réforme pour inconduite ou pour inaptitude au service de l'arme.

Art. 4. Le président de notre Conseil, Ministre secrétaire d'État au département de la guerre, est chargé de l'exécution de la présente ordonnance.

Extrait de la loi du 22 juin 1878, relative aux pensions de retraite des officiers de l'armée de terre.

Le Sénat et la Chambre des députés ont adopté,

Le Président de la République promulgue la loi dont la teneur suit :

Art. 1er. La retenue prélevée sur la solde des officiers ou assimilés de tout grade de l'armée de terre, en activité de service, est élevée de deux pour cent à cinq pour cent (2 p. 100 à 5 p. 100), à dater du mois qui suivra la promulgation de la présente loi.

Art. 2. Les officiers de tout grade et assimilés dont les droits à la retraite seront réglés d'après le tarif de la présente loi resteront, après leur mise à la retraite, pendant cinq années à la disposition du Ministre de la guerre, qui pourra leur donner un emploi de leur grade comme officiers de réserve ou même d'un grade supérieur dans l'armée territoriale. Ils demeureront soumis, pendant ces cinq années, aux lois et règlements militaires sur la réserve et l'armée territoriale.

Art. 3. Le tarif de la pension de retraite des officiers et des fonctionnaires assimilés de l'armée de terre est fixé conformément au tableau annexé à la présente loi (2).

---

(1) Article abrogé par la loi de finances du 13 juillet 1911 (voir p. 138).
(2) Tableau modifié par la loi de finances du 13 juillet 1911, en ce qui concerne les capitaines, lieutenants, sous-lieutenants et assimilés.

Art. 4. Les dispositions du paragraphe 2 de l'article 1er de la loi du 25 juin 1861, qui veulent que les pensions des généraux de division et généraux de brigade, ainsi que celles des intendants et inspecteurs du service de santé, ne puissent, en aucun cas, excéder la somme du traitement attribué aux officiers généraux placés dans le cadre de réserve, sont et demeurent abrogées.

Art. 5. Sont également abrogées les dispositions contenues dans les articles 11 et 33 de la loi du 11 avril 1831 et dans le paragraphe 2 de l'article 4 de la loi du 25 juin 1861.

Art. 6 . . . . (1).

Art. 7. Le nouveau tarif sera appliqué à tous les officiers et assimilés qui seront admis à faire valoir leurs droits à la retraite à dater de la promulgation de la présente loi.

Il sera également appliqué à tous les officiers, assimilés et fonctionnaires militaires dont la pension ne sera pas inscrite au grand-livre de la dette publique au moment de ladite promulgation.

Art. 8 . . . . (2).

Art. 9. Un tableau communiqué chaque année aux Chambres indiquera les liquidations des pensions et les extinctions survenues dans les rangs des pensionnaires au cours de l'année précédente.

La présente loi, délibérée et adoptée par le Sénat et par la Chambre des députés, sera exécutée comme loi de l'Etat.

Fait à Versailles, le 22 juin 1878.

---

(1) Abrogé par la loi du 17 août 1879.
(2) Abrogé par la loi du 18 août 1881.

TABLEAU annexé à la loi relative aux pensions de retraite des officiers de l'armée de terre (1) (A).

GRADES.	PENSIONS DE RETRAITE POUR ANCIENNETÉ DE SERVICE. (Art. 9 de la loi du 11 avril 1831.)		
	Minimum à 30 ans de service effectif.	Accroissement pour chaque année de service effectif au delà de 30 ans et pour chaque année résultant de la supputation des campagnes.	Maximum à 50 ans de service, campagnes comprises.
	fr.	fr.	fr.
Général de division........................ Intendant général inspecteur...............	7.000	175	10.500
Général de brigade........................ Intendant militaire........................ Médecin ou pharmacien inspecteur........	6.000	100	8.000
Colonel.................................... Sous-intendant militaire de 1re classe..... Médecin ou pharmacien principal de 1re cl	4.500	75	6.000
Lieutenant-colonel......................... Sous-intendant militaire de 2e classe...... Médecin ou pharmacien principal de 2e cl. Vétérinaire principal de 1re et de 2e cl. (2). Officier principal d'administration (3)..... Interprète principal (3)................... Officier d'administr. greffier principal (3)..	3.700	65	5.000
Chef de bataillon ou d'escadron, major ... Adjoint de 1re cl. de l'intendance militaire. Médecin ou pharmacien-major de 1re classe.	3.000	50	4.000
Capitaine.................................. Adjoint de 2e cl. de l'intendance militaire.. Médecin ou pharmacien-major de 2e classe.	2.300	50	3.300
Lieutenant................................. Médecin ou pharmacien aide-maj. de 1re cl.	1.700	40	2.500

(1) Modifié par les lois des 15 novembre 1890, 5 avril 1900, 7 mars 1902, 13 décembre 1902 et 13 juillet 1911, le décret du 26 mai 1901 et la loi du 13 juillet 1917.

(2) Nouvelles assimilations (loi du 13 juin 1913) :

Vétérinaire inspecteur......................	Général de brigade
Vétérinaire principal de 1re classe.............	Colonel.
Vétérinaire principal de 2e classe..............	Lieutenant-colonel.
Vétérinaire major de 1re classe.................	Chef d'escadron.
Vétérinaire de 2e classe......................	Capitaine.
Vétérinaire aide-major de 1re cl. et de 2e classe.	Lieutenant et sous-lieutenant.

(3) Nouvelles assimilations (lois des 2 juillet 1900 et 18 février 1901) :

Officier d'administration principal.............. Officier interprète principal...................	Chef de bataillon.
Officier d'administration de 1re classe........... Officier interprète de 1re classe................	Capitaine.
Officier d'administration de 2e classe............ Officier interprète de 2e classe.................	Lieutenant.
Officier d'administration de 3e classe............ Officier interprète de 3e classe.................	Sous-lieutenant.
Interprète stagiaire..........................	Adjudant avec droit à pension dans les conditions afférentes aux sous-officiers.

(A) *Voir ci-après, page 138 et 301, les nouveaux tarifs des retraites des capitaines, lieutenants, sous-lieutenants et assimilés. (Extrait de la loi de finances du 13 juillet 1911.)*

GRADES.	PENSIONS DE RETRAITE POUR ANCIENNETÉ DE SERVICE. (Art. 9 de la loi du 11 avril 1831.)		
	Minimum à 30 ans de service effectif.	Accroissement pour chaque annéede service effectif au delà de 30 ans et pour chaque année résultant de la supputation des campagnes.	Maximum à 50 ans de service, campagnes comprises.
	fr.	fr.	fr.
Chef de musique après 10 ans de fonct. (1). Sous-lieutenant......................	1.700	40	2.500
Médecin ou pharmacien aide-maj. de 2e cl. Médecin ou pharmacien sous-aide	1.500	40	2.300
Chef de musiq. avant 10 ans de fonct. (2). Interprète de 1re classe (3)................	3.000	50	4.000
Officier d'administration de 1re classe (4).. Interprète de 2e classe (3)................ Vétérinaire en premier (6)................ Officier d'administrat. greffier de 1re cl. (4).	2.500	50	3.500
Officier d'administration de 2e classe (4)... Garde d'artillerie (5) principal de 1re cl... Garde principal de 1re classe des équipages militaires...................... Contrôleur d'armes principal de 1re cl. (7). Adjoint du génie (5) principal de 1re classe. Officier d'administrat. greffier de 2e cl. (7).	2.300	50	3.300
Vétérinaire en second (6)................ Garde d'artillerie principal de 2e cl. (4)... Garde principal de 2e classe des équipages militaires .... Contrôleur d'armes principal de 2e cl. (7). Adjoint du génie principal de 2e classe (5).	2.100	45	3.000
Interprète de 3e classe (3) .... Aide-vétérinaire (6)...................... Garde d'artillerie de 1re classe, y compris les maitres artificiers (4)................ Contrôleur d'armes de 1re classe (7)....... Adjoint du génie de 1re classe (5)......... Adjudant d'administration en premier (4).	1.900	40	2.700
Garde d'artillerie de 2e classe (5)......... Contrôleur d'armes de 2e classe (7)....... Adjoint du génie de 2e classe (5)..........	1.750	40	2.550

(1) Nouvelles assimilations (Loi du 5 avril 1900) :
    Chef de musique de 1re classe.............. Capitaine.
    —   de 2e classe............... Lieutenant.
    —   de 3e classe............... Sous-lieutenant.
(2) Voir le tarif afférent au chef de musique après dix ans de fonctions.
(3) Voir le tarif afférent à l'officier interprète principal.
(4) Voir le tarif afférent à l'officier d'administration principal.
(5) Aux termes de la loi du 2 juillet 1900 le garde d'artillerie est maintenant dénommé « officier d'administration du service de l'artillerie », et l'adjoint du génie « officier d'administration du service du génie ».
(6) Voir le tarif afférent au vétérinaire principal.
(7) Aux termes de la loi du 7 mars 1902, les contrôleurs d'armes ont la même assimilation que les officiers d'administration dont ils prennent la dénomination.

GRADES.	PENSIONS DE RETRAITE POUR ANCIENNETÉ DE SERVICE (Art. 9 de la loi du 11 avril 1831.)		
	Minimum à 30 ans de service effectif.	Accroissement pour chaque année de service effectif au delà de 30 ans et pour chaque année résultant de la supputation des campagnes.	Maximum à 50 ans de service, campagnes comprises.
	fr.	fr.	fr.
Officier d'administration greffier de 3e classe (1).................			
Officier d'administration aide-comptable de 1re classe de la justice militaire (1)..	1.750	40	2.550
Chef ouvrier d'état de l'artillerie, du génie et des équipages militaires............			
Interprète auxiliaire de 1re classe (2)......			
Adjudant d'administration en second (1)...			
Sous-chef ouvrier d'état de l'artillerie, du génie et des équipages militaires.........			
Interprète auxiliaire de 2e classe (2)......			
Aide-vétérinaire stagiaire (3)..............			
Garde d'artillerie de 3e classe, y compris le chef artificier (1).....................	1.400	35	2.100
Contrôleur d'armes de 3e classe (1).......			
Adjoint du génie de 3e classe (1).........			
Officier d'administration greffier de 4e classe (1).................................			
Officier d'administration aide-comptable de 2e classe de la justice militaire (1)......			

(1) Voir le tarif afférent à l'officier d'administration principal.
(2) Voir le tarif afférent à l'officier interprète principal.
(3) Voir le tarif afférent au vétérinaire principal.

NOTA. — Voir page 301 le tarif développé des pensions : 1o des officiers présentant, pour chaque grade, les taux pour ancienneté de service, pour causes de blessures ou infirmités graves et incurables; 2o de leurs veuves et orphelins.

Loi portant modification des tarifs des pensions de certaines catégories d'officiers et employés militaires.

Paris, le 15 novembre 1890.

Le Sénat et la Chambre des députés ont adopté,
Le Président de la République promulgue la loi dont la teneur suit :

Art. 1er. Les tarifs des pensions de retraite (1) des fonction

------

(1) Voir page 125 la loi du 22 juin 1878.

naires du corps du contrôle de l'administration de l'armée, des vétérinaires militaires, des chefs de musique, ainsi que des gardes d'artillerie, des contrôleurs d'armes, des adjoints du génie, des officiers d'administration des services de l'intendance et des hôpitaux militaires, des interprètes de l'armée, des archivistes, des officiers d'administration de la justice militaire, de leurs veuves et orphelins, seront réglés d'après le tableau de correspondance ci-annexé avec les grades de la hiérarchie militaire proprement dite.

Art. 2. Ces dispositions seront applicables à toutes les pensions qui seront liquidées en vertu des droits qui s'ouvriront postérieurement à la promulgation de la présente loi.

Art. 3. Les fonctionnaires et officiers dénommés à l'article 1er pourvus, actuellement ou dans les deux années qui suivront la promulgation de la présente loi, de grades leur permettant de prétendre, d'après les tarifs annexés aux lois des 22 juin 1878 et 16 mars 1882 et les assimilations déterminées par cette dernière loi, à une pension supérieure à celle qui résulterait de l'application du tableau de correspondance ci-annexé, conserveront ce bénéfice en cas d'admission à la retraite, sans qu'il soit dérogé d'ailleurs aux règles ordinaires du droit à pension.

Art. 4. La correspondance des tarifs des pensions avec ceux des grades de la hiérarchie militaire ne modifie en rien la situation des divers personnels visés par le projet de loi, au point de vue de l'assimilation, telle qu'elle est réglée par les lois et règlements actuellement en vigueur.

Art. 5. Les dispositions de l'article 3 sont applicables aux veuves et orphelins des officiers et assimilés désignés audit article.

La présente loi, délibérée et adoptée par le Sénat et par la Chambre des députés, sera exécutée comme loi de l'État.

Signé : CARNOT.

Par le Président de la République :

Le Président du conseil,	*Le Ministre des finances,*
Ministre de la guerre,	Signé : ROUVIER.
Signé : C. DE FREYCINET.	

Tableau de correspondance (1) (*Art. 1er de la loi*).

Les droits à pension de retraite des officiers, fonctionnaires ou employés militaires dénommés à l'article 1er de la loi, les droits de leurs veuves et de leurs orphelins, sont ceux des grades de la hiérarchie militaire indiquée au tableau de correspondance qui suit :

OFFICIERS, FONCTIONNAIRES OU EMPLOYÉS MILITAIRES.	GRADES de la HIÉRARCHIE MILITAIRE correspondante.
CORPS DU CONTRÔLE DE L'ADMINISTRATION DE L'ARMÉE.	
Contrôleur général de 1re classe de l'administration de l'armée..	Général de division.
Contrôleur général de 2e classe de l'administration de l'armée..	Général de brigade.
Contrôleur de 1re classe de l'administration de l'armée.	Colonel.
Contrôleur de 2e classe de l'administration de l'armée...	Lieutenant-colonel.
Contrôleur adjoint de l'administration de l'armée........	Chef de bataillon.
VÉTÉRINAIRES ET CHEFS DE MUSIQUE (1).	
Vétérinaire inspecteur................................	Général de brigade.
Vétérinaire principal de 1re classe.....................	Colonel,
Vétérinaire principal de 2e classe......................	Lieutenant-colonel.
Vétérinaire-major de 1re classe........................	Chef d'escadron.
Vétérinaire-major de 2e classe.........................	Capitaine.
Vétérinaire aide-major de 1re et de 2e classe...........	Lieut. et sous-lieut.
Chef de musique de 1re classe.........................	Capitaine.
Chef de musique de 2e classe..........................	Lieut. et sous-lieut.
AUTRES CORPS OU SERVICES (1).	
Garde d'artillerie principal de 1re classe..............	
Contrôleur d'armes principal de 1re classe.............	
Adjoint du génie principal de 1re classe...............	
Officier d'administration principal des services de l'intendance militaire.................................	
Officier d'administration principal du service des hôpitaux militaires..	Chef de bataillon.
Interprète principal...................................	
Archiviste principal de 1re classe (2)..................	
Officier d'administration principal du service de la justice militaire (greffier)...................................	

(1) La correspondance du grade a été modifiée par les lois des 2 juillet 1900, 18 février 1901, 7 avril 1902, 13 juin 1913.

(2) Pour les dix plus anciens seulement, jusqu'à ce que le cadre ait été réduit à la proportion fixée par la nouvelle loi sur l'état-major.

OFFICIERS, FONCTIONNAIRES OU EMPLOYÉS MILITAIRES.	GRADES de la HIÉRARCHIE MILITAIRE correspondante.
AUTRES CORPS OU SERVICES (*Suite*).	
Garde d'artillerie principal de 2e classe et garde d'artillerie de 1re classe .... Contrôleur d'armes principal de 2e classe et contrôleur d'armes de 1re classe............. Adjoint du génie principal de 2e classe et adjoint du génie de 1re classe............. Officier d'administration de 1re et de 2e classe des services de l'intendance militaire............. Officier d'administration de 1re et de 2e classe du service des hôpitaux militaires............. Interprète de 1re et de 2e classe............. Archiviste principal de 2e classe et archiviste de 1re classe (1)............. Officier d'administration de 1re et de 2e classe du service de la justice militaire (greffier et comptable)..........	Capitaine.
Garde d'artillerie de 2e classe............. Contrôleur d'armes de 2e classe............. Adjoint du génie de 2e classe............. Officier d'administration adjoint de 1re classe des services de l'intendance militaire............. Officier d'administration adjoint de 1re classe du service des hôpitaux militaires............. Interprète de 3e classe............. Archiviste de 2e classe............. Officier d'administration de 3e classe du service de la justice militaire (greffier et comptable)..............	Lieutenant.
Garde d'artillerie de 3e classe............. Contrôleur d'armes de 3e classe............. Adjoint du génie de 3e classe............. Officier d'administration adjoint de 2e classe des services de l'intendance militaire............. Officier d'administration adjoint de 2e classe du service des hôpitaux militaires............. Interprète auxiliaire de 1re classe............. Archiviste de 3e classe............. Officier d'administration de 4e classe du service de la justice militaire (greffier et comptable)..............	Sous-lieutenant.
(Le grade d'interprète stagiaire correspond à celui d'adjudant.)	

(1) Ainsi que pour les archivistes principaux de 1re classe, à la suite des dix plus anciens, jusqu'à ce que le cadre ait été réduit à la proportion fixée par la loi nouvelle.

Note ministérielle relative au décompte des services d'officiers du génie provenant de l'Ecole polytechnique qui ont pris rang dans l'arme, comme sous-lieutenants, le 21 septembre 1870.

Paris, le 6 mai 1897.

Des doutes se sont élevés sur la date à laquelle devait être fixée l'origine de services d'un certain nombre d'officiers provenant de l'Ecole polytechnique qui ont pris rang dans l'arme, comme sous-lieutenants, le 21 septembre 1870.

D'une part, en effet, la loi du 11 avril 1831 sur les pensions de l'armée de terre spécifie, en son article 5, que les sous-lieutenants provenant de l'Ecole polytechnique comptent quatre années de service effectif, à titre d'études préliminaires, au moment où ils entrent, comme officiers, dans les armes spéciales.

D'autre part l'arrêté du chef du pouvoir exécutif du 26 août 1871 a nommé les officiers susvisés sous-lieutenants du génie pour prendre rang du 21 septembre 1870 et pour compter leurs services, comme études préliminaires, du 1er octobre 1867.

Le Ministre a décidé que la question devait être résolue dans le sens le plus favorable aux intéressés, en s'en tenant aux prescriptions de la loi du 11 avril 1831, et que les officiers du génie dont il s'agit seraient admis à prendre pour point de départ de leurs services la date du 21 septembre 1866.

Loi sur les pensions de retraite des chefs de musique.

(Direction du Contentieux et de la Justice militaire ; Bureau des Pensions et Gratifications de Réforme.)

Paris, le 5 avril 1900.

Le Sénat et la Chambre des députés ont adopté,

Le Président de la République promulgue la loi dont la teneur suit :

Art. 1er. Les tarifs des pensions de retraite des chefs de musique des 1re, 2e, 3e et 4e classes (1) sont fixés conformément aux tableaux annexés à la présente loi.

Art. 2. Ces dispositions seront applicables à toutes les pensions des chefs de musique qui seront liquidées en vertu des droits qui s'ouvriront postérieurement à la promulgation de la présente loi.

Art. 3. La pension de veuve dont le mari a été retraité sous le régime antérieur est liquidée sur l'assimilation qui a servi de base à la liquidation de la pension du mari.

Art. 4. Sont abrogées toutes les dispositions contraires à la présente loi.

La présente loi, délibérée et adoptée par le Sénat et par la Chambre des députés, sera exécutée comme loi de l'Etat.

Fait à Paris, le 5 avril 1900.

EMILE LOUBET.

Par le Président de la République :

Le Ministre de la guerre,
    Galliffet.

Le Ministre des finances,
J. Caillaux.

---

(1) La hiérarchie des chefs de musique comprend trois classes correspondant aux grades suivants : 1re classe, capitaine; 2e classe, lieutenant; 3e classe, sous-lieutenant. (Loi du 7 avril 1902, vol. 64.)

Pensions de retraite pour ancienneté de services, pour cause de blessures ou infirmités graves et incurables.

PENSIONS AUX VEUVES. — SECOURS AUX ORPHELINS.

GRADES.	Pensions de retraite pour ancienneté de services (art. 9 de la loi du 11 avril 1831).			PENSIONS DE RETRAITE POUR CAUSE DE BLESSURES ou infirmités graves et incurables (art. 12, 13, 14, 15, 16 et 17 de la loi du 11 avril 1831).								Pensions aux veuves, secours annuels aux orphelins.	
	Minimum à 30 ans de service effectif.	Accroissement pour chaque année de service effectif au delà de 30 ans et pour chaque année résultant de la supputation des campagnes.	Maximum à 50 ans de service, campagnes comprises.	Amputation de deux membres ou perte totale de la vue. — Pension fixe quelle que soit la durée des services.	Amputation d'un membre ou perte absolue de l'usage de deux membres — Pension fixe quelle que soit la durée des services.	Blessures ou infirmités graves qui occasionnent la perte absolue de l'usage d'un membre ou qui y sont équivalentes (art. 16 de la loi du 11 avril 1831). Minimum.	Accroissement pour chaque année de service y compris les campagnes.	Maximum à 20 ans de service, campagnes comprises.	Blessures ou infirmités moins graves qui mettent dans l'impossibilité de rester au service avant d'avoir accompli les 30 ans exigés pour le droit à la pension d'ancienneté (art. 17 de la loi du 11 avril 1831). Minimum.	Accroissement pour chaque année de service au delà de 30 ans lorsque les campagnes cumulées avec les services effectifs forment un total de 30 ans.	Maximum à 50 ans de service, campagnes comprises.	Article 1er de la loi du 20 juin 1878. — Pension fixe. — Tiers du maximum.	Dans les cas prévus par l'article 1er de la loi du 26 avril 1856. — Article 2 de la loi du 20 juin 1878 — Pension fixe. — Moitié ou maximum.
	Francs.	Francs.	Francs.	Francs.	Francs.	Francs.	Francs.	Francs.	Francs.	Francs.	Francs.	Francs.	Francs.
Chefs de musique de 1re et de 2e classe.........	2.300	50 »	3.300	3.960	3.300	2.300	50 »	3.300	2.300	50 »	3.300	1.100	1.650
Chefs de musique de 3e classe....	1.700	40 »	2.500	3.000	2.500	1.700	40 »	2.500	1.700	40 »	2.500	833	1.250
Chefs de musique de 4e classe....	1.500	40 »	2.300	2.760	2.300	1.500	40 »	2.300	1.500	40 »	2.300	767	1.150

Tarif modifié. (Voir page 301 le tarif mis à jour.)

*Décret réglant les tarifs des pensions des officiers d'adminis-
tration et des interprètes militaires.*

Paris, le 26 mai 1901.

RAPPORT AU PRÉSIDENT DE LA RÉPUBLIQUE FRANÇAISE.

Monsieur le Président,

Les lois des 28 avril et 2 juillet 1900 et 18 février 1901, en
réglant et unifiant la situation des officiers d'administration
des divers services et des interprètes militaires, ont stipulé
qu'il serait statué par décret sur les détails d'application.

J'ai en conséquence l'honneur de soumettre à votre haute
approbation le projet de décret ci-joint, qui a pour objet, sans
rien modifier aux tarifs annexés aux lois sur les pensions militaires, de déterminer comment ces tarifs doivent être adaptés
aux nouvelles appellations données aux différents grades du
personnel dont il s'agit.

Veuillez agréer, etc.

***

DÉCRET.

Le Président de la République française,

Vu les lois des 28 avril et 2 juillet 1900 et 18 février 1901,
réglant et unifiant la situation des officiers d'administration
des divers services et des interprètes militaires ;

Vu la loi du 15 novembre 1890 sur les pensions de certaines
catégories d'officiers et employés militaires ;

Vu les tarifs de pensions annexés aux lois des 22 juin 1878
et 11 juillet 1899 ;

Sur le rapport du Ministre de la guerre,

Décrète :

Art. 1ᵉʳ. Les pensions des officiers d'administration des divers services et des interprètes militaires, ainsi que celles de
leurs veuves et les secours annuels de leurs orphelins, sont réglés d'après le tarif annexé au présent décret.

Art. 2. Les officiers d'administration et interprètes militaires pourvus, avant les lois d'assimilation des 28 avril et 2 juillet 1900 et 18 février 1901, de grades leur permettant de prétendre à une pension supérieure à celle qui résulterait du tarif visé à l'article 1er du présent décret, conservent ce bénéfice en cas d'admission à la retraite, sans qu'il soit dérogé d'ailleurs aux règles ordinaires du droit à pension.

Art. 3. Les dispositions de l'article 2 sont applicables aux veuves et orphelins.

Art. 4. Le Ministre de la guerre et le Ministre des finances sont chargés, chacun en ce qui le concerne, de l'exécution du présent décret.

Fait à Paris, le 26 mai 1901.

Tarif des pensions des officiers d'administration des divers services et des interprètes militaires.

GRADES.	MINIMUM à trente ans de service effectif (1).	ANNUITÉ d'accroissement.	MAXIMUM à cinquante ans de service effectif (1).
	francs.	francs.	francs.
Officier d'administration principal	3.000	50	4.000
Officier interprète principal			
Officier d'administration de 1re classe	2.300	50	3.300
Officier interprète de 1re classe			
Officier d'administration de 2e classe	1.700	40	2.500
Officier interprète de 2e classe			
Officier d'administration de 3e classe	1.500	40	2.300
Officier interprète de 3e classe			
Interprète stagiaire (1)	1.000	15	1.300

(1) Le grade d'interprète stagiaire correspond à celui d'adjudant sous-officier. (Loi du 18 février 1901.)

Nota. — Tarif modifié. (Voir page 301 le tarif mis à jour.)

Extrait de la loi de finances du 30 mars 1902.

. . . .

Art. 64. Le Ministre de la guerre est autorisé à accorder jusqu'à concurrence du chiffre fixé chaque année par la loi de finances des congés de longue durée sans solde ne pouvant dépasser trois années, aux officiers qui en feront la demande et qui compteront au moins huit ans de service dont quatre de grade d'officier.

Le montant de la retenue de 5 p. 100 sur la solde budgétaire de ces officiers continuera à être versé au Trésor, sur les crédits du budget de la guerre.

L'officier titulaire d'un congé de longue durée sans solde ne sera pas remplacé.

Il restera à la disposition du Ministre de la guerre.

Il pourra être réintégré dans les cadres, sur sa demande, avant l'expiration de son congé.

Il sera soumis aux règles générales de la discipline et de la subordination militaires.

Le temps passé dans cette position sera compté comme service effectif pour la réforme et la retraite seulement.

Le nombre des congés sans solde que le Ministre de la guerre peut accorder en 1902 est fixé au nombre maximum de 200.

. . . .

Extrait de la loi des finances du 13 juillet 1911.

Art. 80. Le tableau annexé à la loi du 22 juin 1878 relative aux pensions de retraite de l'armée de terre est modifié comme il suit :

DÉSIGNATION DES GRADES.	MINIMUM a 30 ans de service effectif.	ACCROISSEMENT pour chaque année de service effectif au delà de 30 ans et pour chaque année résultant de la supputation des campagnes	MAXIMUM a 50 ans de service, campagnes comprises.
	francs.	francs.	francs.
Capitaine ou assimilé :			
4ᵉ échelon de solde...............	2.900 »	50 »	3.900 »
3ᵉ —	2.700 »	50 »	3.700 »
2ᵉ —	2.500 »	50 »	3.500 »
1ᵉʳ —	2.300 »	50 »	3.300 »
Lieutenant ou assimilé :			
4ᵉ échelon de solde...............	2.300 »	50 »	3.300 »
3ᵉ —	2.150 »	50 »	3.150 »
2ᵉ —	2.000 »	50 »	3.000 »
1ᵉʳ —	1.850 »	50 »	2.850 »
Sous-lieutenant ou assimilé :			
2ᵉ échelon de solde...............	1.800 »	50 »	2.800 »
1ᵉʳ —	1.500 »	40 »	2.300 »

Le droit aux pensions ci-dessus déterminées et aux pensions, secours et allocations de toute nature auxquelles peuvent prétendre les capitaines, lieutenants, sous-lieutenants et assimilés de l'armée de terre, ainsi que leurs veuves et orphelins, est subordonné aux conditions fixées par les lois en vigueur pour l'obtention des pensions qui dérivent du grade de l'officier.

Toutefois, le temps depuis lequel l'officier remplira, au moment de la promulgation de la présente loi, les conditions d'ancienneté de grade ou de service qui déterminent, d'après le tableau de l'article précédent, le classement dans un échelon de solde, entrera en compte pour l'ouverture du droit à la pension afférente à cet échelon de solde.

Les pensions des chefs de bataillon, d'escadron, majors ou assimilés de l'armée de terre, ainsi que les pensions des capitaines, lieutenants et assimilés qui, aux termes des lois en vigueur, se déterminent d'après le tarif des pensions pour ancienneté de service applicable au grade inférieur, sont calculées conformément aux prescriptions desdites lois, d'après le tarif fixé ci-dessus pour l'échelon le plus élevé de ce grade.

Art. 85. A partir de la promulgation de la présente loi, il sera procédé à la liquidation des retraites des gendarmes (sous-officiers, brigadiers et soldats) d'après les dispositions et le tarif suivant (1) qui seront également applicables à la garde républicaine.

Les articles 1er et 2 de l'ordonnance du 20 janvier 1841 sont abrogés.

Sont également abrogés les tarifs des majorations spéciales au corps de la gendarmerie insérés dans la loi du 11 juillet 1839 et les paragraphes 1er et 3 de l'article 20 de la loi du 23 juillet 1881 relatifs aux pensions des gendarmes.

Toutefois, les dispositions de la législation antérieure seront maintenues transitoirement, si les intéressés y ont avantage, en faveur des militaires de la gendarmerie et de la garde républicaine qui, entrés dans l'arme comme titulaires d'un grade avant la promulgation de la loi du 13 juillet 1911, seraient retraités sans avoir obtenu un grade supérieur à celui-ci dans la gendarmerie ou la garde républicaine (2).

Les veuves et les orphelins de ces militaires seront pensionnés d'après le régime appliqué à la liquidation de la pension du mari ou du père (2). (Voir page 59 la loi du 16 décembre 1911).

Le présent article n'est pas applicable aux agents et préposés des douanes et des forêts régis, au point de vue de la pension, par les lois des 26 février 1887, 4 mai 1892 et 13 avril 1898.

. . . .

---

(1) Tarif remplacé par celui annexé à la loi du 9 avril 1914 (voir p. 63).
(2) Nouvelle rédaction. (Loi du 23 décembre 1912, *B. O.*, 1913, p. 1029.)

Extrait de la loi du 30 décembre 1913 sur les pensions.

....

TITRE II.

Pensions militaires.

....

Art. 14. Dans la liquidation des pensions militaires, il est tenu compte de la fraction d'année que ferait apparaître la totalisation des services effectifs et des campagnes, tout mois commencé donnant droit à une douzième d'annuité.

---

§ 2. — Payement des premiers arrérages. Radiation des contrôles.

Décision présidentielle du 27 décembre 1880, fixant la date à partir de laquelle doivent être payés les premiers arrérages des pensions militaires.

RAPPORT AU PRÉSIDENT DE LA RÉPUBLIQUE FRANÇAISE.

Monsieur le Président,

Les règles qui servent à déterminer la date à partir de laquelle les premiers arrérages d'une pension militaire doivent être payés sont un peu compliquées, en raison de la diversité des positions où se trouvent les militaires admis à la retraite, et elles donnent lieu quelquefois à des difficultés lorsqu'il s'agit de fixer le jour où commencent ces allocations.

En effet, l'époque portée dans le décret de concession et sur le titre d'inscription au Trésor indique uniquement le jour présumé de la cessation des services effectifs; mais il peut arriver, par exemple, que l'intéressé continue de servir et de recevoir une solde d'activité. Cependant, le Trésor ne doit pas être tenu de payer la pension cumulativement avec cette solde. Dans le cas où ce double emploi a eu lieu, on est obligé de faire reverser aux pensionnaires les sommes qu'ils ont reçues indûment, et, comme les opérations de l'exercice sont closes la plupart du temps, les reversements amènent une multiplicité d'opérations de comptabilité fâcheuses que M. le Ministre des finances demande d'éviter.

Des dispositions ont été prises à plusieurs époques pour constater la date de départ des arrérages; mais elles ne sont plus toutes en accord avec la position faite aux militaires par les modifications nouvellement apportées aux tarifs de pensions.

En principe, les arrérages ne courent que du jour de la cessation d'activité, cessation portée sur le certificat délivré par le sous-intendant militaire du lieu de la résidence, au moment du premier décompte. Néanmoins, une décision du 23 juin 1834, rendue en conformité d'un avis du Conseil d'Etat, veut que les services de l'officier mis en solde de congé ou de non-activité, en attendant la concession de la pension, n'entrent pas dans la constitution du droit à partir de cette nouvelle position. D'un autre côté, il a été arrêté, à la date du 16 mars 1867, que l'officier en congé ne commencerait à toucher les arrérages que de la date du décret de concession.

La première de ces mesures n'a plus aucune utilité. La liquidation se fait très régulièrement, sans que l'officier ait à fournir des pièces justificatives, et l'on n'a pas à craindre de sa part un retard dans la production de ces documents. Il semble, dès lors, que, pour les officiers qui ne sont pas en activité et présents au corps, le commencement des arrérages peut être fixé uniformément à la date du décret de concession, ce qui éviterait toute indécision. D'ailleurs, si le pensionnaire avait touché une solde se rapportant à une époque ultérieure, cette solde serait peu importante en raison de l'élévation du taux des pensions, et il serait très facile d'opérer le reversement du trop-perçu ou son imputation, par voie de précompte, sur les premiers arrérages.

Quant aux sous-officiers, caporaux et soldats, la pension doit courir du jour de la radiation faite à la suite de la notification au corps par les soins du sous-intendant militaire, lorsque l'homme est présent au corps, envoyé en congé ou libéré provisoirement. C'est seulement en cas de libération définitive à une époque antérieure à la date de la concession que la pension remonte à cette libération.

Cet état de choses est une équitable appréciation de la position des pensionnaires. Toutefois, afin de procéder comme pour les officiers, on pourrait faire partir de la date du décret les pensions des militaires en congé ou libérés provisoirement.

En ce qui concerne les pensions proportionnelles, les militaires entrent en jouissance de la pension du jour de leur renvoi de l'armée effectué au moment où ils atteignent la limite d'âge; mais les militaires commissionnés restent fréquemment à leur corps, et alors l'entrée en possession de la pension court de la radiation à la suite de la notification du décret.

Il semble indispensable de procéder à leur égard comme pour les militaires retraités à titre d'ancienneté.

Enfin, les sous-officiers, caporaux et soldats peuvent se trouver dans des hôpitaux, et le commencement des arrérages est alors reporté à leur sortie de ces établissements (1).

Cette disposition ne saurait être changée, puisque les militaires de troupe sont traités gratuitement et que la retenue est une compensation des dépenses que l'Etat a eu à supporter.

Les mesures que je viens de vous exposer peuvent donc se résumer ainsi qu'il suit :

Pour les officiers, la pension compte (2) du jour de la remise de la lettre de notification de la pension, c'est-à-dire de la radiation des contrôles de l'activité, s'ils sont dans la position de présence et de la date du décret de concession, lorsqu'ils se trouvent en congé ou en non-activité.

Pour les sous-officiers, caporaux et soldats, la pension court de la radiation s'ils sont présents sous les drapeaux, et de la date du décret quand ils se trouvent en congé ou dans leurs foyers par suite de libération provisoire. Ceux d'entre eux qui ont été libérés définitivement à une date antérieure à la concession de la pension reçoivent les arrérages à partir de cette libération.

En ce qui concerne les militaires commissionnés, il y a lieu de faire la même distinction.

Quant aux *sous-officiers, caporaux* et *soldats* en traitement dans les hôpitaux, ils touchent leur pension à partir de la sortie de ces établissements (1).

Rien ne sera changé (2) à la décision présidentielle du 15 juillet 1879 concernant spécialement les officiers généraux de la section de réserve qui ont demandé leur admission à la retraite, ni pour les affaires exceptionnelles, telles que les pensions accordées aux militaires jouissant depuis un certain temps de la gratification de réforme renouvelable. On se conformera au décret de concession, lequel contient toujours, dans ce cas, une date fixe et invariable.

---

(1) Modifié par la décision présidentielle du 14 août 1897 (voir p. 147).
(2) Modifié par la décision présidentielle du 6 avril 1897 (voir p. 146).

Si vous voulez bien approuver les dispositions qui précèdent, j'aurai l'honneur de vous prier de revêtir de votre signature le présent rapport.

Veuillez agréer, etc.

Le Ministre de la guerre,
Signé : FARRE.

APPROUVÉ :

Le Président de la République,
Signé : JULES GRÉVY.

Décret relatif à la fixation de la date de radiation des contrôles des militaires admis à la pension pour infirmités.

Paris, le 23 juin 1916.

Art. 1er. Les militaires en instance de retraite pour infirmités seront rayés des contrôles dans les conditions suivantes :

1° Ceux dont les demandes de pension auront été instruites par des corps de troupe stationnés en France, en Algérie, en Tunisie et au Maroc, trois mois après la date de la décision ministérielle les admettant à solliciter la liquidation de leur pension;

2° Ceux dont les demandes de pension auront été instruites par des corps de troupes stationnés dans les colonies, cinq mois après la date de ladite décision ministérielle.

Art. 2. Les militaires qui, passé ce délai, auront été maintenus au corps en attendant la notification de leur pension, ne pourront compter le temps ainsi passé au corps comme service effectif valable pour la retraite; ils auront droit aux arrérages de leur pension du jour de leur radiation et la solde qu'ils auront perçue depuis cette date sera considérée comme une avance et précomptée sur les premiers arrérages.

Note ministérielle relative aux indications à porter sur les certificats de cessation de paiement délivrés par les fonctionnaires de l'intendance aux militaires admis à la pension de retraite.

Paris, le 29 mai 1889.

Le Ministre est informé que les certificats de cessation de paiement délivrés par les fonctionnaires de l'intendance aux militaires de tous grades admis à la pension de retraite ne contiennent pas toujours toutes les indications nécessaires sur leur situation militaire, au moment de la notification de ladite pension.

La date de l'entrée en jouissance des arrérages de la pension varie suivant cette position. Elle a été déterminée par la décision présidentielle du 15 juillet 1879 (1), pour les officiers généraux et assimilés, et par celle du 27 décembre 1880, pour les officiers, employés militaires et les hommes de troupe.

MM. les fonctionnaires de l'intendance doivent donc se conformer aux prescriptions de ces décisions, pour déterminer la date d'entrée en jouissance des arrérages qu'ils ont à mentionner sur les certificats qu'ils délivrent.

En outre, et pour que ces certificats soient toujours établis d'une manière uniforme, le Ministre décide qu'il sera fait usage, à l'avenir, du modèle annexé à la présente note.

---

(1) Remplacée par la décision présidentielle du 6 avril 1897 (voir p. 146).

CORPS D'ARMÉE

ou

GOUVERNEMENT MILITAIRE

d

SOUS-INTENDANCE MILITAIRE

d

------

(1) Nom et grade du sous-intendant militaire ou du suppléant.

(2) Nom, prénoms, grade ou emploi et corps du militaire pensionné.

(3) Indiquer la somme en toutes lettres.

(4) Indiquer très exactement la position militaire du pensionné (présent au corps; en non-activité; en congé; à l'hôpital (dans ce cas, indiquer la date de la sortie); jouissant d'une gratification de réforme renouvelable; libéré provisoirement le   ou libéré définitivement le   etc.).

Certificat de cessation de payement délivré en vue de constater l'entrée en jouissance des premiers arrérages d'une pension de retraite.

Nous (1)
employé à
Certifions que (2)

admis à une pension de retraite de (3)
par an, par décret du
inséré au *Journal officiel* avec jouissance du
                , qui lui a été notifié
le   , a été payé de la solde et des accessoires de solde jusqu'au   inclus
et qu'il a été rayé des contrôles de l'activité
le
Nous certifions, en outre, qu'au moment où il a reçu notification de sa pension de retraite (2)
était (4)
et qu'il a droit à partir du (5)
aux arrérages de sa pension, lesquels sont (ou ne sont pas) passibles de (ou des) retenues ci-après :

A   , le   19 .

Le Sous-intendant militaire,

Décision présidentielle fixant les règles à suivre pour la radiation des contrôles des officiers retraités à titre d'ancienneté de service.

Paris, le 6 avril 1897.

Rapport au président de la République française.

Monsieur le Président,

Aux termes d'une décision présidentielle du **27 décembre 1880**, fixant le point de départ des pensions militaires, les officiers admis à la retraite sont rayés des contrôles et entrent en jouissance de leurs pensions le lendemain de la notification du décret de concession ou le jour même de ce décret, suivant qu'ils sont ou non en position de présence.

Ces dispositions entraînent dans la pratique de sérieux inconvénients. En effet, en raison de la durée variable des opérations nécessaires pour concéder les pensions, auxquelles prennent part successivement le département de la guerre, celui des finances et le Conseil d'Etat, il est impossible d'observer exactement les règles relatives à la limite d'âge, de prévoir exactement l'époque à laquelle les vacances s'ouvriront, et d'effectuer sans délai les mises à la retraite, lorsque le bien du service l'exige. D'autre part, les intéressés restent jusqu'au dernier moment dans l'incertitude sur le jour où ils seront rendus à la vie civile.

Afin de remédier à cet état de choses, j'ai l'honneur de vous proposer un mode de procéder analogue à celui qu'une décision du 11 octobre 1886 a adopté, pour les mêmes motifs, à l'égard du personnel de la marine.

La radiation des contrôles et, par conséquent, l'entrée en jouissance des pensions, seraient fixées ainsi qu'il suit :

« Les officiers et assimilés admis à faire valoir leurs droits à la retraite sont rayés des contrôles, savoir :

« 1º Par application de la limite d'âge, à compter du jour où ils atteignent cette limite, à moins que les nécessités du service n'exigent leur maintien temporaire en activité, en vertu d'une décision spéciale ;

« 2º A titre d'ancienneté, sur la demande des intéressés ou d'office pour toute autre cause que celle de la limite d'âge, au jour fixé par la décision, présidentielle ou ministérielle suivant le cas, qui les admet à faire valoir leurs droits à la retraite. Cette règle est applicable aux officiers retraités dans les conditions de l'article 2 de la loi du 25 juin 1861 ;

« 3° A titre de blessures ou d'infirmités, le lendemain de la notification de la pension, lorsque les intéressés sont en activité, et le jour du décret de concession, lorsqu'ils sont en non-activité, en congé ou en permission. »

Ce dernier paragraphe conserverait la réglementation actuelle en faveur d'une catégorie peu nombreuse d'officiers qu'on ne saurait rayer des contrôles à une date fixée par avance, leurs droits restant incertains jusqu'au moment où l'examen de leur situation est définitivement terminé par les diverses autorités auxquelles cet examen incombe et où la pension de retraite leur est définitivement accordée.

Enfin, pour ne pas modifier le décompte des pensions actuellement en cours de liquidation, les nouvelles dispositions dont il s'agit ne s'appliqueraient qu'aux officiers dont la retraite sera concédée après le 31 mai 1897.

Si vous approuvez ces propositions, j'ai l'honneur de vous prier de revêtir de votre signature le présent rapport.

Veuillez agréer, etc.

Le Ministre de la guerre,
BILLOT.

APPROUVÉ :
Le Président de la République,
FÉLIX FAURE.

Décision présidentielle relative à la date d'entrée en jouissance des pensions concédées aux militaires en traitement dans les hôpitaux.

Paris, le 14 août 1897.

RAPPORT AU PRÉSIDENT DE LA RÉPUBLIQUE FRANÇAISE

Monsieur le Président,

Aux termes d'une décision présidentielle du 27 décembre 1880, les sous-officiers, caporaux et soldats admis à une pension pendant qu'ils se trouvent en traitement dans les hôpitaux, n'en touchent les arrérages qu'à partir de leur sortie de ces établissements comme compensation des dépenses que l'État a eu à supporter pour les soins à leur donner. Cette disposition était justifiée et bienveillante quand le tarif des pensions était moins rémunérateur; mais ce tarif ayant depuis été augmenté, il s'ensuit que certains militaires, des plus dignes d'intérêt puisqu'ils sont devenus infirmes au service, perdent une partie des arrérages de pension auxquels ils devraient pouvoir légitimement prétendre.

Il m'a semblé dès lors qu'il serait équitable de modifier la décision du 27 décembre 1880, de façon que tous les militaires admis à une pension pendant qu'ils se trouvent en traitement dans les hôpitaux aient droit aux arrérages à partir de la date du décret de concession ou à partir de la date d'expiration de l'acte qui les liait au service actif, si cet acte a pris fin avant la signature du décret.

Pour la période postérieure à l'entrée en jouissance des arrérages. ils seraient traités comme le prescrit le règlement sur le service de santé à l'égard des militaires titulaires d'une pension.

Si vous approuvez cette proposition, j'ai l'honneur de vous prier de vouloir bien revêtir de votre signature le présent rapport.

Veuillez agréer, etc.

Le Ministre de la guerre,
Billot.

Approuvé :

Le Président de la République,
FÉLIX FAURE.

Circulaire relative aux certificats de cessation de payement à délivrer pour les premiers arrérages des pensions des troupes coloniales.

Paris, le 24 juin 1902.

Le Ministre a été consulté sur la question de savoir dans quelle forme doit être établi le certificat de cessation de payement exigé pour les premiers arrérages des pensions concédées à des militaires des troupes coloniales.

Ces militaires se trouvant aujourd'hui complètement régis, en ce qui concerne les pensions, par les règlements applicables aux militaires des troupes métropolitaines, il s'ensuit que, pour les uns comme pour les autres, les pensions ne peuvent être mises en payement que sur la production du certificat que le sous-intendant militaire de la résidence délivre, dans les conditions déterminées par la note du 29 mai 1889, sur le vu du certificat provisoire établi par le chef de corps ou de service.

Les bordereaux d'envoi de titres de pensions par les sous-intendants militaires porteront à l'avenir une mention faisant connaître aux intéressés qu'ils ont à adresser à ces fonctionnaires le certificat de cessation de payement qu'ils ont reçu de leurs corps, pour recevoir en échange celui qu'ils doivent présenter aux agents du Trésor.

Décision présidentielle relative à la radiation des contrôles des militaires en instance de retraite.

(Direction du Contentieux et de la Justice militaire; Bureau des Pensions et Gratifications de réforme.)

Paris, le 13 avril 1911.

Rapport au Président de la République française.

Monsieur le Président,

Aux termes d'une décision présidentielle en date du 17 février 1903, les militaires rengagés ou commissionnés doivent être rayés des contrôles lorsqu'ils quittent le corps étant en instance de retraite. Or, le Conseil d'Etat, statuant au contentieux, a décidé que ces militaires sont en droit de compter pour la pension le temps qu'ils passent en congé régulier.

Afin d'éviter toute contestation dans l'application de cette jurisprudence avantageuse aux intéressés, il semble qu'il conviendrait d'abroger la décision du 17 février 1903.

Si vous approuvez cette manière de voir, j'ai l'honneur de vous prier de vouloir bien revêtir le présent rapport de votre signature.

Veuillez agréer, Monsieur le Président, l'hommage de mon respectueux dévouement.

Le Ministre de la guerre,
Maurice Berteaux.

Approuvé :
Le Président de la République,
A. FALLIÈRES.

§ 3. — Cumul des pensions.

Extrait de la loi de finances du 15 mai 1818.

. . . .

TITRE IV.

Dispositions sur les pensions.

Art. 14. Tout pensionnaire sera tenu de déclarer, dans son certificat de vie, qu'il ne jouit d'aucun traitement, sous quelque dénomination que ce soit, ni d'aucune autre pension ou solde de retraite, soit à la charge de l'Etat, soit sur les fonds de la caisse des invalides de la guerre ou de celle de la marine, sauf les cas d'exceptions déterminées par les articles qui précèdent (1), et par l'article 27 de la loi du 25 mars 1817, relatif aux pensions de retraite pour services militaires.

Art. 15. Ceux qui, par de fausses déclarations, ou de quelque manière que ce soit, auraient usurpé plusieurs pensions ou un traitement avec une pension, seront rayés de la liste des pensionnaires. Ils seront en outre poursuivis en restitution des sommes indûment perçues.

Loi relative au cumul de la solde militaire avec les traitements ou les pensions de retraite, pour les militaires de la réserve ou de l'armée territoriale appelés, en temps de paix, à des exercices ou manœuvres.

Versailles, le 1er juin 1878.

Le Sénat et la Chambre des députés ont adopté,
Le Président de la République promulgue la loi dont la teneur suit :

---

(1) Devenus sans objet.

Art. 1er. Les militaires de la réserve et de l'armée territoriale, autres que ceux mentionnés à l'article 53 de la loi du 13 mars 1875, cumuleront, en temps de paix, les traitements ou pensions dont ils jouissent avec la solde et les prestations qui leur sont attribuées pendant les exercices ou manœuvres auxquels ils sont convoqués.

Art. 2. Le temps passé sous les drapeaux, dans les conditions prévues à l'article précédent, n'entre pas dans la supputation des services militaires donnant droit à pension.

Toutefois, les dispositions du titre II de la loi du 11 avril 1831, sur les pensions militaires, restent toujours applicables aux militaires de la réserve et de l'armée territoriale.

La présente loi, délibérée et adoptée par le Sénat et par la Chambre des députés, sera exécutée comme loi de l'État.

Fait à Versailles, le 1er juin 1878.

Extrait de la loi de finances du 26 décembre 1890.

Art. 31. Les pensions militaires concédées à des officiers ou assimilés à partir du 1er janvier 1891 ne pourront se cumuler avec un traitement civil payé par l'Etat, les départements, les communes ou les établissements publics, que dans le cas où le total du traitement civil et de la pension militaire serait inférieur au montant de la solde, sans les accessoires, dont jouissait le titulaire au moment de son admission à la retraite (1).

Lorsque ce total dépassera le montant de la solde, il y sera ramené par la suspension d'une partie de la pension.

Lorsque le traitement civil sera égal ou supérieur au montant de la solde, la pension sera complètement suspendue tant que le titulaire jouira de ce traitement.

Seront considérés comme traitements les indemnités ou salaires alloués aux officiers ou assimilés retraités et employés à titre

---

(1) Le maximum du cumul autorisé a été porté à 6.000 francs, par la loi du 31 décembre 1897 (voir p. 154).

d'auxiliaires permanents par l'Etat; les départements, les communes ou les établissements publics.

Les traitements afférents à des fonctions civiles rétribuées par des remises variables seront déterminés par arrêté ministériel.

Toutefois, les prescriptions du présent article ne seront pas applicables aux pensions militaires qui seront concédées à des officiers ou assimilés retraités pour blessures ou infirmités équivalant à la perte d'un membre et contractées dans le service.

Les prescriptions sur le cumul édictées par les lois antérieures sont maintenues en tant qu'elles ne sont pas contraires aux dispositions ci-dessus.

Note ministérielle relative à l'application de l'article 31 de la loi de finances du 26 décembre 1890 au sujet du cumul des pensions avec un traitement ou une indemnité sur les fonds de l'Etat, des départements, des communes ou des établissements publics.

Paris, le 16 avril 1891.

Aux termes de l'article 31 de la loi du 26 décembre 1890, portant fixation du budget général des dépenses et des recettes de l'exercice 1891, les pensions militaires concédées à des officiers ou assimilés, à partir du 1er janvier 1891, ne peuvent se cumuler avec un traitement civil payé par l'Etat, les départements, les communes ou les établissements publics que dans le cas où le total du traitement civil serait inférieur ou égal au montant de la solde, sans les accessoires, dont jouissait le titulaire au moment de son admission à la retraite.

Afin d'assurer l'exécution de cette loi, M. le Ministre des finances a demandé que la dernière solde d'activité dont jouissai l'officier au jour de sa mise à la retraite fût inscrite sur le titre de pension par les soins de son administration et avant la délivrance desdits titres aux intéressés.

Les renseignements nécessaires lui seront fournis à cet effet par l'administration de la guerre. Mais pour remplir toutes les conditions d'exactitude désirables, lesdits renseignements doivent émaner soit des fonctionnaires de l'intendance locaux, s'il s'agit d'officiers sans troupe, soit des corps de troupe, s'il s'agit d'officiers de ces corps. Dans ce but, le Ministère de la guerre (service intérieur) adressera en temps utile, et chaque fois que cela sera nécessaire, au général commandant le corps d'armée, un état indiquant les noms, grades, corps ou services des officiers admis à faire valoir leurs droits à la retraite et les fonctionnaires de l'intendance, ou les corps, suivant le cas, n'auront qu'à indiquer dans la colonne à ce réservée le montant du dernier traitement dont jouissait le pensionnaire. Cet état sera renvoyé sans délai à l'administration centrale (Service intérieur, Bureau des pensions).

Pour éviter toute erreur dans les renseignements à fournir, il conviendra de se conformer strictement aux observations ci-après, savoir :

1º La solde d'activité sans accessoires dont jouissait l'officier au moment de la radiation des contrôles (solde qui doit être inscrite) est la solde annuelle budgétaire sans les indemnités de monture, de fonctions, de résidence, en rassemblement, de frais de service, etc.

2º Pour les officiers qui se trouveront en congé, en permission, etc., à l'époque de leur mise à la retraite, il y aura lieu d'indiquer la solde budgétaire d'activité sans accessoires, dont ils étaient en possession avant leur départ en congé, en permission, etc. Toutefois, pour ceux dont la solde se trouverait avoir changé pendant l'absence (solde d'ancienneté par exemple), la solde à indiquer sera celle d'activité correspondante.

3º Pour les officiers en non-activité (lieutenants ou catégories de grades correspondantes), il y aura lieu également de tenir compte si, auparavant, ces officiers étaient dans la première ou la deuxième moitié de la liste d'ancienneté (1).

4º Les officiers admis à la retraite qui seraient encore, à titre transitoire, en possession des soldes fixées antérieurement au décret du 4 janvier 1889 sur l'unification des soldes, devront être compris sur l'état précité pour le montant de cette solde budgétaire transitoire, mais toujours sans les accessoires.

5º En ce qui concerne les déclarations à faire au moment de l'établissement des certificats de vie par les notaires, les officiers

---

(1) Voir la loi du 13 juillet 1911, page 138.

en retraite depuis le 1ᵉʳ janvier 1891 auront à indiquer le montant des traitements, salaires ou indemnités qu'ils reçoivent sur les fonds de l'Etat, des départements, des communes ou des établissements publics. Ces déclarations devront être justifiées par une lettre de service, une commission ou un certificat administratif mentionnant la nature de l'emploi, le traitement et la date d'entrée en jouissance, dont la production sera réclamée par les comptables du Trésor. Toutefois, dans ces déclarations ne devront pas être comprises les indemnités pour résidence ou en rassemblement attribuées, conformément à l'article 10, tableau 1, position 16, et à l'article 14, tableau 2, n° 8 du décret du 29 mai 1890 (1), sur le service de la solde, attendu qu'elles constituent un avantage répondant à un besoin tout spécial et, par conséquent, distinct du traitement lui-même ou de l'indemnité de fonction.

Loi concernant le cumul des pensions concédées à des officiers et assimilés avec des traitements civils.

Paris, le 31 décembre 1897.

Le Sénat et la Chambre des députés ont adopté,

Le Président de la République promulgue la loi dont la teneur suit :

Article unique. L'article 31 de la loi du 26 décembre 1890, concernant le cumul des pensions militaires concédées depuis le 1ᵉʳ janvier 1891 à des officiers et assimilés avec des traitements civils payés par l'Etat, les départements, les communes ou les établissements publics, ne sera désormais applicable que dans le cas où le montant du traitement civil et de la pension dépassera la somme de six mille francs (6.000 fr.), ou la dernière solde d'activité si elle est supérieure à ce chiffre.

---

(1) Remplacé par le décret du 10 janvier 1912. Vol. 88 : à ces indemnités ont été substituées : Indemnités de séjour temporaire, pour cherté de la vie, pour charges de famille.

Lorsque le montant dépassera ce maximum, il y sera ramené par la suspension d'une partie de la pension.

Lorsque le traitement civil sera égal ou supérieur au maximum fixé par le premier paragraphe, la totalité de la pension sera suspendue tant que le titulaire jouira de ce traitement.

Les officiers occupant des emplois civils et dont la pension est actuellement suspendue bénéficieront de la présente loi.

La présente loi, délibérée et adoptée par le Sénat et par la Chambre des députés, sera exécutée comme loi de l'Etat.

Fait à Paris, le 31 décembre 1897.

FÉLIX FAURE.

Par le Président de la République :
Le Ministre des finances,
Georges COCHERY.

Circulaire relative aux mesures à prendre en vue de mettre en garde contre les inconvénients du cumul les anciens militaires, titulaires de pensions militaires à la liquidation desquelles sont intervenus des services civils qui sollicitent un emploi civil de casernier ou de concierge des hôtels des quartiers généraux.

Paris, le 30 janvier 1905.

Il arrive que d'anciens militaires, titulaires de pensions militaires à la liquidation desquelles sont intervenus des services civils, se mettent en instance pour obtenir l'emploi civil de casernier du génie. Ils l'obtiennent et cumulent le traitement de l'emploi avec la pension jusqu'à ce que le Département des finances découvre le cumul, les mette en demeure de reverser le montant des sommes qu'ils ont touchées en contravention de l'article 27 de la loi du 11 avril 1831 sur les pensions de l'armée de terre, article qui est ainsi conçu :

« Les pensions militaires dans la fixation desquelles il sera fait application de l'article 4 de la présente loi ne pourront, en aucun cas, être cumulées avec un traitement civil d'activité. »

Bien que le titre d'une pension militaire, liquidée comme il vient d'être dit, soit frappé de la mention « non cumulable avec un traitement civil d'activité », les agents retraités dans ces conditions sont souvent de très bonne foi en croyant que le casernier, qui jouit de certaines prérogatives généralement réservées à l'armée, est un employé militaire, et l'obligation qui leur est ensuite imposée, après un plus ou moins long temps d'exercice de leurs fonctions rétribuées à 600 francs, de reverser le montant d'une ou plusieurs années de ce traitement, est pour eux une véritable catastrophe.

C'est pourquoi le Ministre de la guerre croit devoir appeler sur ce point l'attention des autorités militaires chargées d'instruire les demandes d'emplois civils dépendant du Département de la guerre, et de leur recommander de se faire représenter les titres de pension des candidats, afin de pouvoir, le cas échéant, les mettre en garde contre les répétitions auxquelles ils s'exposeraient en contrevenant à la mention d'interdiction de cumul.

Extrait de la loi du 30 décembre 1913 sur les pensions.

Art. 37. Les titulaires de pensions civiles ou militaires nommés à un emploi civil rétribué, soit par l'Etat, soit par les départements, colonies ou pays de protectorat, communes ou établissements publics, ne peuvent cumuler leur pension (y compris, le cas échéant, les suppléments, allocations ou compléments créés par des lois spéciales) avec le traitement attaché à cet emploi qu'autant que le total n'excédera pas 6.000 francs ou, s'il était supérieur à ce chiffre, le montant de leur dernier traitement d'activité sans les accessoires. Au cas où cette limite serait dépassée, l'excédent sera retenu sur la pension.

Pour l'application du présent article, seront considérées comme traitement les sommes allouées, sous quelque dénomination que ce soit, à raison de services rémunérés au mois ou à l'année. Toutefois, il ne sera pas fait état de celles qui sont attribuées à titre de supplément colonial, ni de celles ayant le caractère d'un remboursement de dépenses.

Les traitements afférents à des fonctions rétribuées par des remises variables sont déterminés par décret.

Les dispositions restrictives du cumul ne sont pas applicables :

1° Aux membres de l'Institut et du bureau des longitudes;

2° Aux membres de l'ordre national de la Légion d'honneur et aux médaillés militaires pour les traitements viagers qu'ils reçoivent en cette qualité;

3° Aux titulaires de pensions militaires proportionnelles ou de pensions militaires pour blessures ou infirmités équivalant à la perte de l'usage d'un membre.

En ce qui touche les pensionnaires civils, la faculté de cumul prévue au premier alinéa emporte affranchissement des retenues, mais fait obstacle à l'acquisition de nouveaux droits à la retraite. La renonciation à cette faculté de cumul en vue de l'acquisition de nouveaux droits à pension devra être expresse et faite dans les huit jours de la notification aux intéressés de leur remise en activité.

Sont abrogées toutes les dispositions contraires à celles du présent article. Toutefois, les règles actuellement en vigueur continueront d'être observées, transitoirement, à l'égard de ceux des fonctionnaires en exercice lors de la promulgation de la présente loi qui auront, dans un délai de huit jours à compter de ladite promulgation, souscrit, à cet effet, une déclaration expresse.

Art. 38. Les indemnités allouées aux retraités militaires, à raison de l'exercice de fonctions militaires, sont cumulables avec la pension dans les limites fixées à l'article précédent, mais les services qu'elles rémunèrent ne peuvent, en aucun cas, ouvrir de nouveaux droits à la retraite.

Art. 39. A partir de la promulgation de la présente loi, les pensions des fonctionnaires des services civils de l'Indo-Chine encore placés sous le régime des lois des 18 avril 1831 et 5 août 1879, ainsi que les pensions des veuves ou orphelins de ces fonctionnaires seront, s'il y a lieu, l'objet d'une majoration destinée à les porter au même chiffre que si elles avaient été liquidées conformément au règlement de la caisse locale de retraites.

Art. 40. Le cumul de plusieurs pensions servies à leurs anciens agents par l'Etat, les départements, les colonies ou pays de protectorat, les communes ou établissements publics, est autorisé dans la limite de 6.000 francs. Au cas où cette limite serait dépassée, l'excédent sera retenu sur la pension servie par l'Etat.

Toutefois, le cumul est interdit pour les pensions acquises dans l'éxercice d'un même emploi. A titre transitoire, cette disposition ne sera pas opposable aux préposés en chef d'octroi déjà retraités, ni à ceux en fonctions lors de la promulgation de la présente loi. qui ont acquis ou acquièrent actuellement des droits à pension sur d'autres fonds que ceux de l'Etat.

Les dispositions qui précèdent ne sont pas applicables aux pensions que des lois spéciales ont affranchies de prohibition du cumul, ni aux pensions militaires pour blessures ou infirmités équivalant au moins à la perte de l'usage d'un membre.

L'article 11 de la loi du 5 août 1879 est abrogé. Les pensions qui avaient été suspendues en exécution de cette disposition seront remises en payement à partir de la première échéance trimestrielle qui suivra la promulgation de la présente loi.

§ 4. — Payement d'avances sur les pensions en cours de liquidation.

Instruction pour le payement d'avances
sur les pensions militaires en cours de liquidation (1).

Paris, le 27 février 1902.

Art. 1er. Des avances sur les pensions militaires en cours de liquidation peuvent être accordées, si la situation des intéressés le comporte, lorsque le projet de liquidation a été approuvé par le Ministre des finances et le Conseil d'Etat.

En aucun cas, l'avance ne peut être supérieure aux deux tiers du montant des arrérages de pension qui auraient pu être perçus à la date de la dernière échéance trimestrielle de

---

(1) Les chefs de corps ou de service sont invités à faire connaître aux militaires de tous grades les dispositions des articles 1er et 2 (circulaire du 24 août 1903, B. O., p. 1271) (voir p. 166 et 167 le décret du 11 janvier et l'instruction du 15 mars 1917).

payement (1ᵉʳ mars, 1ᵉʳ juin, 1ᵉʳ septembre, 1ᵉʳ décembre), si la concession de la pension avait été faite avant cette date sur la base du projet de liquidation.

La somme payée à titre d'avance est précomptée sur les premiers arrérages de la pension.

Art. 2. Pour obtenir une avance sur une pension en cours de liquidation à son profit, le militaire ou la veuve de militaire en fait la demande au Ministre de la guerre, par lettre motivée, en indiquant exactement son adresse définitive et en souscrivant l'engagement formel de rembourser la somme reçue comme avance aussitôt après la remise du titre de pension.

Pour les veuves de militaires morts aux colonies ou pendant le cours d'événements de guerre, la demande est accompagnée d'un certificat du sous-intendant militaire de la résidence constatant que la postulante n'est redevable d'aucune somme payée en trop à titre de délégation, et qu'elle a renoncé au bénéfice de l'article 19 du règlement du 29 mai 1890 sur le service de la solde.

Les militaires sont tenus, dans tous les cas, de produire à l'appui de leur demande le certificat de cessation de payement délivré par le conseil d'administration du corps ou par le chef du service auquel ils ont appartenu en dernier lieu.

Art. 3. L'ordonnancement des avances sur pensions se fait comme en matière de secours; chaque mandat est appuyé d'un extrait de la décision ministérielle autorisant le payement.

A la réception de la lettre ministérielle accordant l'avance, le sous-intendant militaire chargé du service des pensions dans le département de la résidence élue par l'intéressé inscrit l'avance sur un registre d'un modèle uniforme (modèle n° 1 annexé à la présente instruction), en réservant une page différente pour chaque chapitre d'imputation (chapitre 54, §§ 3 et 4, et chapitre 95, § 2, selon l'indication fournie par la lettre ministérielle). Il émet ensuite un mandat du montant de l'avance accordée sur les crédits délégués au titre du chapitre visé comme il est dit ci-dessus, et, après le visa réglementaire, fait parvenir ce mandat à l'ayant droit dans le plus bref délai possible.

Le sous-intendant militaire conserve le certificat de cessation de payement qui, pour les militaires, lui est envoyé en même temps que la lettre notifiant la concession de l'avance, ce certificat lui étant nécessaire pour l'établissement de celui qu'il aura à délivrer en vue du payement des premiers arrérages de la pension.

Si, pour une cause quelconque, le mandat d'avance ne peut pas être remis à l'ayant droit ou à son mandataire dûment autorisé, ce mandat est immédiatement annulé et il est rendu compte au Ministre. Aucun mandatement nouveau n'est effectué sans ordre.

Aucun mandat pour avance n'est émis après le 31 décembre sur les crédits de l'exercice en cours à cette date.

Art. 4. Le remboursement de l'avance s'opère, lors du premier payement des arrégages de la pension, au moyen d'un reversement au Trésor sur l'ordre établi en conformité de l'article 183 du règlement du 3 avril 1869.

Afin d'éviter toute omission, le sous-intendant militaire doit :

1° Mentionner à l'encre rouge, d'une manière très apparente, sur l'ordre de reversement, que « la somme de   à recouvrer en vertu du présent titre *est à précompter sur les premiers arrérages de la pension militaire de la guerre (ou de veuves de militaires ou d'orphelins, etc.), n°   de fr.   , assignée payable dans le département de   , suivant mandat n°   , délivré le   » ;

2° Pour les militaires — sur le certificat de cessation de payement qu'il délivre et qui est indispensable au pensionnaire pour percevoir les premiers arrérages de sa pension, mentionner le montant de l'avance qui a été accordée et qui doit être précomptée ;

3° Pour les veuves ou orphelins — fournir au trésorier général, *en même temps que l'ordre de reversement*, un certificat (modèle n° 2) indiquant le montant de la retenue à opérer pour remboursement.

Le récépissé constatant le reversement est transmis *immédiatement* au Ministre (Bureau des Pensions) par le sous-intendant militaire, avec un duplicata de l'ordre de reversement.

Cette dernière pièce rappelle toujours avec soin le département où le mandat d'avance a été émis, ainsi que le numéro, la date et le montant de ce mandat.

Art. 5. Dans le cas de décès du bénéficiaire d'une avance avant le payement des premiers arrérages de la pension, le sous-intendant militaire met les héritiers en demeure de percevoir les arrérages échus et de rembourser la somme payée comme avance, et, s'ils refusent, en rend compte au Ministre qui décide des mesures à prendre.

Art. 6. En cas de changement de résidence du pensionnaire pour un autre département, après allocation d'une avance, le sous-intendant militaire transmet directement le certificat définitif d'inscription de la pension avec l'ordre de reversement au sous-intendant militaire du nouveau domicile, et ce fonctionnaire opère comme il est dit à l'article 4, en donnant avis du remboursement, dans le plus bref délai possible, à l'ordonnateur qui a émis le mandat d'avance, afin que celui-ci puisse l'inscrire sur son registre.

Si la résidence a été transférée aux colonies ou à l'étranger, ou si le nouveau domicile n'est pas connu, le titre de pension est renvoyé au Ministre (Bureau des Pensions) avec les renseignements qui doivent figurer sur l'ordre de reversement. L'inscription du remboursement au registre est faite sur avis donné par l'administration centrale.

Art. 7. Sur les bordereaux n° 177 que les directeurs de l'intendance établissent chaque mois au titre des chapitres 54, §§ 3 et 4, et 95, § 2, les mandats émis pour avances sont mentionnés à part sous la rubrique : « Avances sur pensions ».

La dépense est récapitulée par département, à la dernière page du bordereau, en observant la distinction entre : « *Dépenses des mois antérieurs, compte tenu des annulations* » et « *Dépenses du mois courant* ».

Art. 8. Dans les quinze premiers jours du mois qui suit chaque trimestre, un « *Relevé des mandats émis pour avances sur pensions* » est envoyé, même à l'état néant, au Ministre (Bureau des Pensions).

Ce relevé est établi par département, selon l'ordre alphabétique des parties, en simple expédition, mais distinct par chapitre d'imputation, et conforme au modèle n° 3.

Art. 9. Les avances accordées en exécution de la présente instruction sont liquidées, *en fin d'exercice*, par les fonctionnaires de l'Intendance qui, à cet effet, établissent respectivement des états de liquidation (formule n° 501 de la nomenclature des imprimés) et des rapports de liquidation (formule n° 502).

Une liquidation spéciale, *en double expédition*, est fournie pour les avances qui n'ont pas encore été remboursées.

Ces états et rapports de liquidation sont envoyés au Ministre (Bureau des Pensions) dans la première quinzaine du mois de février de la deuxième année de l'exercice.

Art. 10. Toutes les dispositions de la présente instruction relatives aux veuves sont applicables aux orphelins.

La demande d'avance, établie dans la forme déterminée à l'article 2 ci-dessus, est faite par le tuteur si l'orphelin n'est pas majeur ou émancipé.

Art. 11. Il n'est rien changé aux dispositions du règlement sur le service de la solde relatives aux avances sur les soldes ou pensions de réforme, et aux avances autorisées en faveur des veuves pour qui des délégations ont été consenties.

Art. 12. La présente instruction remplace, en ce qui concerne les troupes coloniales, la circulaire du Ministre de la marine en date du 9 mai 1887.

Avances sur pensions allouées aux veuves et orphelins délégataires.

(Décret du 24 novembre 1914 et circulaire du 23 avril 1915. vol. 88)

Modèle N° 1.

REGISTRE des avances sur pensions.

Département D

NOM ET PRÉNOMS.	DOMICILE.	DATE de la DÉCISION.	MANDAT.			DATE du REMBOURSEMENT.	OBSERVATIONS.
			NUMÉRO.	DATE.	MONTANT.		

MODÈLE Nº 2.

PENSIONS
MILITAIRES DE LA GUERRE.

CERTIFICAT DE RETENUE.

Le sous-intendant militaire soussigné certifie que, sur la pension nº   de
francs concédée à
par décret du   , il y a lieu
de précompter la somme de
          payée à titre d'avance remboursable suivant mandat nº   du

CERTIFIÉ :

le   19 .

e CORPS D'ARMÉE

Modèle n° 3.

DÉPARTEMENT

d

EXERCICE 19 .

e Trimestre 19 .   CHAPITRE   , §

RELEVÉ des mandats émis pour avances sur pensions.

NUMÉRO D'ORDRE.	NOM ET PRÉNOMS.	DOMICILE.	MANDAT.			OBSER-VATIONS.
			NUMÉRO.	DATE.	MONTANT.	

Décret instituant des avances mensuelles sur pensions en faveur des militaires admis à faire valoir leurs droits à une pension de retraite pour ancienneté.

Paris, le 11 janvier 1917.

Art. 1er. Les officiers supérieurs ou subalternes et assimilés, admis à faire valoir leurs droits à la retraite pour ancienneté, peuvent demander, en attendant le règlement définitif, des avances temporaires égales aux deux tiers du minimum de la pension afférente au grade sur lequel la liquidation doit être effectuée.

Les militaires non officiers admis à faire valoir leurs droits à la retraite ou à la pension proportionnelle sont également admis à demander, à dater de leur radiation des contrôles, et dans les mêmes conditions, une allocation temporaire fixée aux deux tiers du minimum de la pension afférente au grade sur lequel la liquidation doit être effectuée.

Ces avances ne peuvent être mandatées par les sous-intendants militaires que sur production d'un avis de liquidation délivré aux intéressés par le Ministre de la guerre.

Les payements ont lieu mensuellement et par douzièmes et le montant des avances susvisées est précompté sur les arrérages de la pension à laquelle les intéressés auront été reconnus avoir droit.

Art. 2. Ces avances seront payées sur un chapitre spécial inscrit au budget de la guerre sous le titre : « Avances remboursables aux officiers supérieurs ou subalternes et assimilés, ainsi qu'aux militaires non officiers en instance de pension ».

Toutefois, pour les militaires indigènes des troupes coloniales, elles seront imputées à un chapitre spécial ouvert au budget colonial sous la même rubrique (1).

---

(1) Paragraphe ajouté. (Décret du 17 juin 1917, *B. O.*, p. 2399.)

Instruction pour le payement d'avances remboursables aux officiers supérieurs ou subalternes et assimilés, ainsi qu'aux militaires non officiers en instance de pension pour ancienneté.

Paris, le 15 mars 1917.

Art. 1er. Aux termes du décret du 11 janvier 1917, les officiers supérieurs ou subalternes et assimilés, ainsi que les militaires non officiers admis à faire valoir leurs droits à la retraite pour ancienneté ou à la pension proportionnelle, ont la faculté de demander des avances mensuelles en attendant la remise de leur titre de pension.

En aucun cas, les avances ne peuvent être supérieures aux deux tiers du minimum de la pension afférente au grade sur lequel la liquidation doit être effectuée.

Les sommes payées à titre d'avances sont précomptées sur les premiers arrérages de la pension.

Art. 2. Pour obtenir des avances mensuelles sur une pension en cours de liquidation à son profit, l'ayant droit en fait la demande au Ministre de la guerre (Service général des Pensions) en indiquant exactement son adresse.

Art. 3. L'ordonnancement des mensualités d'avances est effectué par le sous-intendant militaire chargé, dans chaque département, du service des pensions, et sur la production par l'intéressé d'un avis de liquidation directement émané du ministère de la guerre (Service général des Pensions).

Cet ordonnancement s'opère comme en matière de gratification de réforme; le premier payement est appuyé d'un extrait de la décision ministérielle autorisant la concession des avances mensuelles, et pour les payements subséquents il suffit de rappeler le mandat antérieur auquel l'extrait de décision a été joint.

Art. 4. A la réception de la lettre ministérielle autorisant la concession des avances dont il s'agit le sous-intendant militaire inscrit l'intéressé sur un registre d'un modèle uniforme (modèle annexé à la présente instruction) et procède ensuite à l'émission d'un mandat du montant de l'avance mensuelle autorisée, sur les crédits délégués au titre du chapitre intitulé « Avances remboursables aux officiers supérieurs ou subalternes et assimilés ainsi qu'aux militaires non officiers en instance de pension ».

Les mandats délivrés aux intéressés sont mentionnés, dans les cases réservées à cet effet, sur l'autorisation provisoire de payment d'arrérages établie au ministère de la guerre et transmise à l'appui de la lettre ministérielle susvisée pour être remise au titulaire.

Aucun mandat pour avances n'est émis après le 31 décembre sur les crédits de l'exercice en cours à cette date.

Art. 5. Toutes les fois qu'un titulaire d'avances sur pension transfère son domicile d'un département dans un autre, il est tenu de soumettre l'autorisation provisoire dont il est détenteur au visa des sous-intendants militaires préposés à l'ordonnancement des provisions sur pensions dans le département qu'il quitte et dans celui où il se rend. Le premier de ces fonctionnaires opère la radiation de l'intéressé sur le registre des titulaires d'avances résidant dans son département et le second l'inscrit sur le registre tenu dans sa circonscription administrative.

Art. 6. Dans le cas de décès du bénéficiaire d'avances mensuelles avant le payement des premiers arrérages de la pension le sous-intendant militaire met les héritiers en demeure de percevoir les arrérages échus et de rembourser les sommes payées comme avances, et, s'ils refusent, en rend compte au Ministre qui décide des mesures à prendre.

Art. 7. Le remboursement des avances s'effectue, lors du premier payement des arrérages de la pension, au moyen d'un reversement au Trésor, sur l'ordre établi en conformité de l'article 183 du règlement du 3 avril 1869.

Le récépissé constatant le reversement est transmis immédiatement au Ministre (Service général des Pensions) par le sous-intendant militaire qui a effectué la remise du titre de pension avec un duplicata de l'ordre de reversement, lequel doit toujours rappeler avec soin le ou les départements où les mandats d'avances ont été émis, ainsi que le numéro, la date et le montant de ces mandats (ces renseignements figurent au verso de l'autorisation provisoire de payement que le sous-intendant militaire doit retirer à l'intéressé lorsqu'il est en mesure d'opérer la remise du certificat d'inscription de pension. Ladite autorisation est ensuite adressée au service général des pensions à l'appui du récépissé de versement au Trésor).

Art. 8. Le 5 de chaque mois, au plus tard, les directeurs de l'intendance adressent au Ministre (Service général des Pensions) un bordereau (modèle 177 de la nomenclature générale) des mandats émis pour avances pendant le mois précédent. Ce bordereau, pour éviter l'envoi au Ministre de relevés nominatifs spéciaux des bénéficiaires d'avances, désigne nominativement (noms, prénoms et grades) les parties prenantes avec l'indication des numéro, date et montant de chaque mandat.

Art. 9. Les avances accordées en exécution du décret du 11 janvier 1917 sont liquidées, en fin d'exercice, par les fonctionnaires de l'intendance qui, à cet effet, établissent respectivement des états de liquidation (formule 501 de la nomenclature des imprimés) et des rapports de liquidation (formule 502).

Une liquidation spéciale, en double expédition, est fournie pour les avances qui n'auraient pas été remboursées.

Ces états et rapports de liquidation sont envoyés au Ministre (Service général des Pensions) dans la première quinzaine du mois d'avril de la deuxième année de l'exercice.

REGISTRE DES AVANCES SUR PENSIONS.

Département d

N° au Contrôle Général.	NOMS et PRÉNOMS.	DOMICILE	DATE de la DÉCISION.	MANDAT			DATE de REMBOURSE-MENT.	OBSERVA-TIONS.
				N°.	DATE.	MONTANT.		

NOTA. — Entre chaque nom, réserver un espace suffisant pour l'inscription de cinq mensualités environ.

*Loi relative à l'interdiction des prêts sur pension et à l'institution
d'un système d'avances sur pension.*

Paris, le 26 juillet 1917.

Art. 1er. Est interdite, sauf les exceptions prévues ci-après,
toute avance faite, sous quelque forme que ce soit, sur une pension civile servie par l'Etat, les départements et les communes,
sur une pension ou gratification militaires, sur une pension servie par la Caisse des invalides de la marine ou la Caisse nationale de prévoyance entre les marins français.

Le prêteur sera puni d'un emprisonnement de six jours à six
mois et d'une amende qui pourra s'élever à la moitié des capi-
taux prêtés.

Art. 2. Dans tous les cas, et suivant la gravité des circonstances, les tribunaux pourront ordonner, aux frais du délin-
quant, l'affichage du jugement et son insertion par extrait dans
un ou plusieurs journaux du département.

Art. 3. Sont nulles de plein droit et de nul effet les obligations
contractées envers les intermédiaires qui se chargent, moyennant
stipulation d'émoluments, d'assurer aux pensionnaires et gratifiés de l'Etat, des départements et des communes, et à ceux de
la Caisse des invalides de la marine et de la Caisse nationale de
prévoyance entre les marins français, le bénéfice des lois de
pensions.

Est passible d'une amende de seize francs (16 fr.) à trois cents
francs (300 fr.), et, en cas de récidive, d'une amende de cinq
cents francs (500 fr.) à deux mille francs (2.000 fr.), tout intermédiaire convaincu d'avoir offert les services spécifiés à l'alinéa
précédent.

Art. 4. L'article 463 du Code pénal est applicable aux peines
prévues par la présente loi.

Art. 5. L'article 1er ci-dessus ne s'applique pas aux sociétés
philanthropiques jouissant d'une autorisation ministérielle à
l'effet de consentir des avances gratuites aux pensionnaires de
l'Etat, des départements, des communes ou de la marine du
commerce, et aux gratifiés de la marine et de la guerre, ou à
des catégories déterminées de pensionnaires ou gratifiés.

Art. 6. La Caisse nationale d'épargne, les caisses d'épargne ordinaires et les monts-de-piété sont autorisés à consentir aux pensionnaires de l'Etat, sur le trimestre en cours de leur pension civile ou militaire, ou de leur gratification militaire, des avances représentant les arrérages courus d'un ou deux mois.

Les dispositions de l'article 28 de la loi du 11 avril 1831, de l'article 30 de la loi du 18 avril 1831 et de l'article 26 de la loi du 9 juin 1853 ne sont pas opposables à ces établissements pour le remboursement des avances faites en conformité de la présente loi.

Art. 7. Les caisses d'épargne effectuent les avances sur pension au moyen de fonds provenant des sommes qui sont versées à la Caisse des dépôts et consignations en exécution du 1er alinéa de l'article 1er et de l'article 25 de la loi du 20 juillet 1895, et que cet établissement est autorisé, par la présente loi, à employer en avance sur les pensions de l'Etat.

Art. 8. Les monts-de-piété consentent les avances prévues à l'article 6 sur l'ensemble des fonds dont ils disposent pour leurs opérations de prêts.

Art. 9. Sur le montant de chaque avance, il sera retenu, pour intérêt et frais, une commission fixée uniformément à un pour cent (1 p. 100), quelle que soit la durée de l'avance, sans toutefois que cette commission puisse être inférieure à cinquante centimes (0 fr. 50).

La Caisse des dépôts et consignations est autorisée à prélever sur le produit de cette commission les remises allouées aux caisses d'épargne ordinaires pour leur participation au service des avances, ainsi que, le cas échéant, le montant des pertes qui résulteraient pour elle des avances opérées par lesdites caisses.

Art. 10. Les pensionnaires qui ont reçu des avances mensuelles donnent quittance du montant total des arrérages du trimestre lorsqu'ils touchent le solde de ce trimestre. Les quittances afférentes aux avances successives sont exemptes du droit de timbre.

Art. 11. En cas de saisie pratiquée à la requête des créanciers alimentaires ou privilégiés, en vertu des lois des 11 avril 1831 (art. 28), 18 avril 1831 (art. 30), 19 mai 1834 (art. 20) et 9 juin 1853 (art. 26), la portion saisissable est calculée sur la totalité des arrérages du trimestre en cours, et le montant de la retenue est imputé proportionnellement sur les mensualités restant à payer sur ce trimestre.

Art. 12. Un règlement d'administration publique déterminera les conditions d'application de la présente loi et notamment le mode suivant lequel le Trésor couvrira la Caisse des dépôts et consignations et les monts-de-piété de leurs avances. Le montant de ces avances leur sera remboursé dans tous les cas où il n'y aura pas faute de leur part, même si la pension venait à être rejetée ou suspendue avec effet d'une date antérieure aux termes des arrérages avancés (1).

Art. 13. L'établissement des invalides de la marine est autorisé à consentir des avances sur pensions, dans les conditions fixées par les articles précédents, aux pensionnaires de la Caisse des invalides de la marine et de la Caisse nationale de prévoyance entre les marins français.

Art. 14. Les dispositions de la présente loi relatives aux avances sur pensions peuvent être étendues, par décrets en Conseil d'Etat, aux différentes catégories de pensionnaires dont les retraites sont à la charge des départements, des communes ou des établissements publics. Dans ce cas, le service public qui a concédé la pension serait substitué au Trésor pour l'application des articles précédents.

---

(1) Voir au *Journal officiel* du 17 novembre 1917, page 9180, le décret du 15 novembre 1917 déterminant les conditions de la présente loi du 26 juillet 1917.

§ 5. — Militaires libérés par réforme ou autrement qui refusent de rentrer volontairement dans leurs foyers.

Circulaire relative aux mesures à prendre à l'égard des militaires libérés du service actif par voie de réforme ou autrement, et qui refusent de rentrer volontairement dans leurs foyers.

Paris, le 1er avril 1907.

L'attention du Ministre a été appelée sur certains faits regrettables qui ont eu lieu parce que des militaires, libérés du service actif par voie de réforme ou autrement, ont refusé de rentrer volontairement dans leurs foyers, sous prétexte qu'ils se croyaient des droits à une pension de retraite ou à un congé de réforme.

Toutes les fois qu'un incident de ce genre se présentera, l'autorité militaire locale invitera l'intéressé à établir une réclamation qui sera adressée *immédiatement* et *directement* au Ministre, sous le timbre de la Direction du Contentieux et de la Justice militaire (2e Bureau), et le militaire sera mis provisoirement en subsistance dans un corps de troupe de la garnison. Le commandant du corps d'armée en sera informé en même temps par la voie hiérarchique.

Un accusé de réception de la réclamation susvisée sera adressé par les soins de l'administration centrale à l'autorité militaire locale qui le remettra en mains propres à l'intéressé. Dans ce document, il sera expliqué qu'une décision ministérielle sera notifiée à bref délai, et que si cette décision n'intervient pas dans les quatre mois à courir de la date de la remise de l'accusé de réception, le réclamant pourra se pourvoir devant le Conseil d'Etat *sans frais* et sans que le ministère d'un avocat soit nécessaire.

Pour parer à tout retard provenant de causes fortuites, si aucune décision définitive n'a été notifiée dans le délai de deux mois à compter de l'envoi des documents visés ci-après, l'autorité militaire de qui dépend le corps où l'homme est mis en subsistance signalera l'affaire au Ministre.

La mise en subsistance prendra fin immédiatement après la notification au réclamant de la *décision définitive du Ministre*.

Toutefois, dans le cas où une gratification est accordée, la notification de la décision sera accompagnée de l'offre à l'intéressé du titre de gratification et du mandat dûment visé qui lui permettra de percevoir le montant du premier semestre de l'allocation, et ce n'est qu'après cette offre que la mise en subsistance cessera.

Auparavant et dans le plus bref délai possible après l'envoi de la réclamation, l'autorité militaire aura transmis, sous le même timbre que ci-dessus, les documents ci-après :

1° Un relevé des services de l'intéressé indiquant le corps et la localité où celui-ci a été mis en subsistance ;

2° Une déclaration signée par l'intéressé, précisant les faits sur lesquels les prétentions sont fondées ;

3° Un procès-verbal d'enquête sur les faits allégués et sur l'origine probable de l'infirmité ;

4° Un rapport complet sur la cause, la nature et la gravité de l'infirmité ;

5° Les certificats et procès-verbaux d'examen et de vérification exigés en matière de pension ;

6° Un extrait, en ce qui concerne l'intéressé, des registres d'infirmerie.

La plus grande diligence possible sera apportée dans l'établissement et la transmission de ces divers documents.

IIIE PARTIE.

Campagnes.

---

§ 1er. — Décision accordant le bénéfice de campagne.

A. — A l'intérieur.

Décret portant que, lorsqu'une troupe organisée aura contribué par des combats à rétablir l'ordre sur un point quelconque du territoire, ce service sera compté comme service de campagne.

Du 5 décembre 1851.

Le Président de la République française,

Vu la loi du 25 décembre 1790, relative au traitement des militaires ;

Vu la loi du 11 avril 1831, sur les pensions de l'armée de terre ;

Vu l'ordonnance du 3 mai 1832, sur le service des armées en campagne ;

Sur le rapport du Ministre de la guerre ;

Voulant que les services rendus au pays, à l'intérieur, soient récompensés comme le sont ceux des armées du dehors,

Décrète :

Art. 1er. Lorsqu'une troupe organisée aura contribué par des combats à rétablir l'ordre sur un point quelconque du territoire, ce service sera compté comme service de campagne.

Art. 2. Chaque fois qu'il y aura lieu de faire application de ce principe, un décret spécial en déterminera les conditions.

'A l'Elysée, le 5 décembre 1851.

Circulaire ministérielle relative à l'application des diverses décisions relatives au bénéfice de la campagne contre l'Allemagne, et de la campagne de 1871 à l'intérieur.

Versailles, le 22 mai 1873.

Messieurs, dans le but de faciliter l'application des diverses décisions relatives au bénéfice de la campagne contre l'Allemagne et de la campagne de 1871 à l'intérieur, et afin de fixer certains points sur lesquels quelques conseils d'administration ne se trouvent pas suffisamment renseignés, il m'a paru utile de réunir ci-après toutes les dispositions dont les corps ont à tenir compte pour opérer régulièrement, sur les registres matricules et les états de service, l'inscription des campagnes dont il s'agit.

CAMPAGNE CONTRE L'ALLEMAGNE.

La campagne contre l'Allemagne doit être comptée :

Aux militaires et assimilés qui ont fait partie des armées actives et réunions de troupes organisées, en 1870 et 1871, en vue des opérations militaires ;

A ceux des militaires et assimilés qui étaient, pendant la campagne, présents à leur corps ou en exercice de leurs fonctions dans les départements envahis, ou dans les départements qui ont été déclarés en état de guerre en exécution du décret du 14 octobre 1870 rendu par la Délégation du ministère de la guerre à Tours ;

Et, enfin, aux militaires appartenant aux compagnies de gendarmerie du Morbihan, du Finistère et des Côtes-du-Nord, qui ont été mobilisés en exécution du décret du 20 décembre 1870, rendu par la Délégation du ministère de la guerre en province (décision ministérielle du 8 juin 1872).

La campagne contre l'Allemagne a commencé :

Pour les corps de troupe de toutes armes, pour les fractions de corps de toutes armes appelées à servir activement dans les corps de marche en campagne et pour les officiers sans troupe, les fonctionnaires ou employés militaires qui ont fait partie des armées ou réunions de troupes actives organisées en vue des opérations militaires, le *jour de la réception* de l'ordre ministériel prescrivant la mobilisation ou le départ;

Pour les corps de troupe de toutes armes, les officiers sans troupe, ainsi que les fonctionnaires et employés militaires stationnés et en exercice à Paris, et qui, depuis la déclaration de la guerre, n'avaient pas fait partie de réunions de troupes actives organisées en vue des opérations militaires, à partir du 30 août 1870;

Pour les militaires et assimilés employés dans les départements envahis ou dans ceux qui ont été déclarés en état de guerre, à partir du jour où l'ennemi s'est trouvé à moins de 100 kilomètres du département.

D'après les documents officiels, le 19 juillet 1870 étant considéré comme la date à laquelle la guerre a été officiellement déclarée, c'est cette date qui doit être prise comme point de départ de la campagne, dans le cas où l'ordre de mobilisation ou de départ l'aurait précédée.

La campagne contre l'Allemagne a fini le 7 mars 1871 pour tous les militaires et assimilés ci-dessus désignés, à l'exception de ceux qui ont été prisonniers en Allemagne ou internés à l'étranger, pour lesquels elle a pris fin le jour de la rentrée sur le territoire français. Cette disposition s'étend aux militaires qui sont rentrés en France tardivement, et qui ont justifié, par des raisons valables, de la cause de leur rentrée tardive.

Les militaires retenus en Allemagne par suite de condamnations encourues pour délits ou crimes de droit commun ne doivent compter la campagne que jusqu'au jour où a été accompli l'acte qui a motivé la condamnation dont ils ont été frappés.

L'inscription de la campagne contre l'Allemagne doit être formulée ainsi qu'il suit :

| 1870 / 1870 1871 / 1871 | Suivant le cas | Campagne contre l'Allemagne. | du 19 juillet ou jours et mois suivants suivant le cas) au mars ou mois suivants de 1871 (suivant le cas). | *En captivité ou en internement (suivant le cas). | du août ou mois suivants de 1870 ou 1871 au (date et mois) de 187 . |

* Cette mention doit figurer dans la colonne « *Observations* ».

CAMPAGNE DE 1871 A L'INTÉRIEUR.

En exécution des dispositions de l'arrêté du Chef du pouvoir exécutif du 14 avril 1871, une campagne de guerre doit être comptée aux militaires des corps et fractions de corps de troupe, aux officiers sans troupe et assimilés en exercice, qui étaient présents en 1871, savoir :

Dans les localités des départements de la Seine et de Seine-et-Oise occupées par l'armée de Versailles (2e siège de Paris). . . . . . du 18 mars au 7 juin.

à Montereau. . . . . les 7 et 8 mai.
à Limoges. . . . . du 4 au 7 avril.
à Lyon. . . . . les 30 avril et 1er mai.
à Saint-Etienne . . . . du 25 mars au 1er avril.
à Narbonne. . . . . du 24 au 31 mars.
à Toulouse . . . . du 22 mars au 3 avril.
à Bordeaux . . . . le 17 avril.
à Marseille . . . . du 23 mars au 4 avril.

L'inscription de cette campagne sur les états de service des militaires dont il s'agit aura lieu en prenant pour base les indications du tableau B ci-annexé.

L'inscription de la campagne de 1871 à l'intérieur devra être libellée ainsi qu'il suit :

1871 { Campagne à l'intérieur. } { Armée de Versailles ou à (indiquer la localité) le ou { du au } { suivant le cas.

En vertu de l'article 8 de la loi du 11 avril 1831, la campagne de 1871 à l'intérieur ne sera pas comptée pour la retraite aux militaires et assimilés admis déjà au bénéfice de la campagne contre l'Allemagne ou qui arrivaient de l'Algérie, mais elle sera comptée *pour la décoration.*

Les militaires et assimilés de tous grades qui justifieront, par des pièces authentiques, qu'étant en congé, en permission, en disponibilité, de passage, etc., dans les localités où les troubles ont eu lieu, ils se sont mis à la disposition de l'autorité militaire pour prêter leur concours à la répression de ces troubles, seront admis à profiter du bénéfice de la campagne de 1871 à l'intérieur.

Le temps passé, en 1870 et 1871, dans l'armée auxiliaire, c'est-à-dire dans les gardes nationales mobiles, les gardes nationales mobilisées et les corps francs, dont l'existence a été légalement reconnue, sera, ainsi que celui passé dans les gardes nationales sédentaires des villes assiégées, compté comme service dans l'armée active et en campagne, et sera inscrit sur les états de service des ayants droit. (Décret présidentiel du 27 janvier 1872.)

Recevez, etc.

Décret fixant, pour les militaires de l'armée de terre, le point de départ de la campagne contre l'Allemagne et l'Autriche-Hongrie.

Bordeaux, le 27 septembre 1914.

Art. 1er. Seront considérés comme effectuant une campagne de guerre et seront admis au bénéfice de cette situation, dans les conditions fixées par les lois susvisées sur les pensions militaires et sur l'avancement dans l'armée :

Les militaires de tous corps ou services, figurant sur les contrôles de l'armée active à la date du 2 août 1914;

Les militaires de la réserve de l'armée active, de l'armée territoriale et de sa réserve et tous autres appelés ou rappelés après le 2 août 1914, à dater du jour où ils ont rejoint les corps, services, ou formations auxquels ils sont affectés.

Art. 2. Un décret ultérieur fixera la date à laquelle cesseront d'avoir effet les dispositions qui précèdent.

B. — En Corse.

Décret portant qu'à l'avenir l'année de service de la gendarmerie, en Corse, sera comptée comme année de campagne.

Paris, le 3 janvier 1852.

Le Président de la République française,

Vu la loi du 11 avril 1831, sur les pensions de l'armée de terre ;
Vu le décret du 5 décembre 1851 ;
Considérant que les services rendus par la gendarmerie dans l'île de Corse méritent d'être récompensés comme le sont ceux de l'armée à l'intérieur et au dehors;
Sur le rapport du Ministre de la guerre,

Décrète :

Art. 1er. A l'avenir, l'année de service de la gendarmerie en Corse sera comptée en sus comme année de campagne.

Art. 2. Le Ministre de la guerre est chargé de l'exécution du présent décret.

Fait au palais de l'Élysée-National, le 3 janvier 1852.

Décret qui abroge le décret du 3 janvier 1852, relatif au service de la gendarmerie en Corse.

Paris, le 25 août 1867.

NAPOLÉON, par la grâce de Dieu et la volonté nationale, empereur des Français, à tous présents et à venir salut :

Vu la loi du 11 avril 1831 sur les pensions de l'armée de terre ;

Vu le décret du 3 janvier 1852 portant que l'année de service de la gendarmerie en Corse est comptée en sus comme année de campagne ;

Vu les décrets des 11 février 1860 et 15 juin 1864 ;

Considérant que le bénéfice d'une campagne pour chaque année de service de la gendarmerie, en Corse, n'est plus aujourd'hui justifié par un service exceptionnel et que, dès lors, il y a lieu de replacer la 17e légion sous la règle commune,

Avons décrété et décrétons ce qui suit :

Art. 1er. Le décret du 3 janvier 1852 est rapporté.

Art. 2. Notre Ministre Secrétaire d'Etat au département de la guerre est chargé de l'exécution du présent décret.

Fait au palais des Tuileries, le 25 août 1867.

Décret portant que l'année de service de la gendarmerie en Corse sera comptée en sus comme année de campagne.

Paris, le 18 avril 1887.

Le Président de la République française,

Vu la loi du 11 avril 1831 sur les pensions de l'armée de terre ;

Vu le décret du 3 janvier 1852, portant qu'à l'avenir l'année de service en Corse sera comptée, pour la gendarmerie, comme année de campagne ;

Vu le décret du 25 août 1867, qui abroge le précédent ;

Considérant que les fatigues exceptionnelles imposées à la gendarmerie de la Corse, par la nature de son service, justifient la restitution des avantages dont elle a joui à une autre époque ;

Sur le rapport du Ministre de la guerre,

Décrète :

Art. 1ᵉʳ. A dater de la promulgation du présent décret, l'année de service de la gendarmerie en Corse sera comptée en sus comme année de campagne.

Art. 2. Le Ministre de la guerre est chargé de l'exécution du présent décret.

Fait à Paris, le 18 avril 1887.

Circulaire relative aux conditions dans lesquelles il convient d'appliquer les dispositions du décret du 18 avril 1887 sur le droit à la campagne en Corse.

(Cabinet du Ministre ; Bureau de la Correspondance générale.)

Paris, le 1ᵉʳ mars 1910.

La question a été posée de savoir si le séjour en Corse des officiers de gendarmerie qui accompagnent les généraux inspecteurs de gendarmerie dans leurs missions doit leur être compté pour une campagne, en application du décret du 18 avril 1887, portant que l'année de service de la gendarmerie en Corse sera comptée, en sus, comme campagne.

Cette question doit être résolue par la négative, les dispositions du décret précité s'appliquant *exclusivement* aux militaires de la gendarmerie qui servent en Corse à *poste fixe.*

C. — En Europe (autres qu'à l'Intérieur et en Corse).

Décret conférant le bénéfice de la campagne simple aux militaires employés dans la gendarmerie de Macédoine.

Paris, le 7 août 1908.

Le Président de la République française,

Vu la loi du 11 avril 1831 sur les pensions de l'armée de terre ;

Sur la proposition du Ministre de la guerre.

Décrète :

Art. 1er. Les militaires employés dans la gendarmerie de Macédoine seront admis à compter le temps passé par eux dans cette position comme campagne simple, dans les conditions de l'article 7 de la loi du 11 avril 1831.

Art. 2. Le Ministre de la guerre est chargé de l'exécution du présent décret.

Fait à Paris, le 7 août 1908.

A. FALLIÈRES.

Par le Président de la République :
Le Ministre de la guerre,
G. PICQUART.

D. — En Algérie et en Tunisie.

Décision ministérielle accordant le bénéfice de la double campagne aux troupes du corps expéditionnaire en Tunisie.

Paris, le 19 mai 1881.

Le Ministre de la guerre a décidé que, par application de l'article 7 de la loi du 11 avril 1831, et attendu que la loi du 25 juin 1861 (art. 3) n'a d'effets que pour les militaires employés en Algérie, la double campagne sera comptée aux militaires ou assimilés qui auront fait partie du corps expéditionnaire en Tunisie.

Décret portant que les militaires envoyés d'Europe employés à la répression des mouvements insurrectionnels actuels en Algérie seront admis à compter comme double campagne le temps qu'ils auront passé en expédition.

Paris, le 2 octobre 1881.

Le Président de la République française,
Vu la loi du 11 avril 1831, article 7, qui dit que le temps passé

hors d'Europe, en temps de paix, pour les militaires envoyés d'Europe, est compté pour la totalité en sus de sa durée effective, et que le même service, en temps de guerre, est compté pour le double en sus de sa durée effective ;

Vu le décret du 5 décembre 1851, qui dispose que lorsqu'une troupe organisée aura contribué par des combats à rétablir l'ordre sur un point quelconque du territoire, ce service sera compté comme campagne ;

Vu la décision prise, le 19 mai 1881, par le Ministre de la guerre, en conformité de l'article 7 de la loi du 11 avril 1831 et qui concède le bénéfice de la double campagne aux troupes françaises faisant partie du corps expéditionnaire de Tunisie ;

Considérant que l'article 3 de la loi du 25 juin 1861, qui ne compte le service militaire accompli en Algérie par les troupes françaises que pour la totalité en sus de sa durée effective ne doit être considéré que comme s'appliquant exclusivement au temps de paix ;

Sur le rapport du Ministre de la guerre,

Décrète :

Art. 1er. Les militaires envoyés d'Europe employés à la répression des mouvements insurrectionnels actuels sur le territoire algérien seront admis à compter comme double campagne le temps qu'ils auront passé en expédition.

Art. 2. Le Ministre de la guerre est chargé de l'exécution du présent décret.

Fait à Paris, le 2 octobre 1881.

Décision présidentielle qui arrête à la date du 31 décembre 1882 l'époque à laquelle les militaires d'origine européenne cesseront d'avoir droit au bénéfice de la double campagne en Algérie, et ceux d'origine indigène de compter une campagne simple.

Paris, le 12 juillet 1883.

RAPPORT AU PRÉSIDENT DE LA RÉPUBLIQUE FRANÇAISE.

Monsieur le Président,

Un décret en date du 2 octobre 1881, rendu en exécution des lois du 11 avril 1831 et du 25 juin 1861, porte que les militaires d'origine européenne, employés à la répression des mouvements insurrectionnels qui ont éclaté à cette époque, en Algérie, seront admis à compter comme double campagne le temps qu'ils auront passé en expédition.

Un autre décret, en date du 19 mai 1881, avait précédemment concédé, aux militaires *indigènes de l'Algérie* faisant partie des colonnes mobiles opérant dans les mêmes conditions, qui n'ont pas, en temps ordinaire, droit à campagne (avis du Conseil d'Etat du 19 mai 1868), le bénéfice d'une campagne *simple*.

Les mouvements insurrectionnels qu'il s'agissait de réprimer ayant pris fin depuis un certain temps, il y a lieu de faire cesser la situation exceptionnelle faite aux militaires ci-dessus indiqués par les décrets précités. En conséquence, d'accord avec M. le général commandant le 19ᵉ corps d'armée, j'ai l'honneur de vous proposer de vouloir bien fixer, à la date du 31 décembre 1882, l'époque à laquelle ces militaires cesseront, ceux d'origine européenne, d'avoir droit au bénéfice de la *double* campagne ; ceux d'origine indigène, de compter une campagne *simple*.

Si vous voulez bien approuver le présent rapport, je vous prierai, Monsieur le Président, de le revêtir de votre signature.

Veuillez agréer, etc.

Approuvé :
Le Président de la République,
Signé : Jules GRÉVY.

Le Ministre de la guerre,
Signé : Thibaudin.

Décret admettant les militaires indigènes à compter comme campagne leur temps de présence sous les drapeaux en Afrique (1).

Paris, le 6 août 1883.

Le Président de la République Française,
Sur le rapport du Ministre de la guerre,

Décrète :

Art. 1ᵉʳ. Le temps de service accompli en Afrique, en temps de paix, par les militaires indigènes, leur sera compté à titre de bénéfice de campagne pour sa durée effective simple, comme il leur est compté actuellement pour les périodes de guerre.

Art. 2. Les militaires indigènes ne pourront toutefois pas prétendre pour les périodes de guerre au doublement de la campagne attribué aux militaires envoyés d'Europe.

(1) Abrogé (voir p. 187 le décret du 23 décembre 1901).

Art. 3. Le Ministre de la guerre est chargé de l'exécution du présent décret..

Fait à Paris, le 6 août 1883.

Décision présidentielle fixant au 1ᵉʳ avril 1884 la cessation du bénéfice de la double campagne aux troupes de la division d'occupation de Tunisie.

Paris, le 14 février 1884.

RAPPORT AU PRÉSIDENT DE LA RÉPUBLIQUE FRANÇAISE.

Monsieur le Président,

Par application de l'article 7 (paragraphe 4) de la loi du 11 avril 1831, les militaires du corps expéditionnaire de Tunisie ont été admis à compter pour le double, en sus de sa durée effective, le service fait dans ce pays.

Les opérations de guerre ayant pris fin en Tunisie depuis un certain temps, il y a lieu, conformément aux prescriptions du paragraphe 2 de l'article 7 de la loi précitée et de l'article 3 de la loi du 25 juin 1861, de faire cesser, pour les troupes du corps d'occupation de Tunisie, ainsi que cela a été décidé, le 12 juillet 1883, pour les militaires, d'origine européenne, employés à la répression des insurrections survenues en Algérie, en 1881, le bénéfice de la campagne double, et de ne leur attribuer désormais qu'une campagne simple, sauf en cas d'action de guerre régulièrement constatée.

J'ai l'honneur, en conséquence, de vous proposer, Monsieur le Président, de décider que les militaires du corps d'occupation de Tunisie cesseront, à partir du 1ᵉʳ avril 1884, d'avoir droit au bénéfice de la double campagne.

Si vous voulez bien approuver le présent rapport, je vous prierai de le revêtir de votre signature.

Veuillez agréer, etc.

Le Ministre de la guerre,
Signé : E. CAMPENON.

APPROUVÉ :
Le Président de la République,
Signé : JULES GRÉVY.

Arrêté sur le droit au bénéfice de campagne pour les militaires du contingent algérien.

Paris, le 23 novembre 1901.

La décision ministérielle du 11 décembre 1877 sur le droit au bénéfice de campagne pour les militaires du contingent algérien est rapportée.

A partir du 1er janvier 1902 ces militaires rentreront sous le régime du droit commun tel qu'il résulte de l'article 7 de la loi du 11 avril 1831.

Décret sur le bénéfice de campagne auquel peuvent prétendre les militaires indigènes en Algérie et en Tunisie.

Paris, le 23 décembre 1901.

Le Président de la République française,

Vu l'article 7 de la loi du 11 avril 1831 sur les pensions de l'armée de terre ;

Vu le décret du 6 août 1883 admettant les militaires indigènes à compter comme campagne leur temps de présence sous les drapeaux en Afrique ;

Vu l'article 3 de la loi du 25 juin 1861 relatif au droit au bénéfice de campagne en Algérie ;

Vu le décret du 14 février 1884 sur le droit au bénéfice de campagne en Tunisie ;

Sur le rapport adressé par le Ministre de la guerre après entente avec le Ministre des finances,

Décrète :

Art. 1er. A partir du 1er janvier 1902, le service militaire accompli en temps de paix en Algérie et en Tunisie par les militaires indigènes des corps de l'Algérie et de la Tunisie cessera d'être compté comme campagne, sauf dans le cas prévu par le décret du 9 décembre 1894 ou dans d'autres cas particuliers à déterminer par décret.

Art. 2. Le décret du 6 août 1883 est abrogé.

Art. 3. Le Ministre de la guerre est chargé de l'exécution du présent décret.

Fait à Paris, le 23 décembre 1901.

Circulaire accordant le bénéfice de la double campagne en 1906 aux militaires en service dans certains postes du sud de l'Algérie.

Paris, le 16 mars 1906.

Le Ministre de la guerre décide que, par application des dispositions du paragraphe 4 de l'article 7 de la loi du 11 avril 1831, le bénéfice de la double campagne est acquis, pour l'année 1906, aux militaires de tous grades en service dans les postes du sud de l'Algérie ci-après désignés :

DIVISION D'ALGER.

Gardaïa, Ouargla, El Goléa, Fort Mac-Mahon.

DIVISION D'ORAN.

El Abiod Sidi Cheikh, Beni Ounif, Djenan ed Dar, Forthassa Gharbia, Colomb, Ben Zireg, Talzaza, Taghit, Beni Abbès, Oasis sahariennes.

DIVISION DE CONSTANTINE.

El Oued, Touggourt.

L'inscription de cette double campagne sur les pièces militaires des intéressés sera faite dans les conditions indiquées par l'instruction du 8 juin 1911 (vol. 10).

Circulaire accordant le bénéfice de la double campagne, en 1906, aux militaires en service dans le poste de Berguent (Algérie).

Paris, le 4 juillet 1906.

Le Ministre de la guerre décide que, par application des dispositions du paragraphe 4 de l'article 7 de la loi du 11 avril 1831, le bénéfice de la double campagne est acquis, pour l'année 1906, aux militaires de tous grades en service dans le poste de Berguent.

L'inscription de cette double campagne sur les pièces militaires des intéressés sera faite dans les conditions indiquées par l'instruction du 8 juin 1911.

Circulaire accordant le bénéfice de la double campagne aux militaires qui ont servi, en 1904, dans les postes de Berguent et de Forthassa (Algérie).

Paris, le 13 septembre 1906.

Par application des dispositions du paragraphe 4 de l'article 7 de la loi du 11 avril 1831, le bénéfice de la double campagne est acquis aux militaires de tous grades qui ont servi dans les postes de Berguent et de Forthassa, en 1904.

L'inscription de cette double campagne sur les pièces militaires des intéressés sera faite dans les conditions indiquées par l'instruction du 8 juin 1911.

Circulaire accordant le bénéfice de la double campagne aux militaires qui ont servi, en 1905, dans les postes de Forthassa-Gharbia et Berguent (Algérie).

Paris, le 15 juin 1907.

Le Ministre de la guerre décide que, par application des dispositions du paragraphe 4 de l'article 7 de la loi du 11 avril

1831, le bénéfice de la double campagne est acquis aux militaires de tous grades qui ont servi dans les postes de Forthassa-Gharbia et Berguent, en 1905.

L'inscription de cette double campagne sur les pièces militaires des intéressés sera faite dans les conditions indiquées par la circulaire du 14 février 1906.

E. — En Afrique (autres que l'Algérie et la Tunisie).

Note ministérielle relative à l'inscription de la campagne de guerre sur les registres matricules et sur les états de services des militaires de l'armée de terre faisant partie de l'expédition du Dahomey.

Paris, le 9 janvier 1893.

Après entente avec le Ministre de la guerre, le Ministre de la marine et des colonies a pris, à la date du 28 décembre 1892. une décision en vertu de laquelle, par application du paragraphe numéroté 4° de l'article 7 de la loi du 11 avril 1831, les militaires et fonctionnaires de tous grades de l'armée de terre ayant pris part à l'expédition du Dahomey, qui relèvent directement, pour toute la durée des opérations, du département de la marine, seront admis au bénéfice de la campagne de guerre, à partir du jour de leur départ de France, de l'Algérie. de la Tunisie ou d'une de nos colonies à destination du Dahomey, jusqu'à celui de leur rentrée en France, en Algérie, en Tunisie. ou dans une de nos colonies, mais sous les réserves suivantes :

Le droit à la campagne de guerre dont il s'agit ne pourra être acquis avant la date du 27 mars 1892 ;

Il cessera d'être acquis le jour qui sera fixé ultérieurement pour la clôture, au Dahomey, du bénéfice de la campagne de guerre.

De son côté, le Ministre de la guerre a décidé que cette campagne sera inscrite sur les registres matricules des corps et sur les états de services des militaires et fonctionnaires de tous grades, conformément à la formule suivante :

au Dahomey { du
{ au

Note ministérielle relative à la cessation du bénéfice de la campagne de guerre pour l'expédition du Dahomey.

Paris, le 1er juin 1894.

Après avoir pris l'avis du commandant supérieur des établissements français du Bénin, le Ministre de la marine a décidé de faire cesser, à partir du 1er mars 1894, le bénéfice de la campagne de guerre accordé pour l'expédition du Dahomey.

Le Ministre de la guerre décide que cette disposition recevra application pour les militaires et fonctionnaires de tous grades de l'armée de terre ayant pris part à cette expédition auxquels le droit à la campagne de guerre a été acquis conformément à la note ministérielle du 9 janvier 1893.

Extrait du décret du 9 décembre 1894 sur l'organisation des bataillons de tirailleurs et des escadrons de spahis sahariens.

. . . .

Avantages spéciaux aux Français.

Art. 14. Les officiers, sous-officiers, caporaux et soldats français ont droit, après une première période de quatre années de séjour dans les régions sahariennes et ensuite tous les trois ans, à un congé de quatre mois, non compris l'aller et le retour.

Pendant toute la durée de ces congés, y compris l'aller et le retour, il leur est alloué la solde de présence, ainsi que l'indemnité pour cherté de vivres attribuée aux militaires français des divers grades par le tableau nº 1 ci-annexé (1).

La durée des congés ci-dessus spécifiés peut être prolongée en cas de maladie constatée.

Toute année passée dans les régions sahariennes sera comptée comme campagne double pour tous les militaires français des bataillons de tirailleurs sahariens.

Lors de leur nomination dans ces bataillons, les officiers reçoivent l'indemnité d'un mois de solde prévue par le décret du 20 mai 1890 pour les officiers appelés à faire partie des colonnes expéditionnaires en Algérie ou en Tunisie.

Avantages spéciaux aux indigènes.

Art. 15 (2). Les indigènes qui s'engagent dans les bataillons de tirailleurs sahariens sont exempts, pendant la durée de leur service, d'une partie ou de la totalité des impôts dus à l'État, suivant les dispositions qui seront concertées à ce sujet entre les départements ministériels intéressés.

Ils jouissent d'une pension de retraite, dans les conditions déterminées, pour les indigènes, par les dispositions en vigueur.

Les cadres indigènes qui n'ont pas été recrutés sur le pays ou qui n'en sont pas originaires ont droit, après une première période de quatre années de séjour dans les régions sahariennes et ensuite tous les trois ans, à un congé de quatre mois, y compris l'aller et le retour.

Pendant toute la durée de ces congés, y compris l'aller et le retour, il leur est alloué la solde de présence ainsi que l'indemnité de cherté de vivres attribuée aux militaires indigènes non originaires des régions sahariennes par le tableau nº 1 ci-annexé.

Toute année passée dans les régions sahariennes compte comme campagne simple pour les indigènes et s'ajoute à la pension de retraite.

. . . .

---

(1) Voir volume n° 63 (p. 591), le décret du 9 août 1910.
(2) Modification du décret du 9 août 1910 (art. 11).

Note ministérielle relative au bénéfice de campagne de guerre accordé pour l'expédition de Madagascar, et à l'inscription de cette campagne sur les registres, livrets, etc.

Paris, le 23 février 1894.

Après entente avec le Ministre de la marine, le Ministre de la guerre décide que, par application du paragraphe numéroté 4° de l'article 7 de la loi du 11 avril 1831, le bénéfice de campagne de guerre sera accordé aux officiers, fonctionnaires, employés et militaires de tous grades de l'armée de terre ayant pris part à l'expédition de Madagascar.

Cette mesure sera appliquée aux ayants droit à partir du jour de leur départ de France, de l'Algérie, de la Tunisie ou d'une de nos colonies, à destination de Madagascar, jusqu'à celui de leur rentrée en France, en Algérie, en Tunisie ou dans une de nos colonies, mais sous les réserves suivantes :

A) Le droit à la campagne de guerre dont il s'agit ne pourra être accordé avant la date du 12 décembre 1894 ;

B) Il cessera d'être acquis le jour qui sera fixé ultérieurement pour la clôture à Madagascar même du bénéfice de campagne de guerre.

Le Ministre de la guerre décide, en outre, que cette campagne sera inscrite sur les registres matricules des corps et sur les livrets et états de services des militaires et fonctionnaires de tous grades conformément à la formule suivante :

Corps expéditionnaire de Madagascar } du / au

Note ministérielle faisant connaître que l'expédition du Soudan français de 1893-1894 donne droit au bénéfice de campagne de guerre et à la médaille coloniale.

Paris, le 28 février 1895.

Après entente avec le Ministre de la marine, le Ministre de la guerre décide, par application du paragraphe numéroté 4° de l'article 7

de la loi du 11 avril 1831, que le droit au bénéfice de campagne
de guerre sera accordé aux officiers, fonctionnaires et militaires
de tous grades de l'armée de terre qui ont fait partie de la colonne qui a opéré dans la région du Soudan français du 1er novembre 1893 au 1er juin 1894.

---

*Note ministérielle accordant le bénéfice de la campagne de
guerre aux militaires qui ont participé d'une manière effective
à des opérations de guerre, en 1894 et en 1895, à la Guyane,
au Soudan français, au Sénégal et à la Côte d'Ivoire.*

Paris, le 27 octobre 1895.

Le Ministre de la guerre a décidé, d'accord avec son collègue de
la marine, que le bénéfice de la campagne de guerre serait accordé
aux militaires qui ont participé aux opérations de guerre effectuées dans les colonies ou pays de protectorat aux époques indiquées ci-après :

GUYANE.

Mapa (territoire contesté) : du 11 mai 1895 au 17 mai 1895.

SOUDAN FRANÇAIS

Du 1er juin 1894 au 21 novembre 1894.

SÉNÉGAL.

Casamance : du 3 janvier 1895 au 7 mars 1895.

CÔTE D'IVOIRE.

Colonne de Kong : du 9 novembre 1894 au 28 mars 1895.

Note ministérielle relative au bénéfice de la double campagne accordé aux militaires français faisant partie des troupes sahariennes ou employés dans les troupes sahariennes.

Paris, le 3 août 1896.

Le Ministre a décidé que le bénéfice de la double campagne accordé par le décret du 9 décembre 1894 (art. 14, 26 et 31) aux militaires français faisant partie des troupes sahariennes ou employés dans les régions sahariennes, doit être attribué aux militaires français appartenant aux troupes qui ont opéré dans ces régions antérieurement audit décret du 9 décembre 1894.

Note ministérielle limitant la portée de la note ministérielle du 3 août 1896, relative au bénéfice de la double campagne accordé aux militaires français faisant partie des troupes sahariennes ou employés dans les régions sahariennes.

Paris, le 4 septembre 1897.

Aux termes de la note ministérielle du 3 août 1896 (*Bulletin officiel* du ministère de la guerre, page 62), le bénéfice de la double campagne, accordé par le décret du 9 décembre 1894 (art. 14, 26 et 31) aux militaires français faisant partie des troupes sahariennes ou employés dans les régions sahariennes, doit être attribué aux militaires français appartenant aux troupes qui ont opéré dans ces régions antérieurement audit décret du 9 décembre 1894.

Il convient de préciser les conditions dans lesquelles cette mesure doit être appliquée, en arrêtant, d'une part, la date d'origine de l'effet rétroactif du décret précité, ouvert sans limitation par la décision du 3 août 1896, et, d'autre part, en indiquant la limite septentrionale des régions dites sahariennes.

Le Ministre a arrêté à ce sujet les dispositions suivantes :

La date d'origine de l'effet rétroactif du décret du 9 décembre

1894 pour le bénéfice de la campagne double est fixée au 1ᵉʳ janvier 1891, date correspondant aux premières mesures permanentes prises en vue d'assurer l'extension de l'influence française dans les régions sahariennes.

La limite septentrionale de ces régions est marquée par une ligne qui, partant de Nakhélat Brahimi (Algérie) pour aboutir à Gouirat Lila (frontière de Tripolitaine), est jalonnée par les points ci-après :

En Algérie : Nakhélat Brahimi (au sud de Figuig), Benoud, Lebihat Mazzer, El Hadj ed Din, Oglat ben el Debban, El Menia, Tilghem (mi-chemin entre Laghouat et Ghardaïa), Dziona, Ourlana, Bir Salem (au nord d'El Oued) et, en Tunisie : Redjem Maatong, Sobria, Douz, Bir Ghezem, Bir Sultan, Bir Kecira, Gouirat Lila (frontière de Tripolitaine).

Circulaire relative au bénéfice de la campagne de guerre accordé aux militaires qui ont séjourné dans le Haut-Oubanghi en 1899 et en 1900.

Paris, le 15 mai 1901.

Après entente avec les Ministres de la marine et des colonies, le Ministre de la guerre décide que, par application du paragraphe numéroté 4° de l'art. 7 de la loi du 11 avril 1831, le bénéfice de campagne de guerre sera accordé aux officiers, assimilés et militaires de tous grades (européens et indigènes) qui ont servi dans le Haut-Oubanghi, en 1899 et en 1900.

Le Ministre de la guerre décide, en outre, que cette campagne sera inscrite sur les registres matricules des corps et sur les livrets et états de service des militaires et fonctionnaires de tous grades conformément à la formule suivante :

Haut-Oubanghi   du
(en guerre).   au

Circulaire relative au bénéfice de la campagne de guerre accordé aux militaires qui ont séjourné dans l'Afrique occidentale française en 1900, et au personnel qui a pris part aux opérations dirigées contre les Tomas (Haute-Guinée) en 1900.

Paris, le 4 août 1901.

Par application du paragraphe numéroté 4° de l'article 7 de la loi du 11 avril 1831, le bénéfice de la campagne de guerre sera accordé aux officiers, assimilés et militaires de tous grades qui ont servi dans l'Afrique occidentale française, en 1900, ainsi qu'au personnel qui a pris part aux opérations dirigées contre les Tomas (Haute-Guinée), en 1900.

Cette campagne sera inscrite sur les registres matricules des corps et sur les livrets individuels et états de services des militaires et fonctionnaires de tous grades, conformément aux formules suivantes, selon le cas :

Afrique occidentale française (en guerre).	} du } au	1900.
Haute-Guinée (en guerre).	} du } au	1900.

Circulaire relative au bénéfice de la campagne de guerre accordé aux militaires qui ont pris part aux opérations effectuées dans le bassin du Chari en 1899-1900-1901.

Paris, le 5 mars 1902.

Après entente avec le Ministre des colonies, le Ministre de la guerre décide que, par application du paragraphe 4 de l'article 7 de la loi du 11 avril 1831, le bénéfice de la campagne de guerre sera accordé aux officiers, assimilés et militaires de tous grades (européens et indigènes) qui ont pris part aux opérations effectuées dans le bassin du Chari pendant les années 1899-1900-1901.

Le Ministre de la guerre décide, en outre, que cette campagne sera inscrite sur les registres matricules des corps et sur les livrets et états de services des militaires et fonctionnaires de tous grades conformément à la formule suivante :

Chari (en guerre). { du
                     { au

Circulaire accordant le bénéfice de la campagne de guerre aux officiers et hommes de troupe qui ont fait partie de la mission franco-marocaine de délimitation, en 1902.

Paris, le 30 avril 1902.

Par application du paragraphe numéroté 4° de l'article 7 de la loi du 11 avril 1831, le bénéfice de la campagne de guerre est accordé aux officiers et hommes de troupe qui ont fait partie, en 1902, de la mission franco-marocaine de délimitation et de son escorte.

Le droit à ladite campagne double commence, pour le personnel intéressé, le 1er mars 1902 et finit le 19 mars 1902.

Elle sera inscrite sur les registres matricules des corps et sur les livrets individuels et états de services des militaires et fonctionnaires de tous grades, conformément à la formule suivante :

Mission franco-marocaine de délimitation du 1er au 19 mars 1902.

Circulaire relative au bénéfice de la campagne de guerre accordé aux militaires qui ont séjourné à la Côte d'Ivoire en 1900 et 1901 et dans les trois territoires militaires de l'Afrique occidentale française en 1901.

Paris, le 12 septembre 1902.

Par application du paragraphe numéroté 4° de l'article 7 de

la loi du 11 avril 1831, le bénéfice de la campagne de guerre est accordé aux officiers, assimilés et militaires de tous grades qui ont servi à la Côte d'Ivoire et dans les trois territoires militaires de l'Afrique occidentale française, en 1901.

Cette campagne sera inscrite sur les registres matricules des corps et sur les livrets individuels et états de services des ayants droit, conformément aux formules suivantes, selon le cas :

Côte d'Ivoire (en guerre).	{ du	1900
	(au	1901.
Afrique occidentale française (en guerre).	{ du	
	(au	1901.

Circulaire relative au bénéfice de la campagne de guerre accordé aux militaires qui ont participé à la mission de délimitation du golfe de Guinée en 1901.

Paris, le 27 septembre 1902.

Par application du paragraphe numéroté 4° de l'article 7 de la loi du 11 avril 1831, le bénéfice de la campagne de guerre est accordé aux officiers, assimilés et militaires de tous grades qui ont fait partie de la mission qui a exécuté, du 15 août au 11 décembre 1901, les travaux de délimitation du golfe de Guinée, sous les ordres de M. Bonnel de Mézières, administrateur des colonies.

Cette campagne sera inscrite sur les registres matricules des corps et sur les livrets individuels et états de services des ayants droit, conformément à la formule suivante :

Congo (en guerre).	{ du	
	(au	1901.

Circulaire relative au bénéfice de la campagne de guerre accordé aux militaires qui ont séjourné dans les trois territoires militaires, dans le Haut-Dahomey, la Haute-Guinée et la Côte d'Ivoire.

Paris, le 10 mars 1903.

Par application du paragraphe numéroté 4° de l'article 7 de la loi du 11 avril 1831, le bénéfice de la campagne de guerre sera accordé aux officiers, assimilés et militaires de tous grades (Européens et indigènes) qui ont servi, en 1902, dans les trois territoires militaires, dans le Haut-Dahomey, la Haute-Guinée et la Côte-d'Ivoire.

Cette campagne sera inscrite sur les registres matricules des corps et sur les livrets individuels et états de services des militaires et fonctionnaires de tous grades, conformément aux formules suivantes :

Afrique occidentale française (du ... au ...) (en guerre). } 1902.

Haute-Guinée. (du ... au ...) (en guerre). } 1902.

Circulaire relative au bénéfice de la campagne de guerre accordé au personnel militaire (français et indigène) des troupes qui ont séjourné, en 1902, dans les territoires du Haut-Oubanghi, du Tchad, de la Sangha, de l'Ogoué et dans la région nord de Libreville (Congo).

Paris, le 13 mars 1903.

Par application du paragraphe numéroté 4° de l'article 7 de la loi du 11 avril 1831, le bénéfice de la campagne de guerre est accordé aux officiers, assimilés et militaires de tous grades (européens et indigènes) qui ont servi, en 1902, dans les territoires du Haut-Oubanghi, du Tchad, de la Sangha, de l'Ogoué et dans la région nord de Libreville (Congo).

Ces campagnes seront respectivement inscrites sur les registres matricules des corps et sur les livrets individuels et états de services des ayants droit, conformément aux formules suivantes :

Haut-Oubanghi (en guerre)	du au	1902.
Sangha (en guerre)............	du au	1902.
Tchad (en guerre)............	du au	1902.
Ogoué (en guerre)............	du au	1902.
Libreville (en guerre)........	du au	1902.

Circulaire relative au bénéfice de la campagne de guerre accordé aux militaires qui ont séjourné dans les régions de Gaya (Niger oriental) en 1899, 1900 et 1901.

Paris, le 15 décembre 1903.

Par application du paragraphe numéroté 4° de l'article 7 de la loi du 11 avril 1831, le bénéfice de la campagne de guerre est accordé aux militaires de tous grades qui ont servi en 1899, 1900 et 1901 dans la région de Gaya (Niger oriental) qui par sa situation géographique a été par la suite rattachée au troisième territoire militaire de l'Afrique occidentale.

Cette campagne sera inscrite sur les registres matricules des corps et sur les livrets individuels et états de service des ayants droit conformément à la formule suivante :

Afrique occidentale française	du au	

Circulaire concédant le bénéfice de la campagne de guerre aux militaires qui ont séjourné, en 1903, dans le Haut-Dahomey, la Haute-Guinée, la Côte d'Ivoire, le pays Trarza et les trois territoires militaires de l'Afrique occidentale française.

Paris, le 21 avril 1904.

Le Ministre de la guerre décide que, par application du paragraphe numéroté 4° de l'article 7 de la loi du 11 avril 1831, le bénéfice de la campagne de guerre est accordé aux militaires de tous grades (européens et indigènes) qui ont servi, en 1903, dans le Haut-Dahomey, la Haute-Guinée, la Côte-d'Ivoire, le pays Trarza et les trois territoires militaires de l'Afrique occidentale française.

Le Ministre de la guerre décide, en outre, que cette campagne sera inscrite sur les registres matricules des corps et sur les livrets et états de service des militaires et fonctionnaires de tous grades conformément aux formules suivantes :

Haut-Dahomey (en guerre)	{	du au
Haute-Guinée (en guerre)	{	du au
Côte d'Ivoire (en guerre)	{	du au
Pays Trarza (en guerre)	{	du au
Afrique occidentale française (en guerre)	{	du au

*Circulaire relative au bénéfice de la campagne de guerre, ac-
cordé aux militaires qui ont séjourné dans les territoires
des pays et protectorats du Tchad.*

Paris, le 4 août 1904.

Par application du paragraphe numéroté 4° de l'article 7 de la
loi du 11 avril 1831, le bénéfice de la campagne de guerre est
accordé aux officiers, assimilés et militaires de tous grades
(européens et indigènes) qui ont servi en 1903, dans les territoires des pays et protectorats du Tchad.

Cette campagne sera inscrite sur les registres matricules
des corps et sur les livrets et états de services des militaires
et fonctionnaires de tous grades conformément à la formule
suivante :

<pre>
    Tchad   { du
  (en guerre)   { au
</pre>

---

*Circulaire relative au bénéfice de la campagne de guerre at-
tribué aux militaires qui ont séjourné, en 1902, dans le
pays Trarza (Mauritanie).*

Paris, le 22 septembre 1904.

Le Ministre de la guerre décide que, par application du
paragraphe numéroté 4° de l'article 7 de la loi du 11 avril
1831, le bénéfice de la campagne de guerre est accordé aux
militaires de tous grades (européens et indigènes) qui ont
servi, en 1902, dans le pays Trarza (Mauritanie).

Cette campagne sera inscrite sur les registres matricules
des corps et sur les livrets et états de service des militaires et
fonctionnaires de tous grades, conformément à la formule suivante :

<pre>
  Pays Trarza { du
  (en guerre) { au
</pre>

---

*Circulaire relative au bénéfice de la campagne de guerre ac-
cordé aux militaires qui ont servi en 1903 dans le pays de
Brakna et le Tagant (Mauritanie).*

Paris, le 31 octobre 1904.

Par application du paragraphe numéroté 4° de l'article 7
de la loi du 11 avril 1831, le bénéfice de la campagne de

guerre est accordé aux militaires de tous grades (européens et indigènes) qui ont servi, en 1903, dans le pays Brakna et le Tagant (Mauritanie).

Cette campagne sera inscrite sur les registres matricules des corps et sur les livrets et états de services des militaires et fonctionnaires de tous grades conformément aux formules suivantes :

Pays Brakna (Mauritanie) | du
    (en guerre). | au

Au Tagant (Mauritanie) | du
    (en guerre). | au

Circulaire relative au bénéfice de la campagne de guerre accordé aux militaires qui ont pris part, du 24 mars au 25 avril 1904, aux opérations militaires contre les Coniaguis (Guinée française).

Paris, le 25 novembre 1904.

Le Ministre de la guerre décide que, par application du paragraphe numéroté 4° de l'article 7 de la loi du 11 avril 1831, le bénéfice de la campagne de guerre est accordé aux militaires de tous grades (européens et indigènes) qui ont pris part aux opérations militaires effectuées, du 24 mars au 25 avril 1904, contre les Coniaguis (Guinée française).

Le Ministre de la guerre décide, en outre, que cette campagne sera inscrite sur les registres matricules des corps et sur les livrets et états de services des militaires et fonctionnaires de tous grades conformément à la forme suivante :

Guinée française | du   1904.
  (en guerre) | au   1904.

Circulaire portant attribution du bénéfice de la campagne de guerre.

Paris, le 9 juin 1905.

Par application du paragraphe numéroté 4° de l'article 7 de la loi du 11 avril 1831 le bénéfice de campagne de guerre est accordé aux militaires de tous grades (européens et indigènes) qui ont servi, en 1904, dans le pays Trarza, la Mauritanie, les trois territoires militaires, le Haut-Dahomey, la Côte d'Ivoire, la Haute-Guinée (frontière libérienne) et le Congo français dans toute son étendue.

Cette campagne sera inscrite sur les registres matricules des corps et sur les livrets et états de services des militaires et fonctionnaires de tous grades conformément aux formules suivantes :

Pays Trarza et Mauritanie (en guerre)	{	du au
Afrique occidentale française (les trois territoires militaires) (en guerre)	{	du au
Haut-Dahomey (en guerre)	{	du au
Côte d'Ivoire (en guerre)	{	du au
Haute-Guinée (frontière libérienne) (en guerre)	{	du au
Congo (en guerre)	{	du au

Circulaire relative au bénéfice de la campagne de guerre accordé aux militaires qui ont pris part, en 1890-1891, aux opérations des colonnes du Djoloff et du Fouta.

Paris, le 21 décembre 1905.

Le Ministre de la guerre décide que, par application du paragraphe numéroté 4° de l'article 7 de la loi du 11 avril 1831, le bénéfice de la campagne de guerre est accordé aux militaires de tous grades (européens et indigènes) qui ont pris part aux opérations des colonnes du Djoloff (du 7 mai au 11 juin 1890), et du Fouta (du 2 janvier au 29 mars 1891).

Le Ministre de la guerre décide, en outre, que cette campagne sera inscrite sur les registres matricules des corps et sur les livrets et états de services des militaires et fonctionnaires de tous grades, conformément aux formules suivantes :

Djoloff (en guerre) { du au

Fouta (en guerre) { du au

Circulaire relative au bénéfice de la campagne double accordé aux militaires de tous grades (européens et indigènes) qui ont servi en 1905 dans le territoire civil de la Mauritanie, le territoire militaire du Niger, à la Côte d'Ivoire et au Congo.

Paris, le 20 septembre 1906.

Par application du paragraphe numéroté 4° de l'article 7 de la loi du 11 avril 1831, le bénéfice de la campagne double est acquis aux officiers, assimilés et militaires de tous grades (européens et indigènes) qui ont servi en 1905 dans le territoire civil de la Mauritanie, le territoire militaire du Niger, à la Côte d'Ivoire et au Congo.

L'inscription de cette double campagne sur les pièces militaires des intéressés sera faite dans les conditions indiquées par la circulaire du 14 février 1906 (1).

Circulaire accordant le bénéfice de la double-campagne aux militaires en service dans la colonie du Haut-Sénégal-Niger pendant le 2ᵉ semestre 1906.

Paris, le 16 août 1907.

Le Ministre de la guerre décide que, par application des dispositions du paragraphe 4 de l'article 7 de la loi du 11 avril 1831, le bénéfice de la double campagne est acquis, pour le 2ᵉ semestre de l'année 1906, aux militaires de tous grades en service dans la colonie du Haut-Sénégal-Niger.

L'inscription de cette double campagne sur les pièces militaires des intéressés sera faite dans les conditions indiquées par la circulaire du 14 février 1906 (1).

---

(1) Remplacé par l'instruction du 8 juin 1911 (vol. 10).

Circulaire accordant le bénéfice de la double campagne aux militaires ayant fait partie du groupe qui a opéré en juin 1903 dans la région du Tigri.

Paris, le 14 janvier 1908.

Par application des dispositions du paragraphe numéroté 4° de l'article 7 de la loi du 11 avril 1831, le bénéfice de la campagne double est accordé aux officiers et militaires de tous grades qui ont fait partie, d'une manière effective, du détachement de la 6ᵉ compagnie du 1ᵉʳ bataillon d'infanterie légère d'Afrique qui, sous les ordres du commandant PIERRON, a parcouru la région du Tigri pendant les périodes suivantes :

1ᵉʳ peloton : du 7 au 17 juin 1903 inclus.
2ᵉ peloton : du 13 au 17 juin 1903 inclus.

L'inscription de cette campagne sur les pièces militaires des intéressés sera faite dans les conditions indiquées par l'arrêté du 23 décembre 1903 (1).

Circulaire accordant le bénéfice de la double campagne aux militaires qui ont servi en 1900, 1901, 1902 et 1903 dans la région de Figuig (2).

Paris, le 2 avril 1908.

Le Ministre de la guerre décide que, par application des dispositions du paragraphe 4 de l'article 7 de la loi du 11 avril 1831, le bénéfice de la double campagne est acquis aux militaires de tous grades qui ont servi dans la région de Figuig en 1900, 1901, 1902 et 1903

Cette région était délimitée à cette époque par le périmètre polygonal ayant pour sommet les points suivants :

Bou-Aïech, El-Ardja, Duveyrier, Djenan-ed-Dar, Ben-Zireg.

L'inscription de cette campagne sur les pièces militaires des intéressés sera faite dans les conditions indiquées par l'arrêté du 23 décembre 1903 mis à jour.

---

(1) Remplacé par l'instruction du 8 juin 1911 (vol. 10).
(2) Complétée conformément à celle du 20 juin 1908.

Circulaire accordant le bénéfice de campagne aux instructeurs de la police des ports et aux cadres de la mission militaire au Maroc (à l'ouest de la Moulouya) à partir du 5 août 1907.

Paris, le 9 avril 1908.

Le Ministre de la guerre décide qu'à partir du 5 août 1907, le temps passé par les instructeurs de la police des ports et les cadres de la mission militaire au Maroc (à l'ouest de la Moulouya) sera compté :

1° Pour le double en sus de sa durée effective, pour les militaires du contingent métropolitain ;

2° Pour la totalité en sus de sa durée effective, pour les militaires du contingent algérien ou tunisien.

L'inscription de cette campagne sur les pièces militaires des intéressés sera faite suivant les formules ci-après, selon le cas :

Police des ports au Maroc (en guerre)	{ du { au
Mission militaire au Maroc (en guerre)	{ du { au

Circulaire accordant le bénéfice de campagne pour les opérations effectuées du 1er février au 1er mai 1907, contre Boussedou (Guinée française).

Paris, le 7 juillet 1908.

Le Ministre de la guerre décide que, par application du paragraphe numéroté 4° de l'article 7 de la loi du 11 avril 1831, le bénéfice de campagne double pour le personnel européen (simple pour le personnel indigène) est acquis aux militaires de tous grades ayant pris part aux opérations militaires effectuées contre le village de Boussedou (Guinée française) du 1er février au 1er mai 1907.

L'inscription de cette campagne sur les pièces militaires des intéressés sera faite selon la formule suivante :

Guinée française (en guerre)	{ du { au	1907

Circulaire accordant le bénéfice de campagne aux officiers et assimilés qui, à partir du 5 août 1907, ont été attachés à la légation de France à Tanger, ou ont été envoyés individuellement en mission au Maroc.

(Cabinet du Ministre; Bureau de la Correspondance générale.)

Paris, le 20 novembre 1908.

Le Ministre de la guerre décide que les dispositions de la circulaire du 9 avril 1908 (*B. O.*, P. R.), portant attribution du bénéfice de campagne, à partir du 5 août 1907, aux instructeurs de la police des ports et aux cadres de la mission militaire au Maroc, seront étendues aux officiers et assimilés qui, à compter de la même date, ont été attachés à la légation de France au Maroc, ou ont été envoyés individuellement en mission dans ce pays.

L'inscription de cette campagne sur les pièces militaires des intéressés sera faite d'après la formule suivante :

Au Maroc: (Légation de France) ou (en mission) (selon le cas). } en guerre { du au

---

Circulaire accordant le bénéfice de campagne aux personnels militaires et assimilés, européens et indigènes, ayant servi, en 1906 et 1907, dans certaines régions de l'Afrique occidentale.

Paris, le 29 janvier 1909.

Le Ministre de la guerre décide que, par application du paragraphe 4 de l'article 7 de la loi du 11 avril 1831, le bénéfice de la campagne double pour le personnel européen, simple pour le personnel indigène, est acquis aux officiers, assimilés et militaires de tous grades ayant servi dans les territoires ci-après désignés :

1° En 1906 : Secteur libérien de la Guinée.
Côte d'Ivoire.
Gabon-Congo-Tchad.
Haut-Dahomey.
Mauritanie.
Cercles de l'ancien 2° territoire militaire.
Territoire militaire du Niger.
2° En 1907 : Secteur libérien de la Guinée.
Côte d'Ivoire.
Mauritanie.
Sahel.
Territoire militaire du Niger.
Cercle de Gaoua (Haut-Sénégal et Niger).
Gabon et Congo.
Tchad.

3° Le même avantage est acquis aux militaires de tous grades et assimilés ayant pris part d'une manière effective aux opérations de police effectuées dans la région de Karliak (Casamana) pendant les mois de juin et juillet 1906.

L'inscription de ces campagnes sur les pièces militaires des intéressés sera faite dans les conditions indiquées par l'arrêté du 23 décembre 1903 (1).

Notification relative à l'inscription, sur les pièces matricules, d'affaires ayant eu lieu, en 1907 et 1908, sur la frontière algéro-marocaine et dans le Sud-Oranais.

(Cabinet du Ministre; Bureau de la Correspondance générale.)

Paris, le 13 juillet 1909.

Les actions de guerre ci-après mentionnées seront inscrites sur les pièces matricules des militaires qui y ont pris part :

1° BENI-SNASSEN.

7 octobre 1907.......... Engagement de Taourirt ;
23, 24, 25 novembre 1907. Reconnaissance du colonel Félineau amenant la rencontre de Foum-Sefrou (24 novembre) ;

---

(1) Arrêté remplacé par l'instruction du 8 juin 1911.

25 novembre 1907..........	Démonstration du groupe du Kiss vers Tessara ;
27 —	Première attaque de Bab-el-Assa ;
28 —	Attaque du Kiss ;
29 —	Deuxième attaque de Bab-el-Assa ;
5 décembre 1907..........	Affaire d'Aghball ;
15 —	Affaire d'Aïn-Sfa.

2° SUD-ORANAIS.

4 octobre 1907..........	Première affaire d'El-Hameïda ;
16 avril 1908..........	Affaire de Menabha ;
13 mai 1908..........	Combat de Beni-Ouzien ;
14 mai 1908..........	Combat de Bou-Denib ;
11 mars 1908..........	Deuxième affaire d'El-Hameïda ;
1er, 2 septembre 1908.....	Combats de Bou-Denib ;
	a) Bou-Denib ;
	b) Défense du blockhauss de la Lara ;
7 septembre 1908........	Combat de Djorf ;
15 octobre 1908..........	Affaire de Ba-Haddi ;
1er décembre 1908........	Affaire d'Anoual.

L'inscription de ces affaires sera faite dans la forme et dans les conditions prévues par l'arrêté ministériel du 23 décembre 1903, art. 27 (1).

---

(1) Remplacé par l'instruction du 8 juin 1911.

Circulaire accordant le bénéfice de la campagne de guerre aux personnels militaires et assimilés (Européens et indigènes) ayant servi, en 1908, dans certaines régions de l'Afrique occidentale.

(Cabinet du Ministre; Bureau de la Correspondance générale.)

Paris, le 12 mars 1910.

Le Ministre de la guerre décide que, par application du paragraphe 4 de la loi du 11 avril 1831, le bénéfice de la campagne double pour le personnel européen, simple pour le personnel indigène, est acquis aux officiers, assimilés et militaires de tous grades ayant servi, en 1908, dans les territoires ci-après désignés :

> Secteur libérien de la Guinée;
> Côte d'Ivoire ;
> Mauritanie ;
> Sahel ;
> Territoire militaire du Niger ;
> Gabon, Congo, Tchad.

Le même avantage est acquis aux militaires de tous grades et assimilés ayant pris part d'une manière effective aux opérations de police effectuées dans la région de Damatang (Sénégal), du 20 septembre au 5 décembre 1908.

L'inscription de ces campagnes sur les pièces militaires des intéressés sera faite dans les conditions indiquées par l'arrêté du 23 décembre 1903 (1).

Circulaire accordant le bénéfice de la campagne de guerre aux personnels militaires et assimilés, européens et indigènes, ayant servi, en 1909, dans l'Afrique équatoriale française.

(Cabinet du Ministre; Bureau de la Correspondance générale.)

Paris, le 31 août 1910.

.Le Ministre de la guerre décide que, par application du paragraphe 4 de l'article 7 de la loi du 11 avril 1831, le bénéfice de la campagne, double pour le personnel européen, simple

---

(1) Remplacé par l'instruction du 8 juin 1911.

pour le personnel indigène, est acquis, à partir du 1er janvier 1909, et jusqu'à nouvel ordre, aux officiers, assimilés et militaires de tous grades en service dans les territoires de l'Afrique équatoriale française (Gabon, Moyen-Congo, Oubangui-Chari, Tchad et territoire militaire du Tchad).

L'inscription de la campagne sur les pièces militaires des intéressés sera faite dans les conditions indiquées par l'article 27 de l'arrêté du 23 décembre 1903 (1).

Circulaire accordant le bénéfice de campagne aux personnels militaires et assimilés (Européens et indigènes) ayant servi, en 1909 et 1910, dans certaines régions de l'Afrique occidentale.

(Cabinet du Ministre; Bureau de la Correspondance générale.)

Paris, le 7 juin 1911.

Le Ministre de la guerre décide que, par application du paragraphe numéroté 4° de l'article 7 de la loi du 11 avril 1831, le bénéfice de la campagne double pour le personnel européen, simple pour le personnel indigène, est acquis aux officiers, assimilés et militaires de tous grades ayant servi dans les territoires ci-après désignés :

1° En 1909 :

Secteur libérien de la Guinée;
Côte d'Ivoire;
Mauritanie et Adrar;
Région de Bandiagara (colonne contre les Abbès) et secteur de Kiffa (Haut-Sénégal et Niger);
Territoire militaire du Niger.

2° En 1910 :

Région militaire de la Guinée;
Côte d'Ivoire;
Mauritanie;
Secteur de Kiffa (Haut-Sénégal et Niger);
Territoire militaire du Niger.

L'inscription de ces campagnes sur les pièces militaires des intéressés sera faite dans les conditions indiquées par l'arrêté du 23 décembre 1903 (1).

---

(1) Remplacé par l'instruction du 8 juin 1911.

Circulaire relative à l'attribution du bénéfice de campagne aux troupes qui ont pris part aux opérations de police effectuées au Maroc (1).

(Cabinet du Ministre; Bureau de la Correspondance générale.)

Paris, le 11 janvier 1912.

Par application des dispositions du paragraphe numéroté 4° de l'article 7 de la loi du 11 avril 1831, le bénéfice de campagne double est accordé, dans les conditions spécifiées à l'article 8 de la même loi, aux officiers, assimilés et militaires de tous grades, non indigènes et n'appartenant pas au contingent algérien :

1° a) Embarqués pour Casablanca ;

b) Embarqués pour le Maroc occidental, à dater du 21 mars 1911 et jusqu'à une date qui sera ultérieurement fixée ;

2° Ayant fait partie des troupes d'occupation d'Oudjda ou de la mission militaire française de cette ville, à un moment quelconque, entre le 29 mars 1907 et le 10 janvier 1908 inclus;

3° Ayant franchi vers l'Ouest, entre le 23 novembre 1907 et le 10 janvier 1908 inclus, la ligne Nemours, Turenne, Sidi-Aïssa, ces trois localités incluses ;

4° Ayant fait partie des troupes d'opérations ou d'occupation à l'ouest de la frontière algéro-marocaine, entre le 11 janvier 1908 (ce jour inclus) et le 22 avril 1911 (inclus);

5° Ayant fait partie des troupes d'opérations ou d'occupation à l'ouest de la frontière algéro-marocaine et au nord du parallèle du Téniet-Sassi, à partir du 23 avril 1911 (ce jour inclus) jusqu'à une date qui sera ultérieurement fixée ;

6° Ayant fait partie des colonnes qui ont opéré, du 6 mars 1908 au 10 juin 1908 inclus et du 15 août 1908 au 7 octobre 1908 inclus, au sud du parallèle du Teniet-Sassi, à l'ouest d'une ligne qui, partant du Teniet-Sassi, rejoindrait, à Duveyrier, la limite septentrionale des régions sahariennes, et laisserait à l'ouest le poste de Forthassa ;

7° Ayant fait partie, à un moment quelconque, entre le 6 mars 1908 et le 7 octobre 1908 inclus, soit des garnisons de Bou-Denib et Bou-Anane, soit des détachements chargés du ravitaillement de ces postes ou de la construction de la ligne télégraphique de Colomb à Bou-Denib ;

8° Ayant séjourné dans la région définie au paragraphe 6 de

---

(1) Modifiée par les *errata* insérés au *B. O.*, 1ʳ semestre 1912, page 301, et 2ᵉ semestre, page 1241.

la présente circulaire, à partir du 6 mars 1908 inclus et jusqu'à une date qui sera ultérieurement fixée.

Le bénéfice de la campagne simple est acquis aux militaires du contingent algérien et tunisien et aux militaires indigènes qui se seront trouvés dans l'une des situations définies par la présente circulaire.

L'inscription de cette campagne sur les pièces militaires des intéressés sera faite selon les formules ci-après :

Paragraphe 1° (a).

Opérations militaires dans la région de Casablanca (Maroc) (en guerre). . . . . } du au

Paragraphe 1° (b).

Opérations militaires dans le Maroc occidental (en guerre). . . . . } du au

Paragraphes 2°, 3° et 4°.

Colonnes formées pour opérer dans l'amalat d'Oudjda (Maroc) (en guerre). . . . . } du au

Paragraphe 5°.

Opérations militaires sur les confins nord algéro-marocains (en guerre). . . . . } du au

Paragraphes 6° et 7°.

Opérations militaires sur les confins sud algéro-marocains (en guerre). . . . . } du au

Paragraphe 8 .

Troupes d'occupation des confins sud algéro-marocains (en guerre). . . . . } du au

La présente circulaire annule et remplace celle du 20 septembre 1911 (*B. O.*, p. r., p. 1170).

Circulaire accordant le bénéfice de la campagne de guerre aux personnels militaires et assimilés ayant servi en 1911 dans certaines régions de l'Afrique occidentale française.

(Cabinet du Ministre; Bureau du Personnel des Officiers généraux, Décorations, Affaires diverses et d'ordre général.)

Paris, le 4 octobre 1912.

Le Ministre de la guerre décide que, par application du paragraphe numéro 4 de l'article 7 de la loi du 11 avril 1831 le bénéfice de la campagne, double pour le personnel européen, simple pour le personnel indigène, est acquis aux officiers, assimilés et militaires de tous grades ayant servi, en 1911, dans les territoires désignés ci-après :

CÔTE D'IVOIRE.

Région militaire de la Guinée;
Ou participé aux opérations suivantes :
Affaire de Goumba : 30 mars 1911;
Tournée de police du Fouta-Djallon : 23 avril - 2 juin 1911 (commandant Boin).

Circulaire accordant le bénéfice de la campagne de guerre, à titre permanent, à dater du 1ᵉʳ janvier 1911, aux personnels militaires et assimilés ayant servi dans la zone saharienne de l'Afrique occidentale française.

(Cabinet du Ministre; Bureau du Personnel des Officiers généraux, Décorations, Affaires diverses et d'ordre général.)

Paris, le 4 octobre 1912.

Le Ministre de la guerre décide que, par application du paragraphe numéroté 4 de l'article 7 de la loi du 11 avril 1831, le bénéfice de la campagne double pour le personnel européen, simple pour le personnel indigène, est acquis, à titre permanent, à dater du 1ᵉʳ janvier 1911, aux officiers, assimilés et militaires de tous grades, ayant servi dans la zone saharienne de l'Afrique occidentale française, limitée au sud par la ligne suivante, les postes situés sur cette ligne étant compris dans cette zone :

Territoire civil de la Mauritanie. — Ligne passant par les postes de Nouakchott, sur l'Atlantique, Boutilimit, Moudjeria;

Colonie du Haut-Sénégal et Niger. — Ligne passant par Moudjeria, Kiffa, Nioro, Goumbou (1);

Région de Tombouctou. — Ligne passant par Goumbou, Ras-El-Ma, Goundam, Tombouctou, Kabara, et suivant de ce point le cours du Niger;

Territoire militaire du Niger. — Le cours du Niger jusqu'à la frontière franco-anglaise, la frontière franco-anglaise jusqu'au lac Tchad, la limite administrative entre l'Afrique occidentale française et l'Afrique équatoriale française.

Circulaire accordant le bénéfice de la campagne de guerre aux personnels militaires et assimilés ayant servi, en 1911 et 1912, dans certains postes et régions de l'Afrique occidentale française.

(Cabinet du Ministre; Bureau du Personnel des Officiers généraux, Décorations, Affaires diverses et d'ordre général.)

Paris, le 18 juin 1913.

Le Ministre de la guerre décide que, par application du paragraphe numéroté 4 de l'article 7 de la loi du 11 avril 1831, le bénéfice de la campagne, double pour le personnel européen, simple pour le personnel indigène, est acquis aux officiers, assimilés et militaires de tous grades ayant servi :

1° En 1911, dans les postes de M'Bout et Aleg (Mauritanie);

2° En 1912, dans la Côte d'Ivoire, dans la région militaire de la Guinée, dans les postes de M'Bout et Aleg (Mauritanie).

L'inscription de ces campagnes sur les pièces militaires des intéressés sera faite dans les conditions indiquées par l'instruction du 8 juin 1911 (art. 44, *B. O.*, P. P., vol. 10).

---

(1) A partir du 1ᵉʳ janvier 1913, ce paragraphe est modifié comme il suit : ligne passant par Moudjeria, Yelimane, Nioro, Goumbou (circulaire du 13 janvier 1914, *B. O.*, p. 85).

Circulaire accordant le bénéfice de la campagne de guerre aux personnels militaires et assimilés ayant servi, en 1913, dans certaines régions de l'Afrique occidentale française.

Paris, le 1ᵉʳ août 1916.

Le Ministre de la guerre décide que, par application du paragraphe numéroté 4 de l'article 4 de la loi du 11 avril 1831 :

1° Le bénéfice de la campagne, double pour le personnel européen, simple pour le personnel indigène, est acquis aux officiers, assimilés et militaires de tous grades, ayant servi en 1913 :

a) Dans les postes de M'Bout et Aleg (Mauritanie);

b) Dans la Côte d'Ivoire;

2° Le bénéfice de la campagne double est acquis au personnel européen : officiers, assimilés et militaires de tous grades, ayant servi en 1913 :

a) Dans la région militaire de la Guinée;

b) Dans le poste de Gaoua (Haut-Sénégal et Niger).

L'inscription de ces campagnes sur les pièces militaires des intéressés sera faite dans les conditions indiquées par l'instruction du 8 juin 1911 (art. 44, *B. O.*, P. P., vol. 10).

Circulaire accordant le bénéfice de la campagne de guerre aux personnels militaires et assimilés ayant servi du 1ᵉʳ janvier au 1ᵉʳ mai 1914 dans certaines régions de l'Afrique occidentale française.

Paris, le 1ᵉʳ août 1916.

Le Ministre de la guerre décide que, par application du paragraphe numéroté 4 de l'article 7 de la loi du 11 avril 1831, le bénéfice de la campagne, double pour le personnel européen, simple pour le personnel indigène est acquis :

1° Aux officiers, assimilés et militaires de tous grades, ayant servi au cours de la période du 1ᵉʳ janvier au 1ᵉʳ mai 1914 inclus :

a) Dans la Côte d'Ivoire;

b) Dans la région militaire de la Guinée;

c) Au Dahomey;

d) Dans les postes de M'Bout et Aleg (Mauritanie);

2° Aux officiers, assimilés et militaires de tous grades, ayant servi au cours de la période du 1ᵉʳ mai au 1ᵉʳ août 1914, dans toute l'étendue de l'Afrique occidentale française.

L'inscription de cette campagne sur les pièces militaires des intéressés sera faite dans les conditions indiquées par l'instruction du 8 juin 1911 (art. 44, *B. O.*, P. P., vol. 10).

F. — En Asie.

Décision ministérielle accordant le bénéfice de la campagne aux militaires français en activité de service faisant partie de la mission militaire de l'Annam.

Paris, le 24 novembre 1885.

Le Ministre de la guerre a décidé qu'il sera fait, jusqu'à nouvel ordre, application de l'article 7 de la loi du 11 avril 1831 (§ 4) aux militaires français en activité de service faisant partie de la mission envoyée en Annam pour réorganiser l'armée de ce pays.

Le service accompli dans ces conditions sera inscrit sur les divers documents officiels (registres matricules, états de services, livrets, etc.), conformément à la formule suivante :

Mission militaire en Annam $\begin{cases} \text{du} \\ \text{au} \end{cases}$

Arrêté ministériel rapportant la décision du 8 juin 1886, aux termes de laquelle les militaires et fonctionnaires militaires de tous grades faisant partie de la division d'occupation du Tonkin et de l'Annam ne compteront plus, à dater du 1er juillet suivant, le temps passé dans ce pays que comme campagne simple.

Paris, le 23 mars 1887.

Le Ministre de la guerre,

Considérant qu'il est survenu, depuis le mois de juillet 1886, diverses opérations de guerre au Tonkin et dans l'Annam résultant de la nécessité de repousser les incursions de quelques bandes de rebelles et de mettre fin à leurs déprédations ;

Vu l'article 7 de la loi du 11 avril 1831,

Arrête :

Les militaires et fonctionnaires militaires envoyés d'Europe avant et après le 1er juillet 1886, employés au Tonkin et dans l'Annam, continueront, jusqu'à décision contraire, à compter pour le double, en sus de la durée effective, le temps qu'ils auront passé dans l'Extrême-Orient.

La décision ministérielle du 8 juin 1886 est annulée.

Note ministérielle accordant le droit au bénéfice de la double campagne au personnel qui a pris part, en 1893, aux opérations du Haut-Mékong et du Siam.

Paris, le 1er février 1894.

En vertu d'une décision du Ministre de la marine du 28 janvier 1894, le droit au bénéfice de la double campagne (loi du 11 avril 1831, art. 7, § 4º) est accordé aux militaires des armées de terre et de mer, ainsi qu'aux marins, fonctionnaires et agents qui ont pris part, en 1893, aux opérations du Haut-Mékong et du Siam.

Cette mesure sera appliquée, en ce qui concerne les troupes, dans les conditions suivantes :

1º Troupes du Haut-Mékong, colonne de réserve de Pnom-Penh, troupes d'occupation de Chantaboun autres que celles ayant fait partie de la colonne de réserve ou provenant du Tonkin : depuis le jour où elles ont quitté le territoire de la Cochinchine jusqu'au 5 octobre, date de la signature du traité ;

2º Troupes venues du Tonkin, du jour du départ de Haïphong au jour de leur retour dans ce port (la date du débarquement à Haïphong est antérieure à la signature du traité). Cette catégorie de militaires a donc continué, sans interruption, de jouir du bénéfice de la double campagne, puisqu'il est accordé au personnel présent au Tonkin ;

3º Bataillon de marche de la légion étrangère, du jour de l'embarquement en Algérie jusqu'au 5 octobre.

Pour les isolés rentrés en Cochinchine avant le 5 octobre et appartenant aux troupes stationnées normalement dans cette colonie, le bénéfice de la double campagne cesse naturellement du lendemain de la rentrée.

Circulaire relative au bénéfice de campagne de g.... ...cordé pour les opérations en Chine et à l'inscription de cette campagne sur les registres, livrets, etc

Paris, le 4 mai 1901.

Après entente avec le Ministre de la marine, le Ministre de la guerre décide que, par application du paragraphe numéroté 4° de l'article 7 de la loi du 11 avril 1831, le bénéfice de campagne de guerre sera accordé aux officiers, fonctionnaires, employés et militaires de tous grades de l'armée de terre ayant pris part aux opérations en Chine.

Cette mesure sera appliquée aux ayants droit à partir du jour de leur départ de France, de l'Algérie, de la Tunisie ou d'une de nos colonies, à destination de la Chine, jusqu'à celui de leur rentrée en France, en Algérie, en Tunisie ou dans une de nos colonies, mais sous les réserves suivantes :

a) Le droit à la campagne de guerre dont il s'agit ne pourra être accordé avant la date du 30 mai 1900 ;

b) Il cessera d'être acquis, quelle que soit la destination des ayants droit, le jour qui sera fixé ultérieurement pour la clôture en Chine même du bénéfice de campagne de guerre.

Cette campagne sera inscrite sur les registres matricules des corps et sur les livrets et états de service des militaires et fonctionnaires de tous grades, conformément à la formule suivante :

Corps expéditionnaire   { du
   de Chine.   { au

Circulaire relative au bénéfice de la campagne de guerre accordé aux troupes qui ont opéré, à partir de 1902, sur la frontière du Siam (1).

Paris, le 13 février 1903.

Par application du paragraphe numéroté 4° de l'article 7 de la loi du 11 avril 1831, le bénéfice de la campagne de guerre est accordé aux officiers, assimilés et militaires de tous grades

---

(1) Cette circulaire est applicable aux militaires de la gendarmerie (circ. du 23 novembre 1903, *B. O.*, p. 1753).

des troupes ci-après désignées, qui ont pris part, à partir de 1902, aux opérations militaires effectuées au Cambodge et au Laos, sur la frontière du Siam :

A Pnom-Penh.

1re compagnie du 11e régiment d'infanterie coloniale ;

1 peloton de la 5e compagnie du 11e régiment d'infanterie coloniale ;

6e compagnie du régiment de tirailleurs annamites.

A Bassac.

1 section de la 12e compagnie du 11e régiment d'infanterie coloniale ;

9e compagnie du régiment de tirailleurs annamites (1), les médecins de l'ambulance de Khong, et le personnel qui les accompagnait au cours des événements militaires de cette région (2).

A Pursat.

3 sections de la 12e compagnie du 11e régiment d'infanterie coloniale.

A Chantaboum.

2e compagnie du 11e régiment d'infanterie coloniale ;

1/2 section de la 9e batterie du régiment d'artillerie coloniale ;

1 section de la 12e batterie du régiment d'artillerie coloniale ;

7° et 8e compagnies du régiment de tirailleurs annamites.

---

(1) Circulaire du 25 septembre 1903.

(2) Circulaire du 30 août 1904 : Les dispositions de la circulaire du 13 février 1903, relative à l'attribution du bénéfice de la campagne de guerre aux troupes qui ont opéré, à partir de 1902, sur la frontière du Siam, sont applicables au médecin-chef et au personnel médical de l'ambulance de Pak-Hinboun, qui ont participé aux événements de Bassac et de Savannaket à partir du 25 avril 1902.

A Paknam.

1 peloton de la 9ᵉ compagnie du 11ᵉ régiment d'infanterie coloniale ;

1ʳᵉ compagnie du régiment de tirailleurs annamites.

Les dates à partir desquelles est acquis auxdites troupes le bénéfice de la campagne de guerre sont les suivantes :

1° Pour les garnisons de Chantaboum, de Paknam, de Pnom-Penh et de Pursat et pour le détachement de Soaidonkéo, du 15 avril 1902, date à laquelle ont été entrepris les mouvements nécessités par les troubles survenus au Siam ;

2° Pour le détachement de Bassac, ainsi que pour les médecins et le personnel de l'ambulance de Khong, du 15 avril 1902, jour de son départ de Pnom-Penh ;

3° Pour les renforts envoyés à Paknam et à Chantaboum, des 16 et 31 mai 1902, jour de leur départ de Saïgon.

Le droit à la campagne de guerre continuera à être acquis pour ces troupes, ainsi que pour celles qui pourraient être appelées ultérieurement à les relever ou à les renforcer, jusqu'à cessation complète des opérations nécessitées au Siam par l'état des choses actuel.

Cette campagne sera inscrite sur les registres matricules des corps et sur les livrets individuels et états de services des intéressés, conformément à la formule suivante :

Cambodge (du   1902
(en guerre) (au

Circulaire relative au bénéfice de la campagne double accordé aux troupes qui ont servi, à partir de 1902, au Cambodge.

Paris, le 17 août 1906.

Par application des dispositions du paragraphe 4 de l'article 7 de la loi du 11 avril 1831, le bénéfice de la campagne double est accordé aux officiers, assimilés et militaires de tous grades qui ont servi au Cambodge à partir de 1902, ainsi qu'à ceux qui pourraient être appelés à y servir ultérieurement.

L'inscription de cette double campagne sur les pièces militaires des intéressés sera faite dans les conditions indiquées par la circulaire du 14 février 1906 (1).

---

(1) Remplacée par l'instruction du 8 juin 1911.

Circulaire relative au bénéfice de campagne accordé au personnel militaire qui a pris part aux opérations de la commission de délimitation de la frontière franco-siamoise, en 1904, 1905, 1906 et 1907.

Paris, le 26 janvier 1908.

Par application des dispositions du paragraphe numéroté 4° de l'article 7 de la loi du 11 avril 1831, le bénéfice de campagne est accordé aux officiers, assimilés et militaires de tous grades, qui ont pris part d'une manière effective, pendant la période comprise entre les mois de décembre 1904 et mars 1907, aux opérations de la commission de délimitation de la frontière franco-siamoise, sous les ordres de M. le lieutenant-colonel d'artillerie coloniale hors cadres BERNARD.

L'inscription de cette double campagne sur les pièces militaires des intéressés sera faite de la manière suivante :

Commission de délimitation franco-siamoise (en guerre) } du au

---

G. — En Amérique.

Circulaire accordant aux officiers et soldats de la mission géodésique française à la République de l'Equateur le bénéfice d'une campagne simple par année de séjour à l'Equateur.

Paris, le 18 juillet 1902.

Le bénéfice de la campagne simple est accordé aux officiers et soldats de la mission géodésique française de l'Equateur, qui, formant un détachement soumis aux lois et règlements militaires, sous les ordres du chef de mission, doivent être considérés comme en service militaire, hors d'Europe, pendant la durée de leur mission.

Circulaire relative au bénéfice de la campagne de guerre accordé aux militaires qui, du 6 novembre 1903 au 9 janvier 1904, ont pris part aux opérations effectuées sur le territoire de la Haute-Mana (Guyane).

Paris, le 6 juin 1904.

Par application du paragraphe numéroté 4° de l'article 7 de la loi du 11 avril 1831, le bénéfice de la campagne de guerre est accordé aux militaires de tous grades qui ont pris part aux opérations effectuées sur le territoire de la Haute-Mana (Guyane), pendant la période comprise entre le 6 novembre 1903 et le 9 janvier 1904 (1).

Cette campagne sera inscrite sur les registres matricules des corps et sur les livrets individuels et états de services des ayants droit, conformément à la formule suivante :

| Haute-Mana (Guyane) | du | 1903, |
| (en guerre). | au | 1904. |

Circulaire relative au bénéfice de la campagne de guerre accordé aux militaires de la gendarmerie qui, du 20 août au 20 octobre 1903, ont fait partie d'une mission sur le territoire de la Haute-Mana (Guyane).

Paris, le 11 novembre 1904.

Par application du paragraphe numéroté 4° de l'article 7 de la loi du 11 avril 1831, le bénéfice de la campagne de guerre est accordé aux militaires de la gendarmerie qui ont fait partie de la mission qui a opéré sur le territoire de la Haute-Mana (Guyane) pendant la période comprise entre le 20 août et le 20 octobre 1903.

Cette campagne sera inscrite sur les registres matricules des corps et sur les livrets individuels et états de services des ayants droit, conformément à la formule suivante :

| Haute-Mana (Guyane) | du | 1903. |
| (en guerre). | au | 1903. |

---

(1) Pour la période du 11 au 17 mai 1895 dans le territoire contesté (Mapa), voir page 194 la circulaire du 27 octobre 1895.

Circulaire relative aux inscriptions à porter sur les livrets et pièces matricules des militaires qui font partie du corps expéditionnaire d'Orient, au point de vue du bénéfice de campagne.

Paris, le 6 mai 1915.

Les inscriptions à porter sur les livrets et pièces matricules des militaires qui font partie du corps expéditiomaire d'Orient, au point de vue du bénéfice de campagne, sont les suivantes : « Campagne d'Orient (1915) ».

La date de l'ouverture de la campagne est celle de l'embarquement, conformément aux dispositions de l'article 44 de l'instruction du 8 juin 1911 (*B. O.*, É. M., vol. 10, p. 83).

Circulaire relative à l'inscription de la campagne contre l'Allemagne, au Cameroun, sur les pièces matricules.

Paris, le 17 juillet 1915.

La campagne de 1914-1915 contre l'Allemagne au Cameroun sera inscrite sur les pièces matricules des militaires qui y ont pris part, dans les conditions prévues par l'instruction du 8 juin 1911, article 44 (*B. O.*, É. M., vol. 10, p. 82), et dans les formes suivantes :

Campagne contre l'Allemagne		du		19	.
au Cameroun.		au		19	.

§ 2. — Dispositions relatives au mode de supputation des campagnes.

Note ministérielle explicative sur la question d'un bénéfice de campagne aux militaires rentrés d'Afrique, pour cause de maladie ou pour être temporairement attachés au dépôt de leur corps.

Paris, le 11 décembre 1846.

Des doutes se sont élevés sur la manière d'envisager, en ce qui touche les bénéfices attachés aux campagnes, la position des militaires de l'armée d'Afrique rentrés temporairement en France, soit pour cause de maladie, soit pour faire partie du dépôt.

Il est vrai que, dans le cas dont il s'agit, il n'est point accordé de nouvelle gratification d'entrée en campagne aux officiers rappelés en Afrique; mais c'est à tort que quelques conseils d'administration en ont inféré qu'il y aurait lieu de leur continuer, pour le temps de leur séjour provisoire en France, l'application du bénéfice de campagne.

En effet, le droit étant ici pleinement subordonné à une question de fait, quel que soit le motif qui puisse être invoqué, on ne saurait attribuer à un service fait en France un bénéfice exclusivement réservé par l'article 7 (section 4e du 2e §) de la loi du 11 avril 1831, au service fait hors d'Europe sur le pied de guerre.

Décision ministérielle qui confirme celle du 11 décembre 1846, relative à une question de bénéfice de campagne, en ce qui touche les militaires rentrés de l'armée d'Afrique, de l'armée d'Italie ou des colonies, soit pour cause de maladie, soit pour faire partie du dépôt.

Paris, le 26 juillet 1852.

Malgré les termes formels de la solution insérée au *Journal militaire,* sous la date du 11 décembre 1846, de nouveaux doutes se sont élevés sur la question de savoir si les militaires de l'armée d'Afrique rentrant temporairement en France, soit pour cause de maladie, soit pour faire partie du dépôt, ont droit, pendant leur absence, au bénéfice de campagne.

Quelles que soient les causes qui ont pu faire naître ces doutes, il n'est pas possible, en présence des termes de l'article 7 de la loi du 11 avril 1831, de leur donner d'autre solution que celle qui les résout négativement dans la note de 1846, note à laquelle il y a lieu de se référer pour tous les cas de même espèce, qu'il s'agisse, soit des militaires de l'armée d'Afrique, soit de ceux qui font partie de l'armée d'Italie, ou des corps de troupes stationnés aux colonies.

Arrêté ministériel réglant le droit de campagne des militaires envoyés en dehors du territoire continental de l'empire, à titre transitoire.

Paris, le 19 janvier 1870.

Le Ministre Secrétaire d'Etat de la guerre,

Considérant que le service accompli par les militaires qui sont chargés de conduire des détachements en dehors du territoire continental de l'empire est diversement apprécié par les corps, au point de vue de la supputation des campagnes, et qu'il importe d'adopter à cet égard une règle fixe et uniforme,

Arrête :

Art. 1er. Les militaires envoyés en conduite de détachement, en dehors du territoire continental de l'empire, sont admis à compter comme campagne le temps employé à cette mission.

Le décompte dudit service est fait, suivant le cas, conformément aux règles posées par les lois des 11 avril 1831 et 25 juin 1861.

Art. 2. Le bénéfice de ces dispositions est étendu aux inspecteurs généraux d'armes opérant en Algérie et à leurs aides de camp.

Paris, le 19 janvier 1870.

Note ministérielle relative au nouveau mode de supputation des campagnes hors d'Europe.

Paris, le 20 août 1881.

Sur l'avis de la section des finances au Conseil d'Etat, le mode de supputation des campagnes hors d'Europe est modifié ainsi qu'il suit :

Lorsque des campagnes hors d'Europe en temps de guerre sont comprises dans un espace de moins d'un an et sont précédées ou suivies d'autres, faites en Europe (en d'autres termes, campagne double et simple), on établit premièrement les périodes donnant droit au bénéfice des campagnes, sans se préoccuper de la nature de celles-ci, puis on suppute séparément et de la même manière les périodes hors d'Europe en temps de guerre, et enfin on totalise les résultats de ces deux opérations.

L'exemple suivant fait ressortir les différences existant entre l'ancien et le nouveau système de décompte.

Supputation des campagnes hors d'Europe.

CAMPAGNES.	MODE DE DÉCOMPTE ANCIEN.	NOUVEAU MODE ADOPTÉ PAR LE CONSEIL D'ÉTAT et actuellement suivi.
Italie. — Du 13 juillet 1851 au 3 mars 1853.	Italie .. { 13 juillet 1851 / 12 juillet 1852 } 1 simple... 1.	Italie... (13 juillet 1851 / Afrique. / Orient.. (13 avril 1856 } 5.
Afrique { Du 4 mars 1853 au 30 janvier 1854. / Du 9 juin 1854 au 3 avril 1855.	Italie .. (13 juillet 1852 / Afrique (12 juillet 1853 } 1 double. 2.	France. — 1870-71........ 1.
Orient. — Du 4 avril 1855 au 13 avril 1856.	Afrique (13 juillet 1853 / Orient . (13 avril 1856 } 3 doubles. 6.	BONIFICATION.
France. — Du 18 août 1870 au 7 mars 1871.	France. — 1870-71..... 1 simple. 1.	Afrique. { 4 mars 1853 / 30 janvier 1854 } 1.
		Afrique. (9 juin 1854 / Orient.. (13 avril 1856 } 2.

Circulaire relative au décompte des compagnes des officiers rapatriés des colonies par un itinéraire anormal.

Paris, le 10 juin 1901.

(Nouvelle rédaction. — Circ. 15 septembre et 9 décembre 1902.)

Des officiers rapatriés des colonies sont parfois autorisés à modifier l'itinéraire réglementaire en vue de profiter de leur retour pour séjourner à l'étranger ou dans des colonies ou pays de protectorat.

En ce cas, il n'y a pas lieu de compter comme campagne aux officiers dont il s'agit la durée totale du voyage de retour : la campagne doit prendre fin pour eux le jour où se termine l'itinéraire qu'ils auraient dû normalement suivre.

Pour l'application de ces dispositions, les commandants supérieurs des troupes qui autorisent des officiers ou assimilés à modifier l'itinéraire réglementaire pour leur rentrée en France en rendront compte au Ministre (Bureau de l'arme). Ils indiqueront, sur ce compte rendu et en outre sur l'autorisation délivrée aux intéressés, le bateau (nom et date du départ) par lequel ces officiers sont censés rentrer en France avec leurs camarades rapatriés à la même date.

La date de l'arrivée en France de ce bateau sera adoptée pour la fin de la campagne.

Loi modifiant l'article 8 de la loi du 11 avril 1831, sur les pensions de l'armée de terre.

Paris, le 15 mars 1904.

Le Sénat et la Chambre des députés ont adopté,
Le Président de la République promulgue la loi dont la teneur suit :

Art. 1er. Dans la supputation des bénéfices attachés aux campagnes par l'article 7 de la loi du 11 avril 1831, on comptera pour une année entière la campagne dans laquelle le militaire aura été blessé et mis hors de service.

En tout autre cas, la campagne sera comptée pour sa durée effective en considérant toutefois comme acquis en entier le mois pendant lequel la campagne aura pris fin.

Si, par l'application des règles qui précèdent, il arrive que deux périodes de campagnes chevauchent l'une sur l'autre, la partie commune ne sera attribuée qu'à l'une des campagnes et, au cas où elles seraient de nature différente, à celle qui ouvre les droits les plus élevés.

Art. 2. Pour les campagnes antérieures à la promulgation de la présente loi, la bonification sera supputée selon les règles alors en vigueur.

La présente loi, délibérée et adoptée par le Sénat et par la Chambre des députés, sera exécutée comme loi de l'Etat.

Fait à Paris, le 15 mars 1904.

EMILE LOUBET.

Par le Président de la République :

Le Ministre de la guerre,
Général L. ANDRÉ.

Le Ministre des finances,
ROUVIER.

Circulaire relative à l'interruption des campagnes.

Paris, le 18 mars 1907.

Les circulaires des 21 février 1905 (*B. O.*, P. R., p. 133) et 11 avril 1906 (*B. O.*, P. R., p. 507), réglant, par application de la loi du 15 mars 1904, les interruptions de campagnes, sont abrogées et leurs dispositions remplacées par les suivantes :

a) La campagne sera interrompue pour tout déplacement d'une durée supérieure à un mois, abstraction faite du temps consacré au voyage proprement dit (1) ;

b) Les campagnes interrompues par un retour momentané en France le seront du jour du débarquement sur le territoire métropolitain jusqu'à celui du réembarquement ;

c) Les militaires stationnés dans les régions sahariennes, ou sur tout autre territoire donnant droit au bénéfice de la campagne double, subiront l'interruption de la campagne double du jour où ils sortiront de la zone dans laquelle en est acquis le bénéfice, jusqu'à celui de leur rentrée dans cette zone. Ils jouiront du bénéfice de la campagne simple, par analogie avec la règle énoncée au paragraphe *b*) jusqu'au jour de leur débarquement en France et à partir du jour de leur réembarquement.

Ces dispositions auront leur effet à dater du 15 mars 1904. (Il ne sera toutefois apporté aucune modification aux décomptes établis pour les pensions déjà liquidées.)

En vue d'en faciliter l'application, ainsi que l'inscription des interruptions sur les pièces matricules, un bulletin individuel du modèle ci-joint sera adressé à l'administration centrale (bureau de l'arme), par les chefs de corps ou de service, pour tout officier dont la campagne sera interrompue dans les conditions ci-dessus visées.

---

(1) Trajets sur terre ou sur mer. Ainsi, une permission de trente jours ou un congé d'un mois n'interrompt pas la campagne, quelle que soit la durée du temps passé en route par le militaire qui en bénéficie pour se rendre là où il a demandé à en jouir.

La règle édictée au paragraphe *a*) s'applique aussi bien au militaire qui, pendant son absence, reste dans la colonie où il jouissait du bénéfice de la campagne qu'à celui qui interrompt celle-ci pour se rendre dans la métropole.

MODÈLE.
—
Circulaire du 18 mars
1906.

BULLETIN individuel d'absence interrompant le bénéfice de campagne.

NOMS ET PRÉNOMS.	GRADE.	CORPS OU SERVICE.	DATE DE L'INTERRUPTION de la campagne		DATE DE LA REPRISE de la campagne		OBSERVATIONS. — Indiquer dans cette colonne le motif de l'interruption de la campagne.
			double.	simple.	double.	simple.	

Transmis au Ministre (* Direction, * Bureau)   A   , le   19 .
A   , le   19 .   *Le Chef de corps (ou de service),*
Le Général commandant le

Circulaire relative à l'établissement de bulletins individuels pour les officiers ou assimilés en service dans une colonie ou pays de protectorat passant dans une région donnant droit au bénéfice de la double campagne, ou sortant de cette région.
(Cabinet du Ministre; Bureau de la Correspondance générale.)

Paris, le 27 juillet 1909.

Le Ministre de la guerre décide que, dorénavant, les corps ou services devront produire, pour les officiers ou assimilés en service en Algérie, en Tunisie ou toute autre colonie française ou pays de protectorat bénéficiant normalement de la campagne simple, un bulletin individuel analogue à celui prescrit pour les campagnes et interruptions de campagne (art. 221 du service courant), lorsque les intéressés pénétreront, pendant leur séjour colonial, dans une zone donnant droit à la campagne double, ou sortiront de cette zone.

Cette mesure est applicable aux sous-officiers de la justice militaire et aux militaires de la gendarmerie.

Ce mode de procéder est destiné à éviter les erreurs ou omissions qui pourraient se produire dans l'inscription à l'administration centrale, aux dossiers des intéressés, des campagnes qu'ils ont effectuées.

* * *

Circulaire portant interprétation des dispositions du second alinéa de la circulaire du 18 mars 1907 relative à l'interruption des campagnes.
(Cabinet du Ministre; Bureau de la Correspondance générale.)

Paris, le 27 mars 1911.

La question s'est posée de savoir s'il convient de faire application des dispositions du paragraphe *a*) (renvoi 1) de la circulaire du 18 mars 1907, relative à l'interruption des campagnes aux militaires traités, pendant plus d'un mois, dans un hôpital de la colonie où ils jouissent du bénéfice de la campagne.

La question doit être résolue par la négative. Le séjour de ces militaires, pendant plus d'un mois, dans un hôpital de la colonie n'est pas interruptif de la campagne, quelle que soit l'affection qui a nécessité leur hospitalisation.

* CORPS D'ARMÉE

*BULLETIN individuel d'interruption ou de reprise du bénéfice
de campagne double ou simple.*

NOM ET PRÉNOMS.	GRADE.	CORPS OU SERVICE.	DATE DE L'INTERRUPTION de la campagne		DATE DE LA REPRISE de la campagne		OBSERVATIONS.
			double.	simple.	double.	simple.	

Transmis au Ministre (⊸ Direction, * Bureau). A   , le   19   .

A   , le   19 .

Le *Général commandant le* * *corps d'armée.*

Le Chef de corps (ou de service),

*Circulaire relative à l'inscription de la campagne de 1914
sur les pièces matricules.*

Bordeaux, le 2 décembre 1914.

La formule à adopter pour l'inscription de la campagne de
1914, sur les pièces matricules des militaires qui y auront pris
part, est la suivante : « Campagne contre l'Allemagne ».

---

*Circulaire relative au bénéfice de campagne des militaires rapa-
triés du Maroc ou des colonies donnant droit au bénéfice de la
campagne double pour prendre part à la guerre contre l'Allemagne (1).*

Paris, le 15 mars 1915.

La question a été posée de savoir à quelle date les militaires
rapatriés du Maroc ou des colonies donnant droit au bénéfice de
la campagne double, pour prendre part à la guerre contre l'Allemagne, cessent d'avoir droit au bénéfice de la campagne double.
Cette date est celle du débarquement en France.

---

*Décret accordant le bénéfice de la campagne simple aux mem-
bres de la mission militaire française de Grèce pendant les
guerres balkaniques.*

Paris, le 16 janvier 1916.

Art. 1er. Le droit à la campagne simple est accordé aux officiers et sous-officiers qui ont appartenu à la mission militaire
française de Grèce, sous les ordres de M. le général EYDOUX,
pendant les guerres balkaniques de 1912-1913, pour la période
comprise entre le 30 septembre 1912, date de la mobilisation de
l'armée grecque, et le 14 novembre 1913 inclus, date de la signature du traité d'Athènes.

---

(1) Complétée (circ. du 14 avril 1915, *B. O.*, p. 245).

IVᵉ PARTIE.

Instruction générale pour l'établissement des demandes et propositions de pensions.

Pensions militaires de retraite et proportionnelles.

Instruction concernant le service des pensions militaires.

Paris, le 23 mars 1897.

TITRE Iᵉʳ.

Dispositions générales.

CHAPITRE Iᵉʳ.

EXAMEN DES DEMANDES ET ÉTABLISSEMENTS DES MÉMOIRES DE PROPOSITION.

Mise en instance de pension.

Art. 1ᵉʳ. Un militaire peut être admis à la retraite soit sur sa demande, soit d'office.

La demande de pension ou l'admission d'office à la retraite d'un militaire en activité fait l'objet d'un mémoire de proposition établi par l'autorité compétente.

Le sous-officier rengagé ne peut pas être proposé d'office pour la pension proportionnelle, par mesure de discipline, avant l'expiration de son rengagement.

Les anciens militaires sont tenus d'adresser directement leur demande de pension au Ministre de la guerre.

Etablissement des propositions.

Art. 2 (1). Les opérations relatives aux pensions rentrent dans le service courant et sont assurées par les autorités désignées à l'article 3.

Délégation de pouvoirs.

Art. 3 (1). Les autorités ayant qualité pour approuver, *pour proposition*, les demandes de pension sont, selon la position de l'intéressé, savoir (2) :

« A) Militaires en activité de service..	Général commandant la brigade.
« B) Anciens militaires et officiers sans troupe et militaires appartenant à des troupes non embrigadées.	Général commandant la subdivision.
« C) Secrétaires d'état-major.........	Chef d'état-major du corps d'armée.
« D) Commis et ouvriers militaires d'administration.	Directeur de l'intendance du corps d'armée.
« E) Sections d'infirmiers.	Directeur du service de santé du corps d'armée. »

Dispositions spéciales aux officiers généraux.

Art. 4. Les officiers généraux ou assimilés adressent leur demande de pension au Ministre par la voie hiérarchique, s'ils sont en activité, ou directement lorsqu'ils se trouvent dans toute autre position.

Le Ministre donne les ordres nécessaires pour l'instruction des demandes de pension à titre de blessures ou d'infirmités et désigne les autorités qui procéderont aux constatations réglementaires.

Solde de réserve. — La solde de réserve à laquelle les officiers généraux peuvent prétendre, par application des lois des 14 janvier 1890 et 31 mars 1903, article 67, quand ils sont placés dans la deuxième section du cadre de l'état-major général, est liquidée d'office sans proposition.

Les intéressés n'ont aucune pièce à fournir à moins qu'ils ne se croient en droit de demander que leur solde soit fixée d'après les bases de la pension à titre de blessures ou d'infirmités. Dans

(1) Modifiés (circ. du 20 septembre 1910, *B. O.*, p. 1818).
(2) Les dossiers de pension des militaires, des veuves et des orphelins doivent être envoyés directement au Ministre par l'autorité chargée d'approuver les dossiers et désignée à l'article 3 (instruction du 18 janvier 1910, *B. O.*, p. 165).

ce dernier cas, les justifications à produire sont les mêmes que pour la pension. (Voir au chapitre 7 de la présente instruction.)

Autorités chargées de l'instruction.

Art. 5 (1). Sous réserve de ce qui est dit à l'article qui précède (pour les officiers généraux), toute demande de pension formée par un militaire ou un ancien militaire est instruite :

1º Si le militaire fait partie d'un corps de troupe ou d'un établissement considéré comme tel, par le conseil d'administration ;

2º S'il appartient à une compagnie ou section formant corps, par le commandant de la compagnie ou section ;

3º S'il s'agit d'un officier sans troupe, par le général commandant la subdivision ;

4º Si le militaire, appartenant à un corps de troupe ou à un établissement, s'en trouve assez éloigné pour ne pas pouvoir être déplacé sans inconvénient, ou si l'intéressé, n'appartenant plus à l'armée active, est rentré dans ses foyers, par le conseil d'administration de l'un des corps à proximité et que désigne le général commandant la subdivision.

Visa du sous-intendant militaire.

Art. 6. La demande et les pièces à l'appui sont communiquées au sous-intendant militaire chargé de la surveillance administrative du corps où l'affaire a été instruite.

Si les pièces sont régulières, le sous-intendant les vise ; dans le cas contraire, il consigne ses observations dans un rapport spécial.

Le dossier est ensuite envoyé à celle des autorités qui, conformément aux articles 2 et 3 ci-dessus, a été chargée d'instruire la demande, pour être transmise au Ministre.

Epoques de transmission.

Art. 7 (2). Les propositions pour la pension proportionnelle ou d'ancienneté sont toujours envoyées deux mois avant l'époque où le droit à pension sera acquis.

Dans le cas de changement dans la position militaire de l'intéressé, le Ministre en est immédiatement informé (Bureau des Pensions).

Droits mixtes.

Art. 8. Le droit à la pension proportionnelle ou pour ancienneté de service étant distinct du droit à la pension pour cause de

---

(1) Remplacé (circ. du 20 septembre 1910, *B. O.*, p. 1818).
(2) Remplacé (circ. du 22 mai 1911, *B. O.*, p. 636, voir p. 143 le décret du 23 juin 1916).

blessure ou d'infirmités, une demande et par conséquent un mémoire de proposition ne sauraient utilement avoir ces deux bases à la fois.

Si donc un militaire ayant droit à la pension proportionnelle ou pour ancienneté de service croit avoir en même temps à faire valoir des titres à la pension pour cause de blessures ou d'infirmités, sa demande doit, en premier lieu, être instruite suivant les formes applicables à ce dernier cas.

Une pension concédée pour ancienneté de service ou à titre proportionnel ne peut, en effet, être revisée administrativement pour cause d'aggravation de blessures ou d'infirmités et, quels que soient ses droits à ladite revision, un militaire titulaire d'une pension proportionnelle ou d'ancienneté ne peut plus les faire valoir, s'il ne s'est pas pourvu devant la juridiction contentieuse du Conseil d'Etat dans le délai fixé aux articles 25 de la loi du 11 avril 1831 et 14 de la loi du 13 avril 1900, soit dans un délai de deux mois à partir du jour du premier payement des arrérages de la pension dont les bases ont été notifiées à l'intéressé.

En vue de remédier, dans la mesure du possible, à ces dispositions d'application absolument rigoureuse, si l'on se trouve dans la nécessité d'établir une proposition pour l'admission d'office à la pension proportionnelle motivée par des infirmités imputables aux fatigues ou dangers du service, mais qui, tout en entraînant l'impossibilité de servir et une diminution notable de l'aptitude au travail, n'atteignent pas le degré de gravité voulu pour ouvrir immédiatement le droit à la pension de retraite prévue par le titre II de la loi du 11 avril 1831, l'intéressé doit être mis en demeure d'opter soit pour la pension proportionnelle, soit provisoirement pour la gratification renouvelable ou, s'il y a lieu de faire application de l'article 65 de la loi du 21 mars 1905, pour la solde de réforme. En optant pour la gratification ou pour la solde de réforme, il conservera la faculté de réclamer la pension de retraite, dans les conditions de l'article 3 du décret des 10 août 1886-15 mai 1889, en cas d'aggravation suffisante de ses infirmités ou, dans les cas contraires, de demander la liquidation de sa pension proportionnelle dans le délai de cinq ans à compter de la radiation des contrôles de l'activité (art. 6 de la loi du 17 avril 1833). Toutefois il conviendra d'appeler tout spécialement l'attention du militaire sur ce point que, au cas où l'aggravation d'infirmités attendue ne se produirait pas et où il lui faudrait se contenter de la pension proportionnelle, il devra, s'il ne veut rien perdre sur les arrérages de cette pension proportionnelle, en réclamer la liquidation, par demande introduite devant le Ministre avant l'expiration de la troisième année à compter du jour de sa radiation des contrôles. L'article 40 de la loi de finances du 16 avril 1895 ne permet pas, en effet, lorsque la prescription n'a pas été interrompue, de payer plus de trois années d'arrérages.

Quelle que soit l'option, le mémoire de proposition à établir devra contenir une déclaration, formelle et dûment signée, par laquelle l'intéressé reconnaîtra que tous les renseignements ci-dessus lui ont été fournis et qu'il a opté en parfaite connaissance de cause.

Revision de pension pour nouveaux services.

Art. 9. Pour nouveaux services, il est de droit strict (sous réserve des observations mentionnées aux articles 10, 22, 28 et 30 ci-après) qu'une pension proportionnelle ou d'ancienneté peut toujours être revisée administrativement lorsque la liquidation nouvelle est avantageuse à l'intéressé.

Mais quel qu'ait été le grade ayant servi de base à la première liquidation, la seconde est opérée d'après le droit résultant du dernier grade obtenu comme militaire de l'armée active. (Art. 10 de la loi du 11 avril 1831, 8 de la loi du 18 août 1879 et 65 de la loi du 21 mars 1905.)

Délais d'instance.

Art. 10. L'autorité chargée d'instruire une demande de pension ou de revision de pension, doit d'abord rechercher si l'intéressé se trouve encore dans les délais réglementaires d'instance.

Ces délais sont les suivants :

1º Pour les demandes en liquidation de pensions de toute nature et en revision de pension pour nouveaux services ou pour aggravation d'infirmités : cinq ans à compter de la cessation de l'activité. (Article 6 de la loi du 17 avril 1833 et articles 1 et 3 du décret du 10 août 1886-15 mai 1889.)

2º Pour l'introduction d'un pourvoi devant le Conseil d'Etat tendant à la revision d'une pension déjà concédée : deux mois à partir du jour du premier payement des arrérages (art. 25 de la loi du 11 avril 1831 et art. 24 de la loi de finances du 13 avril 1900) pourvu que, avant ce premier payement, les bases de la liquidation aient été notifiées.

NOTA. — Les militaires libérés, réformés ou retraités avant le 20 août 1864 n'avaient qu'un délai d'un an à partir de la cessation de l'activité pour faire valoir des titres résultant d'une aggravation d'infirmités. Le délai était de deux ans en cas d'amputation d'un membre ou de cécité complète (article 2 de l'ordonnance du 2 juillet 1831). Ces délais ont été portés à deux ou trois ans pour les anciens militaires renvoyés dans leurs foyers, du 20 août 1864 au 10 août 1886 (décret du 20 août 1864) sauf pour les hommes devenus infirmes pendant la campagne de 1870-71 et rendus à la vie civile, en faveur desquels le délai d'instance a été exceptionnellement prorogé jusqu'au 31 mars 1877 (décret du 22 septembre 1876.)

La prescription est donc irrévocablement acquise contre tous les militaires qui ont été rayés des contrôles depuis plus de cinq ans.

Toutefois il est un cas où un ancien militaire pourrait être admis à faire valoir ses titres à la retraite après l'expiration des délais impartis par le règlement qui lui était applicable, c'est lorsqu'il justifie par documents authentiques :

1° Qu'il a remis une demande de pension en temps utile à l'autorité compétente, sans qu'aucune décision ministérielle soit intervenue et lui ait été notifiée ;

2° Qu'avant l'expiration du délai l'infirmité dont il excipe avait déjà atteint le degré de gravité exigé pour le droit à pension par les articles 12, 13 et 14 de la loi du 11 avril 1831.

(Ces deux conditions réunies sont essentielles.)

Dans tous les cas, le délai d'instance court du jour où le service effectif cesse de fait (jour où l'homme quitte le corps après libération, réforme, démission, envoi dans la disponibilité ou cessation d'une période d'instruction) ou de droit (date de passage dans la réserve de l'armée active ou de l'expiration du rengagement), si l'intéressé a été renvoyé dans ses foyers par anticipation.

Prescription.

Art. 11. La prescription est d'application rigoureuse et aucune exception ne peut être accordée par voie gracieuse ; mais il importe que les intéressés soient exactement mis à l'abri de toute erreur.

En cas de prescription, l'autorité militaire ne rejette donc pas la demande ; elle la transmet, sans instruction sur le fond, au Ministre, qui seul doit statuer.

Rejet de demandes.

Art. 12. Aucune demande de pension n'est rejetée pour quelque motif que ce soit, sans que le Ministre ait été appelé à statuer, conformément à l'article 6 du décret du 2 novembre 1864 et à l'article 3 de la loi du 17 juillet 1900.

Il ne suffit pas, en effet, qu'un militaire ayant sollicité son admission à la retraite ait la certitude que ses titres ont été examinés avec soin et bienveillance ; il faut encore, lorsque sa demande n'est pas accueillie, qu'il soit mis à même de se pourvoir, s'il le juge convenable, devant le Conseil d'Etat.

Priorité en liquidation.

Art. 13. S'il arrivait que le montant des pensions à liquider, comparé aux crédits législatifs, donnât lieu de prévoir une insuffisance accidentelle de ces crédits, et la nécessité, pour liquider concurremment toutes les affaires en instance, d'attendre une loi de crédits supplémentaires, la priorité pour l'emploi du disponible serait accordée dans l'ordre suivant :

1° Pensions des amputés et des aveugles ;

2° Pensions des veuves et secours annuels des orphelins ;
3° Pensions de retraite pour cause de blessures ou d'infirmités ;
4° Pensions de retraite pour ancienneté de service ;
5° Pensions de réforme pour infirmités ;
6° Pensions à vingt-cinq ans de services dans les conditions de la loi de 1861 ;
7° Pensions proportionnelles ;
8° Pensions de réforme par mesure de discipline.

Les demandes n'en devraient pas moins être instruites régulièrement et transmises à l'administration centrale où elles seraient classées par nature et par date d'arrivée.

TITRE II.

Pensions de retraite et pensions proportionnelles.

CHAPITRE II.

PENSION POUR ANCIENNETÉ DE SERVICE.

Droit à la pension d'ancienneté.

Art. 14. Le droit à la pension à titre d'ancienneté de service est acquis, pour les officiers et assimilés, après 30 ans, et pour les sous-officiers, caporaux ou brigadiers et soldats, après 25 ans de service effectif. (Lois des 11 avril 1831 et 18 août 1879.)

Ce droit est acquis pour les officiers des troupes coloniales après 25 ans de service effectif (art. 2 de la loi du 5 août 1879), lorsqu'ils comptent 6 ans de navigation ou de séjour aux colonies.

Temporairement certains officiers des troupes métropolitaines peuvent obtenir une pension de retraite après 25 ans de service effectif (1).

A) Cette exception a été étendue par l'article 40 de la loi du 31 décembre 1907 aux officiers des troupes coloniales qui réunissent 20 ans de service effectif dont 6 ans de séjour aux colonies.

---

(1) Voir pages 66, 67 et 68, les lois des 7 avril 1905 et 31 décembre 1907 ; la circulaire du 15 juin 1905. Cette exception (comme ci-dessus en A).

Dispositions spéciales aux officiers en non-activité pour infirmités.

Art. 15 (1). Exceptionnellement les officiers et assimilés en non-activité pour infirmités temporaires et reconnus, par un conseil d'enquête de région, non susceptibles d'être rappelés à l'activité, peuvent obtenir une pension égale au minimum de la pension de leur grade sans bonification pour les campagnes, s'ils réunissent vingt-cinq ans de services effectifs. (Art. 2 de la loi du 25 juin 1861.)

La proposition à cet effet peut être établie, soit d'office, soit sur la demande de l'intéressé, sans condition de durée de la non-activité, dès que l'officier ayant accompli le temps de service voulu et se trouvant dans la position de non-activité pour infirmités temporaires a été reconnu définitivement hors d'état d'être rappelé à l'activité.

Dispositions transitoires résultant de la loi du 15 novembre 1890.

Art. 16. La loi du 15 novembre 1890, portant modification des tarifs de pensions de certaines catégories d'officiers et d'employés militaires, est exécutoire, en principe, à partir de sa promulgation.

Toutefois, elle dispose par mesure transitoire (art. 3) que les officiers et employés militaires, pourvus, avant l'expiration d'un délai de deux ans, de grades dont la pension est diminuée, seront retraités d'après les tarifs plus avantageux, affectés à ces grades par les lois des 22 juin 1878 et 16 mars 1882, sans qu'il soit dérogé, d'ailleurs, aux règles ordinaires du droit à pension, notamment en ce qui concerne les deux années de grade nécessaires en cas d'admission à la retraite sur demande.

CHAPITRE III.

PENSION POUR CAUSE DE BLESSURES OU INFIRMITÉS.

Droit à la pension pour blessures ou infirmités.

Art. 17. Les blessures ou infirmités invoquées pour ouvrir le droit à pension doivent : 1º avoir été reçues ou contractées dans les conditions de l'article 12 de la loi du 11 avril 1831; 2º avoir été reconnues incurables; 3º atteindre un des degrés de gravité rangés dans les six classes ci-après :

---

(1) Modifié (circ. du 5 août 1910, *B. O.*, p. 1386).

1re classe : Cécité complète.

2e — Amputation de deux membres.

3e — Amputation d'un membre.

4e — Perte absolue de l'usage des deux membres ou infirmités équivalentes.

5e — Perte absolue de l'usage d'un membre ou infirmités équivalentes.

6e — Blessures ou infirmités qui mettent l'officier hors d'état de rester en activité et d'y rentrer ultérieurement; le sous-officier, caporal, brigadier ou soldat, hors d'état de servir et de pourvoir à sa subsistance.

CHAPITRE IV.

PENSIONS PROPORTIONNELLES.

Droit à la pension proportionnelle.

Art. 18 (1). Les militaires nommés à un emploi réservé dans le trimestre qui précède l'échéance de leur quinzième **année de service** seront placés d'office dans la position d'absence et envoyés en congé sans solde à la date du jour de leur entrée dans leur nouvel emploi, jusqu'au dernier jour inclus de leur quinzième année de service.

Militaires indigènes.

Art. 19. Les indigènes servant dans les diverses troupes d'Algérie, ainsi que ceux de la compagnie de gendarmerie de Tunisie, peuvent obtenir une pension proportionnelle après 12 ans de service effectif, mais le taux de leurs pensions **est** fixé d'après un tarif réduit (2).

Les militaires indigènes des troupes coloniales ont droit à pension après 15 ans de service effectif, également d'après des tarifs réduits (3).

---

(1) Alinéa supprimé par circulaire du 1er mars 1911 (*B. O.*, p. 156). Modifié (circ. du 8 janvier 1913, *B. O.*, 2e S., p. 1003).

(2) Loi du 11 juillet 1903 (voir p. 107).

(3) Décret du 25 septembre 1905 (voir p. 109).

Proposition d'office.

Art. 20. Le militaire rengagé ou commissionné ne peut être proposé d'office pour la pension proportionnelle par mesure de discipline que dans les conditions de l'article 67 de la loi du 21 mars 1905.

Celui qui se trouverait définitivement dans l'impossibilité absolue de servir par suite d'infirmités n'ouvrant pas par elles-mêmes le droit à la retraite, doit être réformé, après qu'il a été procédé aux visites prescrites par les articles 10 et 13 de l'ordonnance du 2 juillet 1831. (Voir ce qui a été dit à l'art. 8.)

Epoques de proposition pour la pension proportionnelle.

Art. 21. Le conseil d'administration qui aura à établir un mémoire de proposition pour la pension proportionnelle est tenu de réunir à l'avance toutes les pièces nécessaires pour que le dossier complet soit envoyé le jour même où l'homme est rayé des contrôles. Sous aucun prétexte il ne laisse l'intéressé dans l'obligation de s'adresser au Ministre pour réclamer son droit. Si des difficultés exceptionnelles se présentent, il en rend compte au Ministre sans aucun retard et toujours assez tôt pour que le mémoire de proposition soit envoyé comme il vient d'être dit.

Si, après l'envoi du mémoire de proposition, le militaire venait à être l'objet de poursuites pouvant entraîner une rétrogradation, le Ministre en serait aussitôt informé, par la voie la plus rapide, sous le timbre de la Direction du Contentieux et de la Justice militaire (2e Bureau).

Condition de cinq ans de service à titre de commissionné.

Art. 22. Pour acquérir des droits à une pension proportionnelle ou d'ancienneté, le militaire qui a été commissionné après interruption de service, doit rester sous les drapeaux en cette dernière qualité pendant une nouvelle période de cinq années consécutives (art. 65 de la loi du 21 mars 1905), sans aucune exception, même en cas de renvoi par suite de circonstances indépendantes de sa volonté, comme la réforme par exemple.

Cette règle s'applique aux pensions des militaires indigènes.

Les cinq années dont il s'agit ne sont pas exigées des militaires qui ont déjà obtenu une pension proportionnelle et qui en sollicitent la révision, mais elle l'est de tous ceux qui prétendent à la retraite d'ancienneté.

Droit à la pension proportionnelle en cas de démission, révocation
ou réforme.

Art. 23. Le militaire rengagé ou commissionné qui compte
quinze années de service effectif conserve son droit à la pension
proportionnelle même en cas de démission, de révocation ou
de réforme.

CHAPITRE V.

FIXATION DE L'ENTRÉE EN JOUISSANCE.

Dates de jouissance.

Art. 24. La date d'entrée en jouissance des pensions est fixée
ainsi qu'il suit :

1° Pour les officiers et assimilés admis à la pension :

A) Par application de la limite d'âge :

Le jour où la limite d'âge est atteinte, à moins que les nécessités
du service n'exigent le maintien temporaire en activité en vertu
d'une décision spéciale. (Décision présidentielle du 6 avril 1897.)

B) A titre d'ancienneté sur la demande des intéressés ou d'office
pour toute autre cause que celle de limite d'âge :

Le jour fixé pour la radiation des contrôles par la décision d'admission à la retraite. (Décision présidentielle du 6 avril 1897.)

Cette règle est applicable aux officiers et assimilés retraités
dans les conditions de l'article 2 de la loi du 25 juin 1861. (Décision présidentielle du 6 avril 1897.)

C) A titre de blessures ou d'infirmités :

Le lendemain du jour de la notification de la pension, lorsque
les intéressés sont en activité, et le jour du décret de concession
lorsqu'ils sont en non-activité, en congé ou en permission. (Décision présidentielle du 6 avril 1897.)

D) Faisant partie d'une armée active :

Le lendemain du jour de passage de la frontière ou du débarquement en France.

E) Rentrant de l'Algérie ou de la Tunisie :

Le lendemain du jour du débarquement en France dans les conditions indiquées à la position 20 du règlement du 10 janvier 1912 (vol. n° 88).

F) Par suite de mise en réforme :

Le lendemain de la notification de la décision de mise en réforme, que les intéressés soient en activité ou en non-activité (1).

2° Pour les sous-officiers, caporaux ou brigadiers et soldats retraités à titre d'ancienneté, ou pour blessures ou infirmités, ou admis à la pension proportionnelle.

A) Etant présents :

Le lendemain du jour de la notification de la pension. (Décision présidentielle du 27 décembre 1880.)

B) Etant en permission ou en congé :

Le jour du décret de concession, si les intéressés sont encore liés au service, et le jour de la libération s'ils ont été libérés définitivement de l'activité à une date antérieure à la concession de la pension. (Décision présidentielle du 27 décembre 1880.)

C) Etant à l'hôpital :

Le jour du décret de concession si les intéressés sont encore liés au service actif et le jour de la libération du service actif si cette date est antérieure à celle de la concession de la pension. (Décision présidentielle du 14 août 1897.)

D) Faisant partie d'une armée active :

Le lendemain du passage de la frontière ou du débarquement en France.

E) Rentrant de l'Algérie ou de la Tunisie :

Pour les sous-officiers, le lendemain du jour du débarquement en France dans les conditions indiquées à la position 20 du règlement du 10 janvier 1912; pour les soldats, le lendemain du jour du débarquement en France.

3° Pour les anciens militaires de tous grades admis à pension ou à revision de pension par suite d'une aggravation d'infirmités survenue postérieurement à la cessation des services, le jour du procès-verbal de vérification, dressé en exécution de l'article 13

---

(1) Arrêt Foata, 1er juin 1900.

de l'ordonnance du 2 juillet 1831, qui a servi de base à l'instruction de la pension. (Art. 5 du décret des 10 août 1886. 15 mai 1889.)

Nota. — *A*) Les officiers et employés militaires maintenus provisoirement en fonctions pour raisons de service après admission à la retraite reçoivent sur les fonds de la solde une indemnité pour parfaire, avec le montant de leur pension, la solde d'activité (position n° 2 du tableau 1 du règlement du 10 janvier 1912) (vol. 88).

B) En aucun cas, une pension concédée sur demande tardive ne peut donner lieu à rappel de plus de trois années d'arrérages antérieurs à la date de la publication au *Journal officiel* du décret de concession. (Art. 40 de la loi de finances du 16 avril 1895, voir p. 54.)

TITRE III.

Justification du droit à pension.

CHAPITRE VI.

DÉCOMPTE DU SERVICE EFFECTIF.

Commencement du service effectif.

Art. 25 (1). Le service effectif compte en matière de pensions :

1° Pour les jeunes soldats d'une classe antérieure à celle de 1904 et pour les engagés conditionnels, du jour de la mise en route.

2° Pour les jeunes soldats de la classe 1904 ou d'une classe postérieure, du 1er octobre de l'année d'incorporation.

3° Pour les engagés volontaires et rengagés, du jour de la signature de l'acte, même lorsque le rengagement a été autorisé avec effet rétroactif ;

4° Pour les commissionnés, de la date de la nomination.

Toutefois l'intéressé doit avoir atteint l'âge où la loi permet de contracter un engagement volontaire. (Lois des 18 avril 1831, 21 mars 1832, 27 juillet 1872, 21 mars 1905, et décrets des 10 juillet 1848, 21 avril 1866 et 6 janvier 1874.)

Fin du service effectif.

Art. 26. Le service effectif dans l'armée active cesse, en matière de pensions :

1° Pour les jeunes soldats de la classe, le jour du passage dans la réserve de l'armée active (en se conformant, s'il y a lieu, aux dispositions spéciales ou aux mesures transitoires pouvant intervenir dans une loi nouvelle, par exemple; art. 88 et 90 de la loi du 15 juillet 1889) ;

---

(1) Modifié (circ. du 11 mars 1913, *B. O.*, p. 251).

2° Pour les engagés volontaires et rengagés, le jour de l'expiration de l'engagement ;

3° Pour les commissionnés, le jour de la radiation des contrôles ;

4° Pour les militaires maintenus sous les drapeaux postérieurement à la date où ils devenaient libérables, le jour du renvoi dans les foyers;

5° Pour les engagés conditionnels, les hommes de la seconde portion du contingent et ceux qui, aux termes des articles 21, 22 et 23 de la loi du 15 juillet 1889, n'étaient astreints qu'à une année de service : le jour où l'homme quitte le corps (dans les cas prévus par les articles 24 et 25 de la loi du 15 juillet 1889, la période comprise entre le renvoi après une année de service et la réincorporation ne compte pas comme service effectif).

Nota. — Les appelés des classes 1884 et 1885 qui furent, par anticipation, placés dans la réserve le 24 novembre 1889, en vertu des dispositions transitoires de la loi du 15 juillet 1889, ne peuvent compter pour le droit à la retraite, le temps passé dans leurs foyers entre le 24 novembre 1889 et le jour où ils ont ultérieurement repris du service actif.

Dispositions spéciales aux officiers (études préliminaires, non-activité, congé de longue durée sans solde).

Art. 27. Les services ci-après sont comptés à titre de bénéfice d'études préliminaires (sans condition d'âge) :

Pour la retraite et la réforme :

Quatre années aux élèves de l'Ecole polytechnique entrés à leur sortie de cette école comme sous-lieutenant dans une arme spéciale. (Art. 5 de la loi du 11 avril 1831.)

Pour la retraite :

Cinq années aux médecins et pharmaciens militaires lors de leur nomination au grade d'aide-major de 2e classe. (Art. 35 du décret du 23 mars 1852, vol. 64.)

Quatre années aux vétérinaires militaires antéricurement à leur admission comme aides-vétérinaires stagiaires (Art. 3 du décret du 30 avril 1875, vol. 64.)

L'article 22 de la loi du 7 juillet 1900 a conservé aux officiers des troupes coloniales les droits acquis en vertu des règlements antérieurs. Il est donc accordé aux officiers des troupes coloniales pour études préliminaires :

Quatre années aux officiers d'artillerie et aux fonctionnaires de l'intendance provenant de l'Ecole polytechnique ; (Art. 5 de la loi du 11 avril 1831.)

Quatre années aux officiers du corps de santé provenant de l'École de Bordeaux ; (Décret du 24 juin 1886.)

Cinq années aux officiers du corps de santé provenant de l'Ecole de Lyon ; (Art. 35 du décret du 23 mars 1852.)

Deux années aux officiers du corps de santé provenant des Ecoles de Brest, Toulon ou Rochefort avant la publication du décret du 24 juin 1886 ;

Deux années aux fonctionnaires de l'intendance provenant des élèves commissaires de la marine. (Décret du 11 mai 1895.)

Il est de jurisprudence constante de décompter la bonification pour études préliminaires à partir du jour où l'intéressé a pris rang dans le grade visé par le règlement lorsque ce jour ne concorde pas avec la date de la nomination à ce grade.

Le droit au bénéfice d'études préliminaires reste acquis si l'officier passe ultérieurement dans une autre arme.

Les anciens élèves de l'École polytechnique qui n'ont pas été nommés sous-lieutenants dans une arme spéciale à leur sortie de l'école ne sont pas fondés à prétendre au droit au bénéfice d'études préliminaires.

Le temps passé en non-activité compte pour la retraite et la réforme, ainsi que le temps passé en congé de longue durée sans solde. (Art. 64 de la loi de finances du 30 mars 1902, voir page 137.)

NOTA. — Vu l'arrêt du Conseil d'Etat en date du 7 août 1903 (arrêt Bastian) et conformément à l'avis de la section des finances, guerre et marine, en date du 10 mars 1909, les services militaires effectifs accomplis avant la nomination aux emplois visés par cet article sont admis en liquidation même lorsqu'ils se trouvent englobés dans la période déterminée par la durée du bénéfice d'études préliminaires.

Services non admis.

Art. 28. Ne comptent pas comme service effectif et n'ouvrent aucun droit à pension ou à revision de pension :

1° Le temps passé sous les drapeaux pour des exercices ou manœuvres en temps de paix, hors le cas de blessures ou d'infirmités reçues ou contractées pendant ces périodes d'exercices dans les conditions énoncées à l'article 12 de la loi du 11 avril 1831 et ayant le degré de gravité exigé par les articles 12, 13 et 14 de ladite loi ; (Loi du 1er juin 1878.)

2° Le temps de désertion, lorsqu'il y a eu jugement de condamnation : depuis le jour du manquement constaté jusqu'à celui de l'arrestation ou de la présentation volontaire du déserteur. (Art. 4 de l'instruction du 21 mars 1906, vol. 59¹.)

En cas d'amnistie conditionnelle il y a interruption pour le temps de désertion même s'il n'y a pas eu condamnation ; (Instruction du 15 mai 1898, § V.)

3° Le temps pendant lequel un militaire a subi la peine de l'emprisonnement en vertu d'un jugement ; (Art. 34 de la loi du 21 mars 1905.)

4° Le temps passé, même avec autorisation du gouvernement, dans l'armée d'une puissance étrangère, à moins que pendant cette période l'intéressé n'ait pas cessé d'appartenir à l'armée active française.

5° Le temps passé par les officiers généraux et assimilés dans la section de réserve après avoir atteint la limite d'âge ;

6° Le temps passé par les chefs de musique en position de suspension d'emploi ; (Décret du 26 juin 1886 jusqu'à la promulgation de la loi du 13 avril 1898, art. 64.)

7° Le temps pendant lequel les militaires retraités touchent une indemnité de fonctions, tels que les officiers retraités employés dans le service du recrutement, les parquets militaires, les services administratifs de l'armée territoriale, ou maintenus provisoirement en fonctions pour raisons de service. (Position 17 du tableau n° 1 du règlement du 10 janvier 1912.)

Services civils (ancienneté).

Art. 29. Les services civils, dans les emplois rétribués directement par l'Etat, sont admis pour constituer le droit à la pension d'ancienneté, pourvu que l'intéressé ait accompli vingt ans de service militaire. (Articles 4 et 27 de la loi du 11 avril 1831.)

Les services des employés des préfectures et des sous-préfectures, rétribués sur les fonds d'abonnement, peuvent être compris dans une liquidation militaire de retraite, mais à la condition d'être accompagnés, en outre des vingt ans de service militaire, de douze ans au moins de service civil directement rétribué par l'Etat dans la partie sédentaire, ou de dix ans dans la partie active. (Articles 5 et 9 de la loi du 9 juin 1853.)

Services civils (blessures ou infirmités et pension proportionnelle).

Art. 30. Les services civils sont comptés en liquidation, sans condition de durée des services militaires, pour les pensions à titre de blessures ou d'infirmités.

Ils ne sont pas admis dans le calcul d'une pension proportionnelle ou de réforme.

Ils ne donnent pas droit à la revision d'une pension militaire, lorsqu'ils ont été rendus après la concession de ladite pension.

Décompte des services civils.

Art. 31. Les services civils sont admis en liquidation à partir du jour de l'entrée en fonctions pourvu que l'intéressé ait alors atteint l'âge de 20 ans accomplis. (Article 23 de la loi du 9 juin 1853.)

Lorsqu'ils sont rendus hors d'Europe par des fonctionnaires ou employés envoyés d'Europe par le gouvernement francais, ils sont comptés, comme service effectif, pour moitié en sus de leur durée effective, sans toutefois que cette bonification puisse réduire de plus d'un cinquième le temps de service civil, nécessaire pour constituer le droit à pension. (Article 10 de la loi du 9 juin 1853.)

CHAPITRE VII.

JUSTIFICATION DU DROIT A PENSION RÉSULTANT DE BLESSURES OU D'INFIRMITÉS.

Origine.

Art. 32. 1º Aucune blessure ou infirmité, quelle que soit sa gravité, ne peut ouvrir le droit à la retraite, s'il n'est pas établi avec certitude qu'elle est imputable au service militaire (article 12 de la loi du 11 avril 1831);

2º Pour les blessures de guerre ou les suites d'accidents bien caractérisés, les justifications sont évidemment faciles à fournir; mais il est nombre de cas où l'origine des affections invoquées ne peut être établie qu'après une étude des plus minutieuses; alors le certificat d'origine doit être accompagné de rapports circonstanciés, procès-verbaux d'enquête, extraits des registres d'incorporation, etc., etc. (1);

---

(1) La blessure de guerre est celle qui résulte d'une ou plusieurs lésions occasionnées par une même action extérieure au cours d'événements de guerre en présence et du fait de l'ennemi. (Additif du 12 décembre 1916, B. O., p. 134.)

3° Le certificat destiné à constater l'origine des blessures ou infirmités invoquées pour le droit à pension est la copie textuelle du registre à souche dont la tenue est prescrite dans tous les corps et établissements par la décision présidentielle du 19 mars 1902. (Circ. des 9 septembre 1903 et 16 avril 1904, vol. 83.) Il est toujours clair, précis et circonstancié; il doit notamment relater la date et le lieu de l'accident, la nature du service commandé que l'intéressé accomplissait en ce moment et la relation de l'accident avec l'accomplissement dudit service.

Toutefois la partie du certificat rédigée par les témoins ne doit contenir que la relation complète des faits qu'ils ont vus, en s'abstenant de toute indication médicale technique. C'est aux médecins militaires qu'il appartient de mentionner aussi exactement que possible, dans la partie qui leur est réservée, le siège et la nature des lésions, conformément à l'indication qui doit en être reportée sur le registre de blessures. Ils se bornent à décrire minutieusement les lésions immédiates résultant de la cause invoquée, et ne visent pas les conséquences ou complications qui pourront ou ont pu se produire ultérieurement. Pour ces cas spéciaux, un rapport circonstancié est annexé au certificat d'origine ;

4° Le certificat d'origine à joindre à une proposition pour la retraite doit, autant que possible, être contemporain des faits qu'il constate.

S'il a été dressé après coup ou s'il s'agit des infirmités ou maladies, ainsi que chaque fois qu'il ne s'agit pas d'un accident nettement caractérisé, le conseil d'administration des corps y joint un rapport complémentaire exposant : 1° les motifs qui n'ont pas permis de l'établir plus tôt ; 2° la manière de servir et la position de l'intéressé depuis l'accident ; 3° les faits et témoignages susceptibles de lui donner le caractère d'authenticité voulue par la loi ; 4° un extrait des registres d'infirmerie, du cahier des malades à la chambre, d'une observation médicale rédigée par le médecin chef de service du corps ;

5° Chaque fois que par la nature de l'infirmité invoquée une prédisposition constitutionnelle est incriminée, le certificat d'origine est appuyé d'un procès-verbal d'enquête fait par la gendarmerie sur l'état de santé du militaire avant son incorporation et sur celui de ses ascendants et collatéraux;

6° Si l'infirmité résulte d'une maladie épidémique ou endémique, l'état épidémique ou endémique est constaté par certificats authentiques émanant des autorités militaires ou civiles ou de personnes compétentes.

Influence de la durée des services.

Art. 33. Tout en tenant compte dès remarques qui précèdent, les experts ne perdent cependant pas de vue que les fatigues et les intempéries auxquelles les militaires sont exposés, pendant une longue durée de séjour sous les drapeaux et notamment dans le service en campagne, peuvent amener un état de dépérissement latent d'où il résulte, au premier accident, une infirmité grave et incurable qui n'est certainement pas produite uniquement par la cause occasionnelle et qui, cependant, ne saurait, sans injustice, être attribuée à une prédisposition constitutionnelle.

Dans ce cas, il est indispensable que les chefs immédiats du militaire fassent ressortir, dans un rapport circonstancié, toutes les fatigues exceptionnelles auxquelles il a été soumis. Aucun détail n'est superflu : il est préférable pour l'intéressé que la première enquête soit prolongée, si cela est nécessaire, une demande de supplément entraînant toujours des retards plus longs encore.

Ces observations visent principalement les propositions de retraite pour tuberculose. Toutefois, les médecins experts n'admettront, comme ayant des droits à la pension, que les militaires chez lesquels la tuberculose s'est manifestement développée à la suite d'un fait de service précis ou après une longue durée de séjour sous les drapeaux.

Incurabilité.

Art. 34. La justification de l'incurabilité exigée par l'article 12 de la loi du 11 avril 1831, doit être établie par un certificat (modèle n° 9) émanant du médecin chef de l'hôpital dans lequel le militaire a été traité en dernier lieu, ou qui a été désigné à cet effet par l'autorité chargée de l'instruction de la demande de pension (art. 3 de l'ordonnance du 2 juillet 1831) ; ce certificat décrit exactement la blessure ou l'infirmité.

Lorsqu'il s'agit de mutilations ou de lésions irrémédiables, l'incurabilité peut être prononcée d'emblée; mais en ce qui concerne les affections chroniques, elle ne doit être déclarée qu'après que toutes les ressources thérapeutiques ont été épuisées sans résultat, y compris, s'il y a lieu, l'électricité et l'usage des eaux thermales : mention est faite sur ce certificat des effets qui en ont été obtenus. D'autre part, en ce qui concerne les organes des sens (yeux, oreilles, etc.), il est nécessaire de décrire les lésions qui ont entraîné la diminution ou la perte de la fonction; il est également indispensable que les indications fournies par cet examen soient scrupuleusement reproduites.

Enfin, lorsqu'il y a déclaration d'incurabilité, le certificat n'a pas à déterminer le degré de gravité de la blessure ou de l'infirmité; il se borne, ainsi que le veut la loi, à établir que les lésions paraissent incurables.

Degrés de gravité exigés pour le droit à pension.

Art. 35. En vue de guider les médecins experts dans l'appréciation des blessures et infirmités susceptibles d'ouvrir le droit à la retraite, un tableau de classification a été dressé par une commission constituée par les départements de la guerre et de la marine; ce tableau a été approuvé par décision du 23 juillet 1887 (voir p. 46).

Conditions générales du droit à la pension pour blessures ou infirmités.

Art. 36. Les infirmités décrites dans la classification mentionnée à l'article qui précède doivent être considérées comme ayant toutes le degré de gravité exigé pour le droit à la retraite. Les experts n'ont pas à juger si, en raison de circonstances particulières, il y a lieu de proposer une exception à la règle générale.

Lorsqu'une de ces infirmités est constatée, l'intéressé n'est donc jamais proposé pour la gratification renouvelable, à moins qu'il ne se trouve plus dans les délais d'instance rappelés à l'article 10 ci-dessus, ou que l'infirmité alléguée ne soit encore susceptible d'amélioration.

Par contre, les infirmités rangées dans la 6e classe représentent le minimum des conditions exigées par la loi et complètent la nomenclature des blessures et infirmités de nature à motiver une proposition pour la retraite : toute infirmité non comprise dans cette nomenclature n'a donc pas le degré de gravité nécessaire pour ouvrir le droit à pension.

Certaines affections sembleront peut-être avoir été omises : les experts combleront facilement cette lacune apparente en se conformant à la règle posée par l'article ci-après.

Il demeure bien entendu que le droit à pension n'existe jamais, lorsque l'état d'invalidité est susceptible de disparaître avec le temps.

Chaque fois qu'un doute peut s'élever sur le droit d'un militaire à la pension de retraite, le Ministre est consulté.

En principe, le militaire proposé pour la retraite doit attendre au corps ou à l'hôpital la notification de la décision à prendre par le Ministre à son égard; car, en matière de pensions pour blessures ou infirmités, le droit n'est jamais que présumé et il importe de ne pas augmenter les difficultés de l'instruction, si un supplément d'enquête venait à être jugé nécessaire. L'intéressé n'est cependant jamais retenu contre son gré quand il n'est plus lié au service. (Voir l'art. 7 ci-dessus.)

Règles générales de classification.

Art. 37. Le tableau de classification reproduit les six classes de blessures ou infirmités, et celles-ci sont rangées, pour les trois dernières classes, d'après les régions du corps où se trouvent les lésions. Il est donc d'un facile usage pour les médecins experts.

Sans comprendre une énumération de toutes les maladies constituant le cadre nosologique, ce tableau comporte cependant une indication suffisante des altérations organiques ou fonctionnelles susceptibles d'être observées. Il en résulte que les experts trouveront toujours, à l'article des infirmités concernant chaque organe, la possibilité d'y faire rentrer celles qu'ils auront à examiner, et qui, au premier abord, sembleraient provenir d'un cas non prévu dans la nomenclature.

Ce fait peut se produire notamment pour les altérations organiques ou les désordres fonctionnels, conséquences éloignées des maladies infectieuses telles que le typhus, la fièvre typhoïde, le choléra, la diphtérie, la fièvre jaune, etc., ou le charbon, le farcin, le scorbut, le saturnisme, etc.

Il en est de même pour les accidents occasionnés par le séjour prolongé d'un projectile ou de tout autre corps étranger dans l'intérieur des organes.

Cinquième classe de l'échelle de gravité.

Art. 38. Dans la rédaction du tableau de classification, on s'est particulièrement préoccupé de constituer la 5e classe de l'échelle de gravité avec les blessures ou infirmités provenant des accidents ou fatigues du service en campagne et du séjour prolongé dans les pays chauds, estimant que, dans ces circonstances, il était juste de conserver à l'intéressé le bénéfice de ses années de services et de ses campagnes.

Equivalences.

Art. 39. En vue d'éviter que certaines infirmités puissent être rangées dans une classe ou dans une autre, au choix des experts, suivant le degré de gravité, on a dressé, par classes, un tableau aussi complet que possible des blessures ou infirmités ouvrant le droit à pension, et la classification des équivalences a été établie de telle sorte que les experts ne doivent éprouver aucune difficulté à apprécier immédiatement le degré d'impotence fonctionnelle occasionnée par une infirmité et à déterminer ensuite la classe à laquelle celle-ci se rapporte ; c'est ce qui explique pourquoi certaines infirmités se trouvent comprises dans deux classes différentes, mais avec l'indication spéciale de leur degré différent de gravité.

Droit résultant d'infirmités simultanées.

Art. 40. Si sous l'influence des fatigues du service ou des dangers de la guerre un militaire est atteint de plusieurs blessures ou infirmités ouvrant chacune le droit à la pension, il est rationnel et équitable de tenir compte de chacune d'elles dans l'appréciation de l'impotence fonctionnelle qui en résulte et il y a lieu de faire bénéficier l'intéressé du cumul.

Dans ces cas particuliers, les propositions doivent toujours être très nettement motivées de manière à permettre au comité technique de santé de se rendre un compte exact de l'opportunité de l'élévation de classe à accorder.

Profession exercée avant l'incorporation.

Art. 41. En stipulant que les blessures ou infirmités, pour ouvrir le droit à pension en faveur des hommes de troupe, doiven mettre l'intéressé hors d'état de pourvoir à sa subsistance, l'article 14 § 2 de la loi du 11 avril 1831 n'a établi aucune distinction entre les différents corps de métiers.

Les experts, pour l'appréciation de la gravité des infirmités alléguées, s'inspireront donc uniquement des indications fournies par le tableau de classification, sans examiner quelle était la position du militaire avant son entrée au service, quel métier ou quelle profession il exerçait, ni si la blessure qu'il a reçue, ou l'infirmité dont il est atteint, le met dans l'impossibilité de reprendre la même profession ou une profession analogue.

Prédisposition constitutionnelle.

Art. 42. Le rôle à reconnaître à la prédisposition dans l'appréciation du droit à pension est des plus difficiles à juger. Afin de mettre le Ministre à même de statuer dans les cas de prédisposition, les experts sont donc tenus de préciser aussi exactement que possible quelle a été, dans l'évolution de l'affection, l'influence du fait invoqué pour origine et, à cet effet, ils ne doivent pas hésiter à réclamer tous les suppléments d'enquête qu'ils jugent nécessaires.

Il y a lieu en effet d'examiner dans chaque espèce dans quelle mesure la prédisposition constitutionnelle est intervenue ; si les fatigues subies par le militaire sont telles qu'elles auraient déterminé des infirmités chez un homme d'une santé parfaite, aucune raison ne fait obstacle à la concession d'une pension ; au contraire, si le service militaire n'a joué qu'un rôle secondaire dans la naissance et l'évolution de la maladie, le droit à pension n'existe pas.

Considérations sur la rédaction des certificats médicaux.

Art. 43. Aux termes de l'article 26 de l'ordonnance du 2 juillet 1831, le comité technique de santé reçoit communication des propositions de retraite à titre de blessures ou d'infirmités, à l'effet d'émettre son avis sur les effets légaux qu'elles doivent comporter. Pour que cette appréciation soit l'expression équitable des droits des parties, son jugement a besoin d'être complètement éclairé et, comme il n'est rendu que sur pièces, il est indispensable que celles-ci soient rigoureusement conformes aux règles tracées par l'ordonnance précitée.

En ce qui concerne le libellé des conclusions, le comité a eu souvent l'occasion de constater qu'elles n'étaient pas conformes aux prescriptions réglementaires.

Quant à la rédaction des certificats, elle manque fréquemment de précision dans la description des blessures ou des infirmités.

Pour éviter, dans la liquidation des pensions, des retards préjudiciables aux intéressés, il est donc indispensable que les médecins experts se conforment toujours rigoureusement aux observations qui suivent.

Examens.

Art. 44 (1). Le postulant est visité par deux médecins désignés par le général commandant la subdivision et choisis parmi ceux qui sont attachés soit au corps, soit à d'autres régiments, soit aux établissements publics. (Art. 9 de l'ordonnance du 2 juillet 1831.)

Après avoir pris connaissance du certificat d'origine et du certificat d'incurabilité et s'être entourés de tous les renseignements susceptibles d'éclairer leur jugement, ces médecins procèdent à un examen détaillé de l'état actuel de l'intéressé, en présence du conseil d'administration et du sous-intendant militaire qui donne, en séance, lecture du titre II de la loi du 11 avril 1831. (Art. 10 de l'ordonnance du 2 juillet 1831.)

Sans se préoccuper des traitements qui ont été successivement institués, les médecins examinent la blessure ou l'infirmité au triple point de vue des conclusions qu'ils sont appelés à formuler :

1° Au point de vue de la gravité :

Ils s'attachent à décrire, d'une manière détaillée, le siège et la nature de l'affection, en insistant avec le plus grand soin sur les altérations organiques, de façon à permettre aux personnes appelées à émettre leur opinion, sur le vu des pièces, d'avoir sous les yeux un tableau aussi exact que possible ; ils évitent de reproduire les termes mêmes du certificat d'incurabilité.

2° Au point de vue de l'impotence fonctionnelle :

Ils donnent des mensurations précises, des indications nettes, sur la forme, le volume, la force, la situation du membre ou de la partie du corps soumis à leur examen. Toutes les fois que les circonstances le permettent, ils procèdent à une nouvelle exploration des organes des sens directement intéressés, en en consignant le résultat dans cette partie du certificat. Enfin, dans les cas d'infirmités ouvrant des droits à la pension, ils se conforment rigoureusement à la classification du 24 juillet 1887.

3° Au point de vue de la relation qui peut exister entre la lésion et la cause invoquée pour la justifier :

Ils s'attachent à établir, en s'appuyant sur les données anatomiques, si le fait rapporté par le certificat d'origine est ou n'est pas, médicalement parlant, la cause de l'état d'invalidité qu'ils ont mission d'apprécier.

---

(1) Modifié (circ. du 20 septembre 1910, *B. O.*, p. 1818).

La rédaction des certificats doit toujours être claire, logique et contenir tous les renseignements énumérés ci-dessus, afin de mettre le comité technique de santé à même de donner son avis en toute connaissance de cause.

Les conclusions en doivent être textuellement libellées ainsi qu'il suit :

1° Ces blessures (ou infirmités) sont graves et incurables;

2° L'état d'invalidité qu'entraînent ces blessures (ou infirmités) paraît résulter des faits relatés au certificat d'origine (ou préciser et développer les raisons qui motivent des conclusions contraires);

3° Sil s'agit d'un officier :
Elles le mettent hors d'état de rester en activité et lui ôtent la possibilité d'y rentrer ultérieurement ;
S'il s'agit d'un sous-officier, caporal, brigadier ou soldat :
Elles le mettent non seulement hors d'état de servir, mais encore de pourvoir à sa subsistance ;

4° Elles doivent être rangées dans la   ᵉ classe de l'échelle de gravité (spécifier le numéro de la classification du 23 juillet 1887 que l'on entend viser).

Il est dressé de ladite opération un procès-verbal conforme au modèle n° 10.

En aucun cas, les certificats ne sont antidatés.

Nota. — Si ces certificats ne concluent pas à la pension, ils doivent mentionner textuellement :

5° Cette infirmité occasionne une gêne fonctionnelle égale à p. 100.

Pour l'évaluation du degré de gêne fonctionnelle, les experts n'ont pas à tenir compte de la profession de l'intéressé et se basent sur ce que la gêne fonctionnelle qui ouvre actuellement le droit à la gratification de première catégorie est réputée égale à 30 p. 100.

Toutefois, ce dernier renseignement n'est fourni que pour les militaires à la veille de rentrer dans leurs foyers ou qui ont été libérés ou réformés.

Vérification.

Art. 45 (1). Après avoir pris connaissance des pièces et du procès-verbal de l'examen, l'autorité chargée de présider à l'instruction fait procéder, en sa présence, par deux autres médecins choisis parmi ceux qui ont été qualifiés ci-dessus, à une vérification des causes qui motivent la demande, quelles qu'aient été les conclusions des experts chargés de l'examen.

Ces médecins doivent être d'un grade supérieur à celui des

____

(1) Modifié (circ. du 20 septembre 1910, *B. O.*, p. 1818).

premiers experts ou plus anciens de grade. S'il n'existe pas de médecins militaires en nombre suffisant pour procéder à l'examen et à la vérification, la première opération est confiée de préférence aux médecins civils.

Le sous-intendant militaire assiste à cette vérification, avant laquelle il fait, en séance, lecture du titre II de la loi du 11 avril 1831, et, quel que soit le résultat de l'opération, il en dresse procès-verbal conformément au modèle n° 11. (Art. 13 de l'ordonnance du 2 juillet 1831.)

Les considérations développées ci-dessus, en ce qui concerne la rédaction du certificat d'examen, s'appliquent en tout point au certificat de vérification.

Toutefois, l'appréciation émise dans le certificat d'examen ne s'impose pas aux seconds experts. Ceux-ci doivent donc, après avoir pris connaissance de toutes les pièces du dossier, procéder minutieusement à la visite et s'efforcer de faire ressortir les points qui n'ont pas été mis suffisamment en lumière. En aucun cas, ils ne se contentent de reproduire textuellement le libellé du certificat d'examen.

Rôle des médecins experts.

Art. 46. Il ne faut pas oublier que, sauf contrôle par le comité technique de santé, les médecins experts ont seuls qualité pour apprécier la gravité des affections alléguées, leurs relations avec les causes invoquées pour la justifier et le droit qui en résulte.

Le sous-intendant militaire ne doit intervenir que pour faire remarquer les erreurs ou omissions qu'il a cru relever dans la rédaction des certificats. Si son observation n'est pas admise, il transmet les pièces en consignant son avis dans un rapport spécial qui accompagne le mémoire de proposition.

Dans les cas douteux, quelle que soit la cause du doute, de même que lorsqu'il y a désaccord entre les experts, le Ministre est consulté, par l'envoi du dossier de l'enquête accompagné d'un rapport spécial du sous-intendant, ou des médecins experts, s'il s'agit d'un désaccord au point de vue médical.

Sous aucun prétexte, on ne doit abandonner à l'intéressé le soin de faire valoir lui-même ses droits.

Rôle du comité technique de santé.

Art. 47. L'ordonnance du 2 juillet 1831, en statuant, par son article 26, que les propositions de retraite à titre de blessures ou infirmités seront communiquées au conseil de santé des armées (comité technique de santé) a entendu déférer à ce conseil l'appréciation définitive des effets légaux qu'elles comportent, médicalement parlant. Le comité technique de santé a donc seul qualité pour juger, comme expert en dernier ressort au point de vue médical, du rapport existant entre la nature de l'infirmité et la cause invoquée pour la justifier, ainsi que pour déterminer la concordance entre les désordres fonctionnels tels qu'ils sont décrits dans les certificats médicaux, et les conclusions posées par les experts. C'est à lui qu'il appartient, en cas de divergence d'opinion ou de désaccord entre les experts, sur la valeur des désordres fonctionnels, de trancher le différend, et son avis est prépondérant toutes les fois qu'il croit pouvoir se prononcer sans avoir besoin d'un supplément d'instruction.

Toutefois, cet avis est purement consultatif; en effet, le pouvoir de décision n'appartient qu'au Ministre et, en appel, au Conseil d'Etat statuant au contentieux.

CHAPITRE VIII.

DROIT RÉSULTANT D'UNE AGGRAVATION DE BLESSURES OU D'INFIRMITÉS POSTÉRIEURE A LA CESSATION DES SERVICES.

———

Mise en instance.

Art. 48. Les anciens militaires qui veulent faire valoir des titres à la retraite sont tenus, sous peine de déchéance, d'adresser directement leurs demandes au Ministre de la guerre.

Si une demande parvient à l'autorité militaire sans avoir passé par les bureaux de l'administration centrale, elle est transmise au Ministre sans aucun retard, car une demande ainsi introduite n'interrompt pas la prescription.

Réformés n° 2.

Art. 49. Une demande ne doit pas être rejetée par le seul motif que l'intéressé n'a pas été mis en possession d'un certificat d'origine, ou qu'il a été réformé n° 2.

Dans ce cas, l'autorité militaire procède à une enquête attentive à l'effet d'établir, après avoir mis l'intéressé en demeure de préciser par écrit les faits auxquels il attribue l'origine de son infirmité et de donner les noms des personnes dont il invoque le témoignage, qu'il n'a pu être trouvé aucun indice permettant d'incriminer les obligations du service et s'attache à constater, autant que possible, les causes de l'affection. (Art. 5, 6 et 7 de l'ordonnance du 2 juillet 1831.)

Toutefois, afin d'éviter les abus et pour obvier aux réclamations non fondées, un militaire réformé n° 2 ne sera examiné pour la retraite que sur un ordre spécial du Ministre. Celui qui s'adresserait directement aux autorités locales serait invité à se mettre régulièrement en instance dans la forme fixée par l'article 3 du décret du 10 août 1886 - 15 mai 1889 et rappelée à l'article qui précède.

Lorsqu'un homme, d'abord réformé n° 2, établit que son infirmité est réellement imputable aux fatigues ou dangers du service, un rapport spécial fait ressortir les raisons pour lesquelles l'intéressé avait été réformé n° 2 et celles qui motivent une autre solution.

Examen des demandes.

Art. 50. Le décret du 15 mai 1889 a exonéré les anciens militaires, soucieux de sauvegarder leurs droits éventuels à pension, de l'obligation de faire constater chaque année leur état de santé devant l'autorité militaire; néanmoins, il est essentiel, pour la justification du droit à pension, de pouvoir suivre les phases de l'infirmité cause de la réforme, et, en cas d'aggravation, de savoir si celle-ci s'est produite d'une façon normale, comme conséquence du service militaire, et indépendamment de toute circonstance survenue postérieurement à la cessation de ce service. A cet effet, les postulants sont examinés chaque fois qu'ils en font la demande dans la forme fixée à l'article 48, et ces examens sont constatés par des certificats et procès-verbaux d'examen et de vérification établis avec le plus grand soin dans les conditions stipulées aux articles 44 et 45 ci-dessus. Ces certificats et procès-verbaux sont transmis au Ministre avec, s'il s'agit d'une première demande, et si l'intéressé n'a pas déjà été admis à la gratification renouvelable, les pièces relatives à l'origine de l'infirmité et un relevé des services.

Visites à domicile.

Art. 51. Si, en raison de son état physique, un ancien militaire qui a sollicité son admission à la retraite, est incapable de se rendre devant la commission spéciale de réforme, il est visité à domicile par un médecin militaire désigné à cet effet, en présence de l'officier de gendarmerie de l'arrondissement.

Si le médecin militaire ainsi désigné reconnaît que l'infirmité est assez grave pour motiver l'admission à la retraite et que l'intéressé se trouve réellement hors d'état de se déplacer, il en rend compte à l'autorité de qui émane l'ordre de visite.

Quatre autres médecins sont alors désignés pour procéder sur place aux formalités de l'examen et de la vérification, en présence de l'officier de gendarmerie de l'arrondissement et d'un fonctionnaire de l'intendance.

Le certificat d'incurabilité est établi par le médecin qui a visité le malade en premier lieu.

Les certificats d'examen et de vérification sont établis par les quatre autres médecins dans l'ordre déterminé au 2e alinéa de l'article 45 ci-dessus.

Infirmités jugées insuffisantes.

Art. 52. Lorsque l'infirmité alléguée n'est pas reconnue susceptible d'ouvrir le droit à la retraite, pour quelque cause que ce soit, les experts ne doivent pas se borner à mentionner simplement qu'aucune aggravation suffisante n'est survenue depuis la réforme ou que l'homme ne se trouve pas dans le cas d'être proposé pour la pension. Ils sont tenus de décrire l'état du malade aussi minutieusement que possible, de manière à motiver leurs conclusions en démontrant comment et pourquoi le droit à la retraite n'existe pas.

Les certificats d'examen et de vérification à fournir au Ministre sont toujours établis dans les conditions fixées à l'article 44 ci-dessus, notamment en ce qui concerne le degré d'impotence fonctionnelle.

Justification du droit à pension.

Art. 53. Si l'infirmité est assez grave pour motiver une proposition de pension, il est essentiel de bien établir que l'aggravation survenue dans l'état de santé du militaire réformé est la conséquence directe de l'infirmité ayant occasionné la réforme et n'est pas imputable à des circonstances étrangères aux obligations du service.

Le mémoire de proposition doit, en conséquence, être accompagné :

1o D'un procès-verbal de gendarmerie relatant l'état de l'intéressé depuis sa rentrée dans ses foyers, son genre de vie, ses occupations, etc. Lorsqu'il y a lieu, cette enquête doit également porter sur les antécédents héréditaires ;

2o De certificats délivrés par les médecins civils qui ont donné leurs soins au malade et constatant les circonstances qui ont amené l'aggravation de l'infirmité invoquée.

Les médecins experts établissent les certificats d'incurabilité, d'examen et de vérification conformément aux prescriptions des articles 34, 44 et 45 ci-dessus ; mais de plus il est essentiel qu'ils mentionnent avec soin et aussi clairement que possible en quoi consiste l'aggravation qui motive une proposition pour la retraite.

TITRE IV.

Pièces qui doivent accompagner les demandes et propositions de pension concernant les militaires.

CHAPITRE IX.

PENSION POUR ANCIENNETÉ DE SERVICE ET PENSION PROPORTIONNELLE.

Pension d'ancienneté ou proportionnelle.

Art. 54. Pour les officiers et assimilés, il suffit de produire un relevé des services (modèle n° 7) et, si la mise à la retraite est prononcée sur demande de l'intéressé, une déclaration autographe de demande d'admission à la retraite (modèle n° 4), ou, si l'admission à la retraite est prononcée d'office, une déclaration de l'intéressé faisant connaître la localité dans laquelle il a l'intention de se retirer.

Pour les sous-officiers, caporaux ou brigadiers et soldats, les pièces à produire tant par l'intéressé que par l'autorité militaire chargée d'instruire et de transmettre la demande, sont, en plus du bordereau (modèle n° 1) servant de chemise au dossier :

a) Demande-proposition (modèle n° 3) ;

b) Pièces de l'état civil (modèle n° 5 pour les indigènes et n° 6 pour les certificats d'individualité) ;

c) État des services (modèle n° 7).

NOTA. — Afin d'éviter des retards souvent fort longs, si l'intéressé a servi dans l'armée de mer, le conseil d'administration du corps auquel il appartient aura soin de se procurer à l'avance un relevé de services directement émané *du ministère* de la marine. Cette pièce sera toujours jointe en original au mémoire de proposition.

Il appartient également au conseil d'administration chargé d'instruire la demande de s'adresser aux autorités compétentes pour se procurer toutes autres pièces qu'il y aurait lieu de joindre au dossier et que l'intéressé n'aurait pas en sa possession.

Demande.

Art. 55. La demande mentionne exactement :

1° La nature de la pension sollicitée;

2° La résidence choisie par l'intéressé (en indiquant autant que possible, pour les grandes villes, le nom de la rue et le numéro);

3° La position dans laquelle l'intéressé attendra la notification de la décision à intervenir.

Avant d'être soumise à l'approbation du général commandant le corps d'armée ou de son délégué, la demande est visée par le sous-intendant militaire qui, au préalable, s'assure avec soin qu'elle parait fondée et que toutes les pièces ont été établies conformément aux prescriptions rappelées dans la présente instruction.

Nota. — Quand un militaire en instance de pension, qui a demandé à attendre au corps la notification du décret de concession, rentre dans ses foyers avant cette notification, le Ministre en est immédiatement averti (Bureau des Pensions).

Actes de l'état civil.

Art. 56. Les actes de l'état civil peuvent être produits sur papier libre. (Loi du 28 fructidor an VII.) Ils doivent n'avoir aucune altération ni abréviations ou surcharges et être certifiés par les dépositaires des registres et dûment légalisés.

Les expéditions venant de l'étranger doivent être légalisées, soit par la légation ou l'un des consulats de France dans le pays d'où elles viennent, soit par l'agent diplomatique ou consulaire du pays en France.

Celles qui sont délivrées en Alsace-Lorraine sont admises lorsqu'elles ont été légalisées soit par le président d'un tribunal, soit par un juge de paix ou son suppléant. Aucune autre légalisation n'est exigée hormis le cas où il y aurait lieu de mettre en doute l'authenticité des pièces produites. (Décret du 5 juillet 1872.)

La légalisation n'est pas exigée pour les extraits des registres d'état civil du département de la Seine : ces extraits sont, en effet, destinés à être produits dans le département où les actes ont été établis.

Lorsque l'expédition est en langue étrangère, il est utile d'y joindre une traduction dûment certifiée. Les actes rédigés en latin n'ont besoin de traduction que dans le cas où ils sont écrits en caractères non usités en France.

Si l'intéressé se trouve dans l'impossibilité de produire son acte de naissance, il y est suppléé par un acte de notoriété conforme aux dispositions des articles 70 et 71 du Code civil.

Pour les indigènes, l'état civil est constaté :

1° Si l'intéressé est né dans une région où l'état civil des indigènes musulmans de l'Algérie a été constitué (loi du 23 mars 1882 et décret du 13 mars 1883), par un extrait dûment légalisé du registre-matrice;

2° Dans les autres cas, par un certificat délivré par le conseil d'administration du corps (modèle n° 5).

Nota. — S'il y a lieu à rectification du registre-matrice, il est procédé comme il est dit à l'article 19 de la loi du 23 mars 1882.

Les demandes d'actes de l'état civil des militaires nés en pays étrangers sont adressées directement au Ministre des affaires étrangères par les conseils d'administration chargés de l'établissement des dossiers (instruction du 18 janvier 1916, B. O., p. 165).

Acte d'individualité.

Art. 57. Dans le cas de discordance entre l'acte de naissance et les états de service, en ce qui concerne les points essentiels de l'état civil de l'intéressé, notamment ses nom, prénoms, date de naissance, il est établi un certificat d'individualité (modèle n° 6). Cette pièce n'est pas indispensable pour les points secondaires qui ne peuvent exercer aucune influence pour la liquidation de la pension et l'établissement du titre d'inscription.

Militaires nés en pays étranger.

Art. 58. L'article 26 de la loi du 11 avril 1831 doit être compris dans le sens étroit, c'est-à-dire que le droit à l'obtention ou à la jouissance des pensions n'est suspendu par la perte de la qualité de Français que pour les militaires Français d'origine ou naturalisés.

Les militaires d'origine étrangère ne sont donc pas tenus à se pourvoir en demande de naturalisation pour obtenir une pension.

Etats de services.

Art. 59. Les services militaires sont constatés par un relevé conforme au modèle n° 7 ci-joint. Toute autre pièce serait inutile comme faisant double emploi.

Ce relevé relate tous les renseignements inscrits sur les feuillets et livrets matricules et notamment la date et la durée de chaque rengagement, la date de chaque nomination, les dates et la durée des interruptions.

Il doit aussi indiquer très exactement les dates de commencement et de fin de chaque campagne, en mentionnant les périodes d'absence par suite de congé obtenu pendant ces campagnes, lesquelles sont toujours mentionnées sous la dénomination indiquée par la décision qui a visé le droit à ce bénéfice. Pour les militaires de la gendarmerie, l'état des services est accompagné, quand il y a lieu, d'un relevé détaillé des conduites de prisonniers en Afrique, avec la date de commencement et de fin de chaque transfèrement.

Pour les militaires indigènes à qui il a été fait application de la loi du 23 mars 1882 sur l'état civil, il est nécessaire que le relevé des services mentionne exactement les noms sous lesquels l'intéressé a d'abord servi, ainsi que les différents numéros matricules qui lui ont été attribués.

Pour les militaires indigènes des troupes coloniales le relevé des services indique toujours : 1° la colonie où l'intéressé a été incorporé ; 2° indépendamment des campagnes et sous les dénominations employées à l'article 3 du décret du 25 septembre 1905, les diverses colonies où les services ont été effectués, avec les dates de commencement et de fin de chaque période.

Les services civils et de marine sont constatés par des certificats délivrés par l'administration dans laquelle ils ont été effectués.

Les services dans les gardes nationales mobilisées et dans les gardes nationales sédentaires des villes assiégées sont établis d'après les relevés délivrés par le Ministre de l'intérieur ou par les préfets ou maires compétents.

Les services dans la garde nationale mobile doivent, pour la troupe, être constatés par un relevé délivré par le commandant du bureau de recrutement.

Pour les officiers, ces services sont vérifiés au ministère de la guerre d'après les contrôles déposés aux archives.

NOTA. — Il est inutile de faire aucun décompte détaillé des services ou des campagnes sur les états fournis. Ces décomptes seront effectués au ministère de la guerre. (Bureau des pensions et gratifications de réforme.) Mais si l'intéressé a obtenu une pension, à quelque titre que ce soit, il devra toujours en être fait mention avec le plus grand soin.

CHAPITRE X.

PENSION POUR CAUSE DE BLESSURES OU INFIRMITÉS.

Blessures ou infirmités.

Art. 60. En plus des pièces à fournir pour la pension d'ancienneté (voir art. 54 et le nota), les demandes de pension pour cause de blessures ou d'infirmités sont accompagnées de :

d) Certificat d'origine (modèle n° 8) et pièces annexes lorsqu'il y a lieu (voir les art. 32, 33, 42, 49 et 53 ci-dessus) ;

e) Certificat d'incurabilité (modèle n° 9) ;

f) Certificat et procès-verbal d'examen (modèle n° 10) ;

g) Certificat et procès-verbal de vérification (modèle n° 11).

En aucun cas les certificats ne sont antidatés. Cette observation vise notamment les certificats d'examen et de vérification refaits ou complétés sur avis du comité de santé.

NOTA. — Pour les officiers et assimilés il suffit de produire avec le relevé de services les pièces ci-dessus timbrées *D, E, F, G*, si l'admission à la retraite est prononcée d'office ; dans le cas contraire, il est essentiel d'y joindre une déclaration autographe de demande d'admission à la retraite (modèle n° 4).

Visa du sous-intendant militaire.

Art. 61. Ainsi qu'il est dit à l'article 46 ci-dessus, les médecins experts ont seuls qualité pour apprécier la gravité des affections soumises à leur examen ; toutefois, si le sous-intendant militaire n'a jamais à prendre parti dans la question médicale, il ne doit pas négliger de veiller sous ce rapport, comme sous tout autre, à l'observation des formalités réglementaires.

Il exige notamment la production de toutes les pièces nécessaires pour justifier d'une origine imputable au service.

Dans les cas douteux, il empêche que, sans en avoir référé au Ministre, on n'abandonne à l'intéressé le soin de faire valoir plus tard des droits dont celui-ci n'aura peut-être connaissance qu'à un moment où la prescription devra lui être opposée.

Enfin, il veille à ce qu'un militaire, reconnu susceptible d'être retraité, ne soit jamais réformé, ni signalé comme tel.

TITRE V.

Veuves et orphelins de militaires.

CHAPITRE XI.

DROIT ET JUSTIFICATION.

Droit à la pension de veuve.

Art. 62. Ont droit à une pension viagère :

1º Les veuves de militaires tués sur le champ de bataille ou dans un service commandé ;

2º Les veuves de militaires morts en activité des suites de maladies contagieuses ou endémiques aux influences desquelles ils ont été soumis par les obligations de leur service ;

3º Les veuves de militaires morts des suites de blessures ou d'accidents de service ;

pourvu que le mariage soit antérieur aux blessures ou à l'origine des maladies.

4º Les veuves de militaires morts en jouissance de la pension de retraite ou en possession de droits à cette pension;

5º Les veuves des officiers ou assimilés morts en activité ou non-activité après vingt-cinq ans accomplis de service effectif.

pourvu que le mariage soit antérieur de deux années au moins à la cessation de l'activité du traitement militaire du mari, ou à défaut qu'il existe un ou plusieurs enfants issus du mariage contracté antérieurement à cette cessation. Il n'est d'ailleurs pas exigé que l'enfant issu du mariage ainsi contracté soit mineur ou né pendant l'activité, et il suffit qu'il ait survécu au père.

Toutefois, si le mari a été retraité pour blessures ou infirmités, il suffit que le mariage dûment autorisé, s'il y a lieu, soit antérieur auxdites blessures ou à l'origine desdites infirmités.

(Lois des 11 avril 1831, art. 19; 10 avril 1869, art. 2; 29 mai 1875, art. 2; 15 avril 1885, art. 1ᵉʳ; 28 décembre 1895, art. 41; et 8 décembre 1905.)

Une pension à titre provisoire peut être accordée à la femme du militaire en activité qui a été déclaré absent par jugement ou qui a disparu après sa mise à la retraite et n'a pas réclamé les arrérages de sa pension depuis plus de trois ans. (Art. 48 de la loi de finances du 25 février 1901) (voir pages 55 et 80).

Les veuves des militaires indigènes de l'Algérie peuvent obtenir pension dans les conditions ordinaires, sauf en ce qui concerne les tarifs à appliquer :

1º Quand le mariage a été contracté sous la loi civile française ;

2º Quand la veuve fournit la preuve que son mariage a été contracté régulièrement suivant la loi musulmane avec autorisation, s'il y a lieu, et que son mari était monogame.

Orphelins.

Art. 63. Après le décès de leur mère ou lorsque celle-ci se trouve déchue de ses droits, les enfants légitimes ou légitimés des militaires morts dans les conditions prévues ci-dessus ont droit à un secours annuel payable jusqu'à la majorité du plus jeune d'entre eux. (Loi du 11 avril 1831, art. 21.)

L'enfant mineur peut obtenir une pension à titre provisoire lorsque la mère pensionnée ou en possession de droit à une pension a disparu depuis plus de trois ans ou est déchue temporairement de ses droits. (Lois de finances des 13 avril 1898 (art. 44) et 25 février 1901 (art. 48) et arrêt Le Henauff, 20 février 1903.)

Les orphelins des militaires indigènes de l'Algérie sont admissibles à réclamer le secours annuel d'orphelin sous les conditions énoncées à l'article qui précède pour le droit des veuves des mêmes militaires.

Veuve et orphelins issus de précédents mariages.

Art. 64. S'il existe une veuve et des orphelins mineurs issus de précédents mariages du militaire décédé, la pension est partagée par moitié entre la veuve d'une part et ces orphelins d'autre part, jusqu'à la majorité desdits orphelins ou le décès de la veuve.

Divorce. — Séparation de corps.

Art. 65. En cas de séparation de corps prononcée contre elle, la femme d'un militaire ne peut prétendre à aucune pension, à moins qu'il ne soit justifié qu'il y a eu réconciliation entre les époux. (Loi du 25 juin 1861, art. 6, et ordonnance du 7 avril 1841.

La veuve divorcée ne peut prétendre à la pension militaire.

Dans l'un et l'autre cas, les enfants, s'il y en a, sont considérés comme orphelins.

Autorisation de mariage.

Art. 66. Le mariage contracté par les militaires en activité ne peut ouvrir de droit à pension au profit des veuves ou orphelins qu'autant qu'il a été autorisé dans les formes prescrites par le décret du 16 juin 1808. (Loi du 11 avril 1831, art. 19.)

Cette autorisation est également exigée pour le mariage des officiers généraux placés dans la section de réserve avant d'avoir atteint la limite d'âge et pour les officiers en non-activité.

Pension proportionnelle et de réforme.

Art. 67. En aucun cas, il ne peut y avoir lieu à reversibilité au profit des veuves et orphelins de tout ou partie de la pension de réforme et de la pension proportionnelle. (Art. 21 de la loi du 19 mai 1834 et 65 de la loi du 21 mars 1905.)

Délais d'instance.

Art. 68. Le décret du 10 août 1886 (art. 8) ayant abrogé le dernier paragraphe des articles 21 et 23 de l'ordonnance du 2 juillet 1831, relatifs aux délais d'instance des veuves de militaires morts des suites de blessures ou de maladies, il n'y a plus actuellement qu'une limite uniforme de cinq années pour la production des demandes de pension de veuves ou de secours annuel d'orphelins de militaires. (Loi du 17 avril 1833, art. 6.)

Toutefois, dans le cas de décès par blessure ou maladie, après l'expiration de l'année qui suit la blessure ou l'origine de la maladie, le droit à pension de la veuve est subordonné à la justification des visites annuelles exigées par le décret du 23 août 1903. (Voir l'article 78 ci-après.)

Décès en retraite.

Art. 69. Les veuves de militaires morts en jouissance de la pension de retraite adressent directement leur demande et les pièces à l'appui au Ministre de la guerre qui les examine et les fait compléter s'il y a lieu.

Il en est de même des demandes de secours annuel formées par les tuteurs d'orphelins de militaires retraités ou dont la mère était elle-même titulaire d'une pension de veuve.

Les demandes de cette nature, qui parviendraient à l'autorité militaire locale, devront être immédiatement transmises au Ministre et non pas être renvoyées aux intéressés.

Cette manière d'opérer abrège sensiblement les délais d'instance.

Lorsqu'il est utile de donner des indications ou de demander des explications qui nécessiteraient l'intervention de l'autorité militaire locale, le ministre charge spécialement le sous-intendant militaire du département de poursuivre l'instruction des demandes.

Décès en activité.

Art. 70. Lorsque le droit à pension est basé sur des blessures ou maladies ayant déterminé le décès du militaire, ou que celui-ci a été tué au service, ou qu'il est mort après vingt-cinq années de service effectif, c'est-à-dire lorsqu'il s'agit de la veuve ou des orphelins d'un militaire qui n'était pas encore retraité, l'ins-

truction des demandes de pension est faite par le sous-intendant
militaire du département où résident les intéressés.

Si les documents exigés par les lois et règlements en vigueur
n'ont pas été tous réunis, les fonctionnaires de l'intendance donnent aux pétitionnaires les moyens de combler les lacunes et servent, au besoin, d'intermédiaires auprès des corps de troupe, des
établissements militaires et des officiers de l'état civil.

Lorsque tous les éléments de l'instruction sont rassemblés, le
sous-intendant militaire s'assure que les expéditions d'actes de
l'état civil sont régulières, qu'elles ne contiennent aucune ra-
ture ou surcharge non approuvée, qu'elles sont dûment légalisées
et qu'elles se rapportent bien au mari et à la veuve ou aux orphelins. S'il existe des différences de nature à rendre l'identité dou-
teuse, il établit ou fait établir un acte d'individualité expliquant
ces différences (modèle n° 6).

Il s'assure également que les justifications des causes du décès
sont conformes aux prescriptions légales, ou qu'il n'en peut être
produit de plus probantes.

Rejet des demandes.

Art. 71. Lorsque toutes les pièces sont réunies, quelle que
soit la suite à donner à la demande, le dossier est transmis au
Ministre, avec un bordereau (modèle n° 2) mentionnant l'avis
motivé du sous-intendant.

Le Ministre a seul qualité pour statuer, s'il y a lieu, sur le refus
de pension et notifier administrativement sa décision aux intéressés.

Actes de l'état civil.

Art. 72. Toutes les observations spécifiées au titre IV relativement aux actes de l'état civil sont applicables aux droits par re-
version.

Décès après vingt-cinq ans de services.

Art. 73. Les veuves ou orphelins de militaires, décédés en
activité ou en non-activité après 25 années de service effectif, justifient de leurs droits par la production d'un relevé des
services du mari ou du père. Toutefois, comme la pension des
veuves et le secours annuel des orphelins sont d'une quotité invariable pour chaque grade, il est superflu de s'arrêter à la
justification des campagnes et même à la preuve des services

litigieux, lorsque, ces services étant déduits ou portés pour mémoire, la condition voulue par la loi n'en est pas moins remplie.

Cependant, si le militaire est mort dans les conditions prévues par la loi du 26 avril 1856 et l'article 17 de la loi du 18 août 1879, la demande doit être appuyée des justifications rappelées à l'article 75 ci-après.

Décès pendant l'instance de retraite.

Art. 74. Pour les veuves ou orphelins de militaires morts après avoir été proposés pour la retraite *à titre de blessures ou infirmités*, mais avant qu'il ait été statué à leur égard, mention à l'encre rouge et de façon très apparente en est faite sur le bordereau d'envoi du dossier. Si l'instruction est seulement commencée, et si le mari a sollicité sa mise à la retraite pour infirmités, on joint au dossier de la veuve, en l'état où elles se trouvent, toutes les pièces qui ont été préparées (demande de pension, certificat d'origine, certificats médicaux), avec un rapport détaillé sur les circonstances de l'affaire.

Décès par suite d'accidents ou de blessures de guerre.

Art. 75. Les veuves ou orphelins de militaires tués sur le champ de bataille ou en service commandé, ou morts des suites de blessures reçues dans ces circonstances, ainsi que les veuves ou orphelins des sous-officiers, brigadiers de gendarmerie et gendarmes qui ont péri par suite de lutte ou combat soutenu dans l'exercice de leurs fonctions, doivent appuyer leur demande de certificats justificatifs de l'époque, du lieu et des circonstances, soit de l'événement de guerre, soit du service commandé où le militaire a été tué ou blessé.

Ces certificats sont dressés dans les formes prescrites par les articles 5 et 6 de l'ordonnance du 2 juillet 1831, et par l'article 23 de la présente instruction.

Il est indispensable, en outre, que la relation de cause à effet entre la mort et la blessure, invoquée comme origine, soit établie d'une part par le médecin signataire du certificat sur la cause du décès, qui doit toujours indiquer dans son rapport et affirmer dans ses conclusions « que la blessure ou l'accident a été la cause directe de la mort » ; d'autre part, par la production de renseignements précis sur l'évolution des lésions.

Enfin si le décès est survenu plus d'un an après l'accident, le dossier doit être accompagné des certificats annuels établis dans les conditions prévues à l'article 78 ci-dessous. (Décret du 23 août 1903.)

Événements de guerre.

Art. 76. Si la mort a été causée à l'armée par des événements de guerre, ces événements sont constatés ainsi qu'il est dit à l'article précédent.

Il doit, en outre, être justifié dans les mêmes formes ou par des certificats authentiques des médecins traitants, que lesdits événements ont été la cause directe et immédiate de la mort du militaire. (Ordonnance du 2 juillet 1831, art. 23.)

Il convient en effet de ne pas oublier que le droit à la pension de taux exceptionnel n'existe en faveur de la veuve que dans le cas de mort sur le champ de bataille, par blessure *de guerre* ou par événement de guerre. (Lois des 26 avril 1856 et 18 août 1879, art. 15.) Il n'y a d'assimilation qu'à l'égard des veuves des sous-officiers ou brigadiers de gendarmerie et des gendarmes morts des suites de lutte ou combat dans l'exercice de leurs fonctions. (Loi du 18 août 1879, art. 17.)

Maladies contagieuses ou endémiques.

Art. 77. Les causes de mort par suite de maladie contagieuse ou endémique aux influences desquelles le mari a été soumis par les obligations du service, sont justifiées :

1º Par un certificat des autorités civiles ou militaires constatant qu'à l'époque du décès ces maladies régnaient dans le pays où le militaire en a été atteint ;

2º Par un certificat de l'autorité militaire constatant que le militaire décédé avait été soumis par les obligations de son service aux influences de ces maladies ;

3º Par un certificat dûment légalisé, soit du médecin en chef de l'hôpital où le militaire est mort, soit du médecin civil qui l'a traité dans sa maladie.

Dans le cas où il y aurait impossibilité de se procurer le certificat du médecin militaire, il y sera suppléé par une information ou enquête prescrite et dirigée par les autorités civiles ou militaires du pays. (Ordonnance du 2 juillet 1831, art. 24.)

Visites annuelles.

Art. 78 (1). Chaque fois qu'un militaire marié ou veuf avec en-

---

(1) Circulaire du 23 août 1903 (*B. O.*, p. 1286).

fant mineur (le divorcé étant considéré comme veuf) est victime d'un accident de service, ou a été atteint d'une maladie endémique ou contagieuse, il est établi, outre le certificat d'origine extrait du registre à souche, un duplicata de ce certificat, auquel sont annexés, d'année en année, à moins de douze mois d'intervalle et à compter du jour de l'accident, des certificats établis par des médecins militaires et constatant l'état actuel de la blessure et ses suites, s'il y a lieu.

Les certificats annuels cessent d'être établis lorsque se produit l'une des circonstances ci-après :

1° Guérison complète de l'intéressé (constatée par un certificat médical à joindre au dernier des certificats annuels);

2° Prédécès de la femme (s'il n'existe pas d'enfant mineur issu du mariage);

3° Majorité de l'enfant le plus jeune (si le militaire est veuf ou divorcé);

4° Admission à la pension proportionnelle ou de retraite;

5° Mise en réforme (pour les officiers);

6° Démission;

7° Le militaire réunit 25 ans de service effectif (et 2 ans de mariage si la femme est vivante, même avec enfant);

8° L'homme de troupe libéré *sans pension* a été rayé des contrôles depuis cinq ans.

Le soin de faire procéder aux visites annuelles incombe au chef de corps, du service ou de l'établissement dont faisait partie le militaire, ou au sous-intendant militaire du département de la résidence, s'il s'agit d'un homme de troupe libéré sans pension ou d'un officier en congé de trois ans ou en non-activité. Toutes les convocations sont faites d'office.

Les dossiers individuels sont, dans chaque corps ou établissement, classés d'après la date de l'accident en douze liasses correspondant aux douze mois de l'année. Le 15 de chaque mois, on compulse la liasse du mois suivant, et les ordres nécessaires sont donnés d'office, pour que les intéressés soient visités avant l'expiration du douzième mois, à compter de la date de la dernière visite ou de la date de l'accident.

Chaque dossier individuel suit le militaire dans toutes ses positions successives, puis, après libération, est conservé à la sous-intendance du département de la résidence jusqu'à l'expiration de la sixième année, à compter de la radiation des contrôles.

Maladies considérées comme accidents.

Art. 79. En principe, le décès par maladie, autre qu'une maladie endémique ou contractée par contagion dans le service, n'ouvre pas le droit à la pension de veuve.

Toutefois, dans le cas où une maladie est déterminée par une violence extérieure, malgré l'absence d'effusion de sang, la mort qu'elle entraîne est considérée comme causée par une blessure et le droit à pension de la veuve existe.

Les causes et la nature des maladies ou infirmités survenues dans ces conditions sont justifiées dans les formes prescrites par les articles 5, 6 et 7 de l'ordonnance du 2 juillet 1831.

Leurs suites sont également constatées par des certificats authentiques des médecins militaires ou civils qui ont donné des soins au militaire, relatant les différentes phases de la maladie depuis son apparition jusqu'à l'issue fatale.

Pour que le droit à pension existe, il est essentiel que ces médecins affirment dans leurs certificats que la mort doit être directement attribuée aux faits invoqués dans le certificat d'origine.

Il est impossible de fixer une règle s'appliquant à tous les cas : ce sont affaires d'espèce pour lesquelles, la justification étant des plus difficiles, il est indispensable que le dossier de la veuve soit accompagné d'un rapport précis sur toutes les circonstances susceptibles de constater le caractère accidentel de la cause originelle.

Il est toujours préférable, lorsque le fait existe, d'établir, comme il est dit à l'article 74 ci-dessus, que le mari avait demandé à faire valoir ses titres à la pension pour infirmité imputable au service et d'origine postérieure au mariage.

Entrée en jouissance.

Art. 80. La pension des veuves de militaires court du lendemain du décès du mari.

Le secours annuel des orphelins court du lendemain du décès du père, si la mère est elle-même décédée ou déchue de son droit à pension, et du lendemain du décès de la mère si celle-ci décède après son mari.

Ces pensions ou secours annuels sont payables à terme échu.

Avances sur pensions.

Art. 81. Des avances sur pensions peuvent être accordées dans les conditions fixées par l'instruction du 27 février 1902.

CHAPITRE XII.

PIÈCES A PRODUIRE A L'APPUI DES DEMANDES.

Veuves.

Art. 82. Les veuves de militaires qui se croient en droit de prétendre à une pension doivent formuler leur demande ainsi qu'il est indiqué ci-après, suivant la position dans laquelle elles se trouvent :

1° Les veuves des militaires morts en jouissance de la pension de retraite adressent directement au Ministre les pièces désignées dans le présent article, sous les timbres *a*, *b*, *c*, *d*, *f*; en plus, le certificat d'individualité *h* lorsqu'il y a lieu (si la veuve possède là lettre portant la notification de la concession de la pension du mari, elle gagne du temps en joignant cette pièce à sa demande. Dans le cas contraire, il lui suffit d'indiquer exactement les nom, prénoms et grade de son mari);

2° Les veuves des militaires décédés en activité ou en non-activité après vingt-cinq ans de service effectif, mais avant d'être admis à la retraite, produisent les mêmes pièces et un relevé des services du mari au sous-intendant militaire de leur département, chargé d'instruire les demandes suivant l'article 70;

3° Les veuves des militaires morts des suites de blessures, maladies ou accidents, produisent également au sous-intendant militaire les pièces timbrées *a*, *b*, *c*, *d*, *e*, *f*, ainsi que le certificat *h*, lorsqu'il y a lieu.

En outre, les pièces justificatives marquées *g* doivent être produites et, à cet effet, les sous-intendants militaires sont tenus, ainsi qu'il est dit à l'article 70, paragraphe 2, d'aider les ayants droit dans tous les cas où leur coopération peut leur être utile.

Nota. — Si le mari avait accompli vingt-cinq ans de service effectif, il est inutile de réunir les pièces justifiant d'un décès par accident, le taux de la pension de veuve n'étant majoré que dans le cas de blessures de *guerre* (loi du 26 avril 1856), ou, s'il s'agit de militaires de la gendarmerie, de mort par suite de lutte ou combat dans le service spécial à la gendarmerie (loi du 18 août 1879, art. 17).

a) Demande de pension, sur papier libre, adressée au Ministre. Elle doit indiquer exactement le domicile de la pétitionnaire (pour les grandes villes, il est indispensable de faire connaître le nom de la rue et le numéro), ainsi que le département dans lequel l'intéressée désire recevoir les arrérages de sa pension. La signature est légalisée par le maire de la résidence.

b) Acte de naissance de la veuve.

c) Acte de la célébration du mariage, exprimant qu'il a été autorisé, ainsi que le prescrit le dernier paragraphe de l'article 19 de la loi du 11 avril 1831.

A défaut de cette mention, l'acte de mariage doit être accompagné d'une copie de la permission remise avant la célébration du mariage à l'officier de l'état civil, à moins que ladite permission ne soit mentionnée sur l'état des services du mari ou qu'il ne soit établi qu'à l'époque du mariage le mari n'était pas sujet aux dispositions du décret du 16 juin 1808.

Pour la justification du mariage, il ne peut être suppléé à l'acte de l'état civil que par une enquête judiciaire, conformément à l'article 46 du Code civil. Dans ce cas, l'extrait de jugement du tribunal remplace l'extrait prescrit par les articles 45 et 194 du Code civil.

Si la veuve, mariée moins de deux ans avant la cessation de l'activité du mari, puise son droit dans l'existence d'enfants issus de ce mariage, on joint à l'acte de mariage, sous le timbre C² l'acte de naissance, et sous le timbre C³ le certificat de vie de ces enfants ou au moins de l'un d'eux, quel que soit son âge. Si la veuve a perdu, depuis la mort de son mari, les enfants ou l'enfant unique issus de son mariage, le certificat de vie de l'enfant est remplacé par l'acte de décès constatant que l'enfant a survécu au père.

Dans le cas où le droit résulte de l'existence d'un enfant posthume, il suffit de produire l'acte de naissance de cet enfant.

d) Acte de décès du mari.

e) État des services du mari.

f) Certificat délivré par l'autorité municipale, sur la déclaration de l'intéressée et l'attestation de deux témoins constatant :

1º Que le mariage n'a pas été dissous par le divorce ;

2º Qu'aucune séparation de corps n'a été prononcée judiciairement entre les époux ;

3º Que la veuve est en possession de ses droits civils ;

4º Que le mari n'a laissé aucun enfant mineur issu d'un mariage antérieur. (Voir modèle nº 12.)

En cas de séparation de corps, la veuve doit justifier que cette séparation a été prononcée en sa faveur et produire à cet effet un extrait du jugement.

g) Justification des causes de mort.

(Certificats d'origine de blessures ou d'infirmités, certificats médicaux, procès-verbaux d'enquête, etc.)

Produire, suivant le cas, les justifications mentionnées dans les articles 75 à 79 de la présente instruction.

Ces pièces sont timbrées g^1, g^2, g^3, etc., etc.

h) Acte d'individualité. Lorsqu'il y a lieu d'en produire un pour expliquer les différences existant entre les diverses pièces du dossier, il devra être établi d'une manière analogue au modèle n° 6 en y apportant toutes les modifications nécessaires. S'il y a plusieurs actes, le premier est timbré h^1, le second h^2, etc....

Pour les veuves, cet acte peut être établi sur l'attestation de trois témoins devant une autorité administrative ou judiciaire, devant un notaire, ou devant le sous-intendant militaire.

Orphelins.

Art. 83. Les demandes pour les orphelins sont formées par le tuteur. Néanmoins, le mineur émancipé peut formuler lui-même sa demande (1).

Pour les orphelines mariées la demande est faite par le mari.

Les demandes sont envoyées, soit au Ministre si le père des orphelins était retraité ou si leur mère était elle-même titulaire d'une pension de veuve, soit, dans tous les autres cas, au sous-intendant militaire du département où demeure le tuteur. Elles sont appuyées des pièces désignées ci-après sous timbres a, b, c, d, e, f, du certificat h lorsqu'il y a lieu et, en outre, des pièces timbrées g établies selon les cas comme il est spécifié à l'article 82 relatif aux veuves et qui s'applique également aux orphelins.

a^1) Demande de secours annuel adressée au Ministre. Elle doit faire connaître exactement le domicile du pétitionnaire (pour les grandes villes indiquer le nom de la rue et le numéro), ainsi que le département dans lequel il désire recevoir les arrérages du secours annuel.

a^2) Extrait de la délibération du conseil de famille réuni pour la nomination du tuteur, ou acte d'émancipation si le mineur est émancipé, ou acte de célébration du mariage si l'orpheline est mariée.

b^1) Acte de naissance de tous les orphelins mineurs existant au moment du décès du dernier mourant, père ou mère.

b^2) Certificat de vie de ces orphelins.

---

(1) Lorsque les circonstances s'opposent à la réunion immédiate du conseil de famille appelé à désigner le tuteur, les personnes qui peuvent produire une attestation du maire de leur domicile affirmant qu'elles ont en fait la garde des orphelins, sont autorisées à former elles-mêmes la demande de secours annuel au nom desdits orphelins. Elles doivent produire de plus l'engagement écrit de provoquer, aussitôt que possible, la nomination d'un tuteur et de donner avis de cette nomination au ministère de la guerre (Bureau des Pensions). La concession du secours annuel et la remise du titre ne peuvent être faits qu'après cette nomination et le titre n'est remis qu'au tuteur (nota du 27 juin 1915, *B. O.*, p. 445).

c) Acte de célébration du mariage des parents.

d¹) Acte de décès du père.

d²) Acte de décès de la mère.

e) États des services du père, ou lettre de notification de la pension du père, ou de la mère, suivant le cas. (Il peut être suppléé à la lettre de notification de pension comme il est dit à l'article 82, § 1°.)

f¹) Certificat de l'autorité municipale sur la déclaration de deux témoins constatant que le père n'a laissé ni veuve ni autre enfant mineur.

En cas de divorce ou de séparation de corps prononcée sur la demande du père et à son profit, produire un extrait du jugement prononçant le divorce ou la séparation de corps. Cette pièce prendrait le timbre *f²* et remplacerait la pièce *d²*.

g) Justification des causes de la mort du père. (Certificats d'origine de blessures ou d'infirmités, certificats médicaux, procès-verbaux d'enquête, etc.).

Produire, suivant le cas, les justifications mentionnées dans les articles 75 à 79 de l'instruction.

Ces pièces doivent être timbrées *g¹*, *g²*, *g³*, etc...

h) Acte d'individualité, comme il est dit à l'article précédent pour les pensions de veuve.

Nota. — Lorsque la mère des orphelins était elle-même titulaire d'une pension de veuve, les pièces timbrées *c*, *d¹*, *g* ne sont pas exigées.

Veuves et orphelins.

Art. 84. S'il existe une veuve et des orphelins mineurs issus de mariages antérieurs du militaire, il y a lieu de produire simultanément les pièces mentionnées aux articles 82 et 83 ci-dessus.

S'il existe des orphelins mineurs de plusieurs lits du militaire, on doit constituer autant de dossiers qu'il y a de lits différents, mais sans qu'il soit nécessaire de fournir plus d'une expédition des pièces qui devraient accompagner chaque dossier et qui se trouvent déjà dans l'un d'eux.

Timbre.

Art. 85. Toutes les pièces mentionnées aux articles 82, 83 et 84 ci-dessus peuvent être établies sur papier non timbré et sans frais, conformément à l'article 64 de la loi du 28 fructidor an VII, à la décision du Ministre des finances du 15 janvier 1823 et aux décisions qui régissent l'impôt du timbre. (Voir art. 56 ci-dessus.)

Légalisation.

Art. 86. Tous les actes de l'état civil produits pour la liquidation d'une pension de veuve ou de secours annuel d'orphelin de militaire doivent être légalisés comme il est dit à l'article 56 ci-dessus.

Nota. — Les articles de l'instruction du 23 mars 1897 non reproduits dans la présente édition ou ont été remplacés par l'instruction du 31 mars 1906 (gratifications renouvelables), ou sont sans objet, soit comme faisant double emploi avec le décret du 9 novembre 1853 (pensions civiles), soit comme se rapportant à des dispositions (indemnités journalières) qui ont été abrogées par la loi du 21 mars 1905.

Circulaire relative aux certificats de genre de mort prescrits par l'instruction du 23 mars 1897 (article 75).

Bordeaux, le 22 octobre 1914.

L'article 75 de l'instruction du 23 mars 1897 a prescrit de justifier les causes du décès des militaires décédés sur le champ de bataille ou des suites des blessures reçues dans ces circonstances, lorsque les veuves ou les orphelins de ces militaires réclament la pension qui leur est due, par des certificats dressés dans les formes prescrites par les articles 5 et 6 de l'ordonnance du 2 juillet 1831.

Il est rappelé à toutes fins utiles que ces certificats doivent toujours être établis à l'appui des mémoires de propositions de pension en faveur des veuves ou orphelins des militaires décédés en guerre, que le décès ait eu lieu sur le champ de bataille, dans les formations sanitaires ou les hôpitaux. L'article 5 de l'ordonnance du 2 juillet 1831 n'exigeant que « des certificats des autorités militaires », les certificats pourront être établis par les conseils d'administration sur les états de service des militaires décédés, dans les cases réservées aux mentions « blessures ou des actions d'éclat »; ils contiendront une analyse succincte de l'événement de guerre et des circonstances du décès, avec indication des lieux et des dates, et une référence formelle aux pièces officielles (télégrammes, avis de quelque nature qu'il soit) par le moyen desquelles le conseil d'administration a été informé dudit décès.

La présente circulaire ne vise que l'établissement des mémoires de proposition de pension de veuves ou d'orphelins; elle ne modifie en rien les dispositions prescrites par l'article 48 de l'instruction du 8 juin 1911 relative à la mention des blessures sur les états de service des militaires.

TABLE DES MATIÈRES

DE L'INSTRUCTION.

TABLE DES MODÈLES

(Le papier dont on se servira pour les pièces imprimées ne sera pas au-dessous du format écu)

MODÈLES

Modèle Nᵒ 1.

(1)

BORDEREAU ÉNUMÉRATIF

des pièces à l'appui de la proposition pour la (2)   établie en faveur de (3)

(1) Désigner le corps auquel appartient l'intéressé, et, si la demande est instruite par un autre corps, le désigner pareillement.

(2) Indiquer l'objet de la proposition.

(3) Nom, prénoms, grade et corps de l'intéressé.

(4) La déclaration *manuscrite* de demande d'admission à la retraite à produire par les officiers et assimilés prendra le timbre A².

(5) Les certificats d'option, ampliation de décret de naturalisation, acte d'individualité, etc., lorsqu'il y a lieu d'en produire, prendront les signes : B², B¹, etc.

(6) Les relevés des services dans l'armée de mer ou dans les administrations civiles prendront, lorsqu'il y aura lieu, les signes : C², C³, etc.

(7) S'il y a plusieurs pièces à produire pour justifier de l'origine des infirmités invoquées, ces pièces prennent les signes D², D³, etc.

N. B. — Le présent bordereau sert pour les pensions de toute nature à allouer aux militaires de toutes armes et pour les gratifications temporaires ou renouvelables.

SAVOIR :

A
1. Demandes de liquidation et proposition.....................
2. (4)...........................

B
1. Acte de naissance...................
2. (5)...........................
3. ....

C
1. Etat général des services et campagnes...................
2. (6)...........................
3. ....

D
1. Certificat d'origine de blessures (ou d'infirmités)...................
2. (7)...........................
3. ....
4. ....
5. ....

E   Certificat d'incurabilité...............

F   Certificat et procès-verbal d'examen..

G   Certificat et procès-verbal de vérification...........................

Total des pièces...........

Certifié véritable par nous, Membres composant le conseil d'administration.

A   , le   19

Vu par nous, Sous-Intendant militaire

PENSIONS MILITAIRES.   MODÈLE N° 2.

VEUVES OU ORPHELINS.   **BORDEREAU ÉNUMÉRATIF**

des pièces à l'appui d'une demande :

DE PENSION FORMÉE PAR	DE SECOURS ANNUEL FORMÉE PAR
Mᵐᵉ (1)	M. (1) , tuteur de
née (2)	orphelin (2)
veuve d'un (3)	enfant d'un (3)
décédé (4)	décédé (4)

SAVOIR :

Colonne de gauche (DE PENSION) :

A   Demande de la veuve..........

B   Acte de naissance de la veuve....

C   { 1. Acte de mariage..........
    { 2. (5) ....
    { 3. ....

D   Acte de décès du mari..........

E   { 1. État des services ou lettre de pension du mari..........
    { 2. (6) ....
    { 3. ....

F   { 1. Certificat de l'autorité municipale constatant qu'il n'y a eu entre les époux ni divorce, ni séparation de corps, que la veuve jouit de ses droits civils, et qu'il n'existe pas d'enfant mineur issu d'un précédent mariage du mari......
    { 2. (7) ....

G¹ à G²,³   Justification des causes du décès (certificats d'origine, certificats médicaux, procès-verbaux d'enquête, etc.) ....

H   Acte d'individualité ....

TOTAL DES PIÈCES..........

À   , le   19 .

Le Sous-Intendant militaire soussigné estime que la demande (8)

VU :

Le Général commandant la subdivision,

VU ET TRANSMIS :

Le Général commandant le corps d'armée,

Colonne de droite (DE SECOURS ANNUEL) :

A   { 1. Demande du tuteur..........
    { 2. Extrait de la délibération du conseil de famille..........

B   { 1. Acte de naissance de orphelin..........
    { 2. Certificat de vie de orphelin..........

C   Acte de mariage..........

D   { 1. Acte de décès du père..........
    { 2. Acte de décès de la mère......

E   { 1. État des services ou lettre de pension du père ou de la mère..........
    { 2. (5) ....
    { 3. ....

F   { 1. Certificat de l'autorité municipale constatant que le père n'a pas laissé d'autre enfant mineur..........
    { 2. (6) ....

G¹ à G²,³   Justification des causes du décès (certificats d'origine, certificats médicaux, procès-verbaux d'enquête, etc.) ....

H   Acte d'individualité ....

TOTAL DES PIÈCES..........

À   , le   19 .

Le Sous-Intendant militaire soussigné estime que la demande (7)

VU :

Le Général commandant la subdivision,

VU ET TRANSMIS :

Le Général commandant le corps d'armée,

Notes colonne de gauche :

(1) Nom, prénoms du mari.

(2) Nom et prénoms de la veuve.

(3) Grade du mari.

(4) En retraite, *ou* après 25 ans de services effectifs, *ou* des suites d'une blessure reçue à l'armée, *ou* en service commandé, *ou* des suites d'une maladie occasionnée par un accident de service.

(5) Lorsqu'il y a lieu de produire soit l'acte de naissance du mari, soit l'acte de naissance et le certificat de vie d'un enfant issu d'un mariage contracté moins de deux ans avant la cessation de l'activité, ces pièces prennent le timbre C2, C3.

(6) Les relevés de services du mari dans l'armée de mer ou dans les administrations civiles prennent, lorsqu'il y a lieu, le timbre E2, E3.

(7) Extrait du jugement de séparation de corps, s'il y a lieu.

(8) Est susceptible d'être accueillie ou n'est pas susceptible d'être accueillie.

Notes colonne de droite :

(1) Nom du tuteur.

(2) Nom patronymique des orphelins.

(3) Grade du père.

(4) En retraite, *ou* après 25 ans de services effectifs, *ou* des suites d'une blessure reçue à l'armée, *ou* en service commandé, *ou* des suites d'une maladie occasionnée par un accident de service.

(5) Les relevés des services du père dans l'armée de mer ou dans les administrations civiles prennent, lorsqu'il y a lieu, le timbre E2, E3.

(6) Extrait du jugement prononçant le divorce ou la séparation de corps des parents des orphelins lorsqu'il y a lieu.

(7) Est susceptible d'être accueillie ou n'est pas susceptible d'être accueillie.

CORPS D'ARMÉE.

PENSIONS MILITAIRES.

(1) Désigner le corps auquel appartient l'intéressé, et, si la demande est instruite par un autre corps, le désigner pareillement.

(2) Nom, prénoms, grade et corps de l'intéressé.

(3) Ajouter, selon le cas, de retraite pour ancienneté, *ou* de retraite pour blessures (ou pour infirmités) *ou* proportionnelle.

(4) Pour les grandes villes indiquer la rue et le numéro.

(5) Signature de l'intéressé.

Si la proposition a été établie d'office, écrire en tête à la place du mot Demande, *Proposition d'office* et ne pas faire signer l'intéressé.

(6) Indiquer avec soin : attendra au corps la notification de sa pension ;

ou : est parti (ou partira) en congé (ou en permission) le (date) ;

ou : n'étant plus lié au service a été (ou sera) rayé des contrôles le (date).

(7) Commandant le corps d'armée ou délégué.

NOTA. — Pour les gratifications temporaires de réformes spéciales aux militaires de la gendarmerie, modifier les termes de cet imprimé où il sera besoin.

A

(1)

DEMANDE DE LIQUIDATION DE PENSION

Le soussigné (2)

a l'honneur de solliciter la liquidation de la pension (3)

à laquelle il a droit aux termes des lois et règlements en vigueur et dont il désire jouir à

(4)   , département de

A   , le   19

(5)

L'intéressé (6)

Les Membres du Conseil d'administration qui a procédé à l'instruction de la demande.

PROPOSITION :

Le Sous-Intendant militaire, chargé de veiller à la régularité de l'instruction des demandes de pension,

CERTIFIE que la présente demande a été instruite conformément aux lois et règlements en vigueur et paraît fondée.

A   , le   19

APPROUVÉ pour proposition.

A   , le   19

Le Général (7),

A

Modèle n° 4.

Cette déclaration *manuscrite* n'est réclamée par le Conseil d'Etat, en outre de la demande de liquidation, que pour les officiers et assimilés.

DÉCLARATION
de demande d'admission à la retraite.

(Cette pièce doit être entièrement écrite de la main de l'intéressé.)

Je soussigné (*nom, prénoms, grade, etc.*), déclare demander à être admis à la retraite à titre (*indiquer si la demande est faite pour* ancienneté, *pour* blessures *ou pour* infirmités). Je déclare en outre avoir l'intention de jouir de ma pension à (*indiquer la* commune, *le* département *et, s'il y a lieu, la* rue *et le* numéro).

(*Dater et signer.*)

Nous, membres du Conseil d'administration d

certifions que la signature apposée ci-dessus est bien celle de M. (*nom, prénoms, grade, etc.*).

A   , le   19

Les Membres du Conseil d'administration,

MODÈLE N° 5.

B

(1) Désigner le corps auquel appartient l'intéressé.

(2) Noms de l'intéressé.

(3) Numéro matricule et grade de l'intéressé.

(1)

CERTIFICAT

tenant lieu d'acte de naissance pour les militaires indigènes nés dans une région où la loi du 23 mars 1882 n'est pas exécutoire.

Les membres du Conseil d'administration du (1)

soussignés, certifient que (2)

N° m^{le} (3)   audit régiment

est bien le fils de

et de   et qu'il est né

en   , à   département d

Le présent certificat est délivré pour tenir lieu d'acte de naissance au sieur (2)

qui n'a pas d'état civil.

Fait à   , le

Vu pour homologation des signatures des membres du Conseil d'administration du

Le Sous-Intendant militaire,

Chargé de la surveillance administrative du corps,

Modèle n° 6.

B

ACTE D'INDIVIDUALITÉ.

(1) Désigner le corps auquel appartient l'intéressé.

(2) Nom, prénoms (tels qu'ils sont portés sur l'acte de naissance) et grade de l'intéressé.

(3) Nom, prénoms, grades et corps de chacun des trois témoins.

(4) Nom de l'intéressé.

(5) Inscrire ici en entier les nom, prénoms et signalement de l'intéressé, tels qu'ils sont portés sur les contrôles ou extraits des matricules des divers corps où il a servi (lorsqu'il existe des différences avec l'acte de naissance).

L'an mil neuf cent
le   par-devant nous
Sous-Intendant militaire chargé de la surveillance administrative du (1)
s'est présenté le sieur (2)
    audit régiment, lequel nous ayant requis de procéder à l'établissement d'un certificat d'identité, à l'effet de rectifier les différences qui existent entre son acte de naissance et les pièces de l'état militaire concernant ses services, le présent certificat a été établi en présence des sieurs (3)

Lesdits témoins dignes de foi, et déclarant connaître parfaitement le sieur (4)
dénommé et qualifié ci-dessus, ont attesté formellement que celui-ci qui a été signalé dans les différents corps où il a servi ainsi qu'il suit (5) :

est le même individu que le sieur (2)
né le   à   département
d   fils de
et de   suivant acte de naissance
qui lui a été délivré à   département
d   le   et que
c'est par erreur qu'il a été signalé autrement dans les divers corps auxquels il a appartenu.

Fait à   les jours, mois, et an que dessus.

L'intéressé,   1er témoin,   2e témoin,   3e témoin.

Le Sous-Intendant militaire,

10.

C

(1)

ÉTAT GÉNÉRAL DES SERVICES ET CAMPAGNES

(N. B. — Cette pièce n'est établie que pour la justification, devant le Ministre de la guerre, des titres aux pensions de toute nature et aux soldes et gratifications de réforme.)

de (2)
à   département d   né le
et de   profession d'   fils de
autorisation d   à Dᵉ   marié le
(3)   (4)

SERVICE EFFECTIF. (Services de toute nature rappelés sur les matricules ou dont il a été justifié.)		CAMPAGNES rappelées sur les matricules ou dont il a été justifié.		OBSERVATIONS. Services et campagnes réclamés par l'intéressé, mais dont il n'a pas été justifié.
DÉTAIL DES SERVICES (5).	DATES.	DÉNOMINATIONS.	DATES (6)	
			du au	
				Signature de l'intéressé.

CERTIFIÉ véritable par nous, membres composant le Conseil d'administration du

A   , le   19 .

       Vu par nous :
Sous-Intendant militaire,

(1) Désigner le corps auquel appartient l'intéressé, et si la demande est instruite par un autre corps, le désigner pareillement.
(2) Nom (en bâtarde) et prénoms de l'intéressé.
(3) Grade de l'intéressé.
(4) Indiquer si l'intéressé est Français d'origine.
(5) Reproduire *tous* les renseignements mentionnés sur les matricules, surtout la date et la durée de chaque rengagement, les dates des interruptions, etc.
(6) Indiquer avec soin les dates de commencement et de fin de chaque campagne.

CORPS D'ARMÉE.

—

PLACE

d

D

Désignation { du corps. {

MODÈLE Nº 8.

Art. 5, 6 et 7 de l'ordonnance du 2 juillet 1831 et art. 32 de l'instruction du 23 mars 1907.

(*) Indiquer si la blessure est une blessure de guerre ou une blessure reçue en service commandé ou s'il s'agit d'une maladie.

(1) Indiquer les noms, prénoms, grades.

(2) Nom, prénom, grade, compagnie, escadron ou batterie.

(3) En toutes lettres : heure, jour, mois et année du fait invoqué.

(4) Relater les faits que les témoins *ont vus*, en désignant bien exactement la partie du corps atteinte, sans employer, toutefois, aucune indication médicale technique.

(5) Préciser avec le plus grand soin toutes les circonstances dans lesquelles se sont produits les faits, ainsi que la *nature du service commandé* que l'intéressé accomplissait en ce moment.

(6) Indiquer le nom et le grade.

(7) Nom, prénoms.

(8) Jour, mois et année.

(9) Décrire l'état du malade au moment où les premiers soins lui ont été donnés, en mentionnant, aussi exactement que possible, le siège et la nature des lésions.

(10) Noms, prénoms et grades des trois témoins et du médecin.

(11) *Confirmer l'exactitude des faits relatés par les témoins.*

CERTIFICAT D'ORIGINE

DE (*)

Nous soussignés,

1ᵉʳ témoin (1),
2ᵉ témoin (1),
3ᵉ témoin (1),

Certifions que (2)
immatriculé sous le nº   , le (3)
à (4)
dans (5)

Fait à   , le   19 .

1ᵉʳ *témoin,*   2ᵉ *témoin,*   3ᵉ *témoin,*

Nous soussigné (6)
médecin   , certifions que (7)
le (8)
a été (9)

A   , le   19 .

Le Médecin,

Nous, membres du Conseil d'administration, certifions que les signatures apposées ci-dessus sont bien celles des (10)

et (11)

A   , le   19 .

Les Membres du Conseil d'administration,

Vu :

Le Sous-Intendant militaire,

MODÈLE N° 35

Art. 11, 143, 147, 272, 275 et 276 du Règlement.

* CORPS D'ARMÉE

PLACE D

N° du Registre.

(1) Désigner l'établissement.
(2) Général, Commandant d'armes, Directeur du service de santé.
(3) Nom et prénoms.
(4) Indiquer le grade.
(A) Indication du corps ou service et du grade de chaque militaire.
(B) Détail des maladies, blessures ou infirmités.

NOTA. Le registre à talon sera relié *in plano*. — Le certificat de la contre-visite sera inscrit au bas de chaque certificat de visite. — Lorsqu'il n'y aura pas lieu de procéder à une contre-visite, le certificat sera bâtonné. Aux termes de l'article 152 du règlement, le registre à talon doit être coté et parafé par le Directeur du service de santé.

SERVICE DE SANTÉ.

(1)

CERTIFICAT DE VISITE.

EXÉCUTION DE L'ORDRE DE M. LE (2) EN DATE DU
Nous, soussigné, (3)
médecin (4)
certifions que le sieur
né à   , département d   , âgé de   ans,
(A)

Indications spéciales au personnel n'appartenant pas à l'armée active :
domicilié à   , département d   , titulaire d'une pension de retraite de
sous le n°   , titulaire d'un traitement de réforme de
titulaire d'une gratification de réforme de

est atteint de (B)

En conséquence, estimons que les accidents ci-dessus relatés ont pour résultat : (c)

A   , le   19 .

CERTIFICAT DE CONTRE-VISITE.

EXÉCUTION DE L'ORDRE DE M. LE (2) EN DATE DU
Nous, soussigné, (3)
médecin (4)
après avoir contre-visité le sieur ci-dessus dénommé, certifions qu'il est atteint d (B)

En conséquence, estimons que les accidents ci-dessus relatés ont pour résultat : (c)

A   , le   19 .

MODÈLE N° 35.

Art. 11, 143, 147, 272, 275 et 276 du Règlement.

* CORPS D'ARMÉE.

PLACE D

N° du Registre.

(1) Désigner l'établissement.
(2) Général, Commandant d'armes, Directeur du service de santé.
(3) Nom et prénoms.
(4) Indiquer le grade.
(A) Indication du corps ou service et du grade de chaque militaire.
(B) Détail des maladies, blessures ou infirmités.

NOTA. Le registre à talon sera relié *in plano*. — Le certificat de la contre-visite sera inscrit au bas de chaque certificat de visite. — Lorsqu'il n'y aura pas lieu de procéder à une contre-visite, le certificat sera bâtonné. Aux termes de l'article 152 du règlement, le registre à talon doit être coté et parafé par le Directeur du service de santé.

N.-B. — Quand le présent imprimé sert à l'établissement d'un certificat d'incurabilité pour une proposition de pension, et pour la conversion de la gratification renouvelable en gratification permanente : 1° On biffe les mots : de visite dans le titre Certificat de visite et on les remplace à la main par : d'Incurabilité ; 2° Pour la pension ou pour le maintien de la gratification pendant deux ans, il n'y a pas à remplir la partie réservée pour le certificat de contre-visite ; 3° Pour la pension, le médecin-chef de l'hôpital, dans lequel le militaire a été traité en dernier lieu, inscrit à la suite du renvoi B la description exacte de la blessure ou de l'infirmité ainsi que la mention des divers traitements successivement institués et de leur inefficacité, et il formule ses conclusions à la suite du renvoi C dans les termes suivants : ....estimons.... que lesdites blessures ou infirmités paraissent incurables. — Ce modèle servira également pour la visite bisannuelle des titulaires de la gratification renouvelable.

MODÈLE N° 9
Extrait des modèles annexés au Règlement sur le service de santé

E

SERVICE DE SANTÉ.

(1)

CERTIFICAT DE VISITE.

EXÉCUTION DE L'ORDRE DE M. LE (2) EN DATE DU
Nous, soussigné, (3)
médecin (4)
certifions que le sieur
né à   , département d   , âgé de   ans,
(A)

Indications spéciales au personnel n'appartenant pas à l'armée active :
domicilié à   , département d   , titulaire d'une pension de retraite de
sous le n°   , titulaire d'un traitement de réforme de
titulaire d'une gratification de réforme de

est atteint d (B)

En conséquence, estimons que les accidents ci-dessus relatés ont pour résultat : (c)

A   , le   19 .

CERTIFICAT DE CONTRE-VISITE.

EXÉCUTION DE L'ORDRE DE M. LE (2) EN DATE DU
Nous, soussigné, (3)
médecin (4)
après avoir contre-visité le sieur ci-dessus dénommé, certifions qu'il est atteint d (B)

En conséquence, estimons que les accidents ci-dessus relatés ont pour résultat : (c)

A   , le   19 .

ᵉ CORPS D'ARMÉE

—

ᵉ DIVISION.

ᵉ BRIGADE.

Place d

Procès-verbal dressé en exécution de l'art. 10 de l'ordonnance du 2 juillet 1831.

Objet du procès-verbal.

Demande d'admission à la pension de retraite de (nom, prénoms, grade, etc.)

F

PROCÈS-VERBAL D'EXAMEN.

(Modèle n° 1 annexé à l'ordonnance royale du 2 juillet 1831.)

Cejourd'hui   mil neuf cent   , à l'heure de

En exécution du titre 1ᵉʳ de l'ordonnance du 2 juillet 1831, portant règlement d'administration publique sur les formes dans lesquelles seront justifiées les causes, la nature et les suites des blessures ou infirmités, pour les droits des militaires à la pension de retraite ;

Et en présence,

1° Des membres du conseil d'administration (ou de M.   selon les cas spécifiés par les articles 8, 15, 16, 17 et 18 de l'ordonnance) ;

2° De M.   sous-intendant militaire, chargé

3° De M. (noms, prénoms, grades et emplois des
4° De M.)   deux médecins experts.

Ces deux derniers désignés par M. le général   commandant   conformément à l'article 9 de l'ordonnance, et convoqués en vertu de cette désignation ;

A comparu (nom, prénoms, grade, etc , de l'intéressé) à l'effet de soumettre à l'examen prescrit par l'article 10 de ladite ordonnance les blessures ou infirmités qui motivent sa demande d'admission à la pension de retraite.

Lecture ayant été faite en séance par ledit sous-intendant militaire,

Du titre Iᵉʳ de l'ordonnance précitée et des instructions y relatives ;

Du titre II de la loi du 11 avril 1831, sur les pensions de l'armée de terre ;

Enfin de la demande et des pièces à l'appui dûment visées, il a été procédé, par les deux médecins experts ci-dessus nommés, à un examen dont ils ont constaté le résultat par un certificat dont la teneur est ci-contre.

En foi de quoi, le présent procès-verbal a été clos et signé en simple expédition les jour, mois et an que dessus.

L'intéressé,   *Les Membres du Conseil d'administration,*

Le Sous-Intendant militaire,

e CORPS D'ARMÉE

—

e DIVISION.

—

e BRIGADE.

═══════════

PLACE D

───────────

CERTIFICAT de l'examen opéré conformément aux art. 9 et 10 de l'ordonnance du 2 juillet 1831, portant règlement d'administration publique, sur la justification des droits à la *Pension de retraite*, pour cause de *blessures* ou *d'infirmités*.

───────────

Objet du certificat.

Demande d'admission à la pension de retraite.

═══════════

(1) Noms, prénoms, grades et emplois des deux médecins.

(2) Des membres du Conseil d'administration *ou de* M.... selon les cas spécifiés par les articles 8, 15, 16, 17 et 18 de l'ordonnance.

(3) Soit *blessures*, soit *infirmités*, soit *blessures et infirmités*.

(4) Nom, prénoms, grade, etc., de l'intéressé.

(5) Décrire les blessures et les infirmités conformément aux prescriptions de l'instruction du 23 mars 1897.

(6) Indiquer jusqu'à quel point elles sont ou peuvent être, médicalement parlant, les effets des causes spécifiées dans les documents joints à la demande en vertu des articles 4, 5, 6 et 7 du règlement d'administration publique et consulter, pour les conclusions, la classification du 23 juillet 1887 et les articles 23 à 44 de l'instruction du 23 mars 1897; si le droit à pension n'existe pas, indiquer sous forme de fraction décimale le degré de diminution de l'aptitude au travail.

F

CERTIFICAT D'EXAMEN.

───────────

L'an mil neuf cent   , le

Nous, (1)

et

en présence,

1° De (2)

2° De M.   Sous-Intendant militaire,

Après avoir, en séance, et conformément au modèle n° 1, annexé à l'ordonnance du 2 juillet 1831, entendu la lecture et pris connaissance du titre II de la loi du 11 avril précédent sur les pensions de l'armée de terre, du titre Ier de l'ordonnance précitée, du décret du 10 août 1886-15 mai 1889 (titre III), de la décision ministérielle du 23 juillet 1887, de l'instruction du 23 mars 1897, enfin de la demande et des pièces établissant les causes, la nature et les suites des (3)

présentées à notre examen par (4)

Certifions avoir reconnu que (5)

En conséquence, estimons (6)

Fait et remis en séance et en simple expédition, les jour, mois et an que dessus.

—

—

° BRIGADE.

PLACE D

Procès-verbal dressé en exécution de l'art. 13 de l'ordonnance du 2 juillet 1831.

Objet du procès-verbal.

Demande d'admission à la pension de retraite de (nom, prénoms, grade, etc., de l'intéressé).

G

MODÈLE N° 11. (*Recto.*)

PROCÈS-VERBAL DE VÉRIFICATION.

Modèle n° 2, annexé à l'ordonnance royale du 2 juillet 1831.

Cejourd'hui　　　　　mil neuf cent　　　, à l'heure de

En exécution du titre 1er de l'ordonnance du 2 juillet 1831, portant règlement d'administration publique sur les formes dans lesquelles seront justifiées les causes, la nature et les suites des blessures ou infirmités pour les droits des militaires à la pension de retraite ;

Et en présence,

1° De M. (nom, grade du général inspecteur ou délégué) ;

2° De M.　　　　　, sous-intendant militaire chargé, etc ;

3° De M. } noms, prénoms, grades et emplois des
4° De M. }　médecins experts.

Ces deux derniers choisis par ledit inspecteur général, conformément à l'article 13 de l'ordonnance, et convoqués en vertu de cette désignation ;

A comparu (nom, prénoms, grade, etc., de l'intéressé) à l'effet de soumettre à la vérification prescrite par le même article les causes qui motivent sa demande d'admission à la pension de retraite.

Lecture ayant été faite en séance par ledit sous-intendant militaire,

Du titre Ier de l'ordonnance précitée, et des instructions y relatives ;

Du titre II de la loi du 11 avril 1831, sur les pensions de l'armée de terre ;

De la demande et des pièces à l'appui dûment visées ;

Enfin du procès-verbal du premier examen opéré selon l'article 10 de l'ordonnance ;

Il a été procédé par les deux médecins ci-dessus nommés à une vérification dont ils ont constaté le résultat par un certificat dont la teneur est ci-contre.

En foi de quoi, le présent procès-verbal a été clos et signé en simple expédition les jours, mois et an que dessus.

L'intéressé,　　　　　　　　*Le Général,*

Le Sous-Intendant militaire,

ᵉ CORPS D'ARMÉE
—
ᵒ DIVISION.
—
ᵉ BRIGADE.

Place d

CERTIFICAT de la vérification opérée conformément à l'art. 13 de l'ordonnance du 2 juillet 1831, portant règlement d'administration publique, sur la justification des droits à la pension de retraite pour cause de blessures ou infirmités.

OBJET DU CERTIFICAT.

Demande d'admission à la pension de retraite.

(1) Noms, prénoms, grades et emplois des deux médecins.

(2) Nom. grade du général inspecteur ou délégué.

(3) Soit blessures, soit infirmités, soit blessures et infirmités.

(4) Nom, prénoms, grade, etc., de l'intéressé.

(5) Décrire les blessures et les infirmités conformément aux prescriptions de l'instruction du 23 mars 1897.

(6) Indiquer jusqu'à quel point elles sont ou peuvent être, médicalement parlant, les effets des causes spécifiées dans les documents joints à la demande, en vertu des articles 4, 5, 6 et 7 du règlement d'administration publique, et consulter, pour les conclusions, la classification du 23 juillet 1887 et les articles 32 à 45 de l'instruction du 23 mars 1897 ; si le droit à pension n'existe pas, indiquer sous forme de fraction décimale le degré de diminution de l'aptitude au travail.

G

CERTIFICAT DE VÉRIFICATION.

L'an mil neuf cent   le

Nous, (1)

et

en présence,

1° De (2)

2° De M.   Sous-Intendant militaire,

Après avoir en séance, et conformément au modèle n° 2, annexé à l'ordonnance du 2 juillet 1831, entendu la lecture et pris connaissance du titre II de la loi du 11 avril précédent. sur les pensions de l'armée de terre, du titre Iᵉʳ de l'ordonnance précitée, du décret du 10 août 1886-15 mai 1889 (titre III), de la décision ministérielle du 23 juillet 1887, de l'instruction du 23 mars 1897, enfin de la demande et des pièces établissant les causes, la nature et les suites des (3)

présentées à notre vérification par (4)

enfin, du procès-verbal du premier examen opéré selon l'art. 10 de l'ordonnance,

Certifions avoir reconnu que (5)

En conséquence estimons (6)

Fait et remis en séance et en simple expédition, les jour, mois et an que dessus.

DÉPARTEMENT

d

—

MAIRIE

d

(1) Dans le cas où il existerait des enfants mineurs issus de précédents mariages du mari, le maire devra modifier la formule, en désignant quels sont ces enfants et en indiquant leur âge.

F

MODÈLE Nº 12.

RÉPUBLIQUE FRANÇAISE.

Certificat de non-divorce, non-séparation de corps, etc.

Le Maire d
département d

Sur la déclaration de l'intéressée et l'attestation des sieurs :

1º

2º

CERTIFIE :

1º Que le mariage contracté le
à   département d
entre le sⁱ   décédé le
et la demoiselle   n'a pas été
dissous par le divorce ;

2º Qu'aucune séparation de corps n'a été prononcée judiciairement entre les deux époux ;

3º Que la veuve du sⁱ
est en possession de ses droits civils :

4º Que le sⁱ   n'a laissé aucun
enfant mineur issu d'un mariage antérieur (1).

Fait à   , le   19   .

L'Intéressé,   Les Témoins,   Le Maire,

Vu pour légalisation de la signature de M. le Maire
d   apposée ci dessus.

A   , le   19   .

TARIF DES PENSIONS [1]

1° Des officiers, présentant, pour chaque grade, les taux résultant de l'ancienneté de services, pour causes de blessures ou infirmités graves et incurables ;

2° De leurs veuves et orphelins.

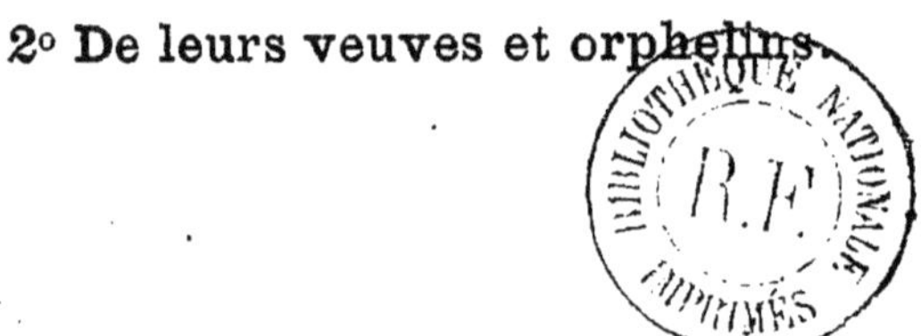

---

(1) Modifié par les lois des 15 novembre 1890, 5 avril 1900, 7 mars 1902, 13 décembre 1902, 13 juillet 1911, 13 juillet 1917 et par le décret du 26 mai 1901.

PENSION DE RETRAITE POUR ANCIENNETÉ DE SERVICE

GRADES. (1)	Minimum à 30 ans (ou 25) de service. (2)	Accroissement pour chaque année de service effectif au delà de 30 ans (ou 25) pour la troupe ou pour chaque année résultant de la supputation des campagnes. (3)	Maximum à 50 ans (ou 45) de service, campagnes comprises. (4)
	Francs.	Francs.	Francs.
Contrôleur général de 1re classe de l'administration de l'armée. Général de division. Intendant général. Médecin inspecteur général.	7.000	175	10.500
Contrôleur général de 2e classe de l'administration de l'armée. Général de brigade. Intendant militaire. Médecin et pharmacien inspecteur. Vétérinaire inspecteur.	6.000	100	8.000
Contrôleur de 1re classe de l'administration. Colonel. Sous-intendant militaire de 1re classe. Médecin et pharmacien principal de 1re classe. Vétérinaire principal de 1re classe.	4.800	75	6.000
Contrôleur de 2e classe de l'administration. Lieutenant-colonel. Sous-intendant militaire de 2e classe. Médecin et pharmacien principal de 2e classe. Vétérinaire principal de 2e classe.	3.700	65	5.000
Contrôleur adjoint de l'administration. Chef de bataillon ou d'escadron. Major. Sous-intendant militaire de 3e classe. Médecin et pharmacien-major de 1re classe. Officier d'administration principal. Vétérinaire-major de 1re classe. Interprète principal.	3.000	50	4.000
Capitaine ou assimilé, adjoint à l'intendance, médecin et pharmacien-major de 2e cl., vétérinaire-major de 2e cl., officier d'administ. de 1re cl., interprète de 1re cl., chef de musique de 1re cl. — 4e échelon de solde 3e — 2e — 1er —	2.800 2.700 2.500 2.300	50	3.900 3.700 3.500 3.300
Lieutenant ou assimilé, médecin et pharmacien aide-major de 1re cl., officier d'administ. de 2e cl., vétérinaire aide-major de 1re cl., interprète de 2e cl., chef de musique de 2e cl., attaché à l'intendance de 1re classe. — 4e échelon de solde 3e — 2e — 1er —	2.300 2.150 2.000 1.800	50	3.100 2.950 2.800 2.650
Sous-lieutenant ou assimilé, médecin et pharmacien aide-major de 2e cl., officier d'administ. de 3e cl., vétérinaire aide-major de 2e cl., interprète de 3e cl., attaché à l'intendance de 2e cl., chef de musique de 3e classe. — 2e échelon de solde 1er —	1.800 1.500	50 40	2.600 2.300

PENSION DE RETRAITE POUR CAUSES DE BLESSURES OU INFIRMITÉS GRAVES ET INCURABLES. — **PENSION AUX VEUVES.** Secours aux orphelins. Loi du 20 juin 1917.

Amputation de deux membres ou perte totale de la vue. Pension fixe quelle que soit la durée des services. (5)	Amputation d'un membre ou perte absolue de l'usage de deux membres. Pension fixe quelle que soit la durée des membres. (6)	Blessures ou infirmités graves qui occasionnent la perte absolue de l'usage d'un membre ou qui y sont reconnues équivalentes. — Minimum. (7)	Accroissement pour chaque année de service y compris les campagnes. (8)	Maximum à 40 ans de service, campagnes comprises. (9)	Blessures ou infirmités moins graves qui mettent dans l'impossibilité de rester au service avant d'avoir accompli les 30 ans exigés pour le droit à pension d'activité. — Minimum. (10)	Accroissement pour chaque année de service au delà de 30 ans. (11)	Maximum à 50 ans (ou 45) de service, campagnes comprises. (12)	Moitié du maximum de la pension d'ancienneté du grade du mari. (13)	Tiers du maximum de la pension d'ancienneté afférente au grade du militaire. (14)
Francs.	Francs.	Francs.	Francs.	Francs.	Francs.	Francs.	Francs.	Francs.	Francs.
12.600	Le maximum de la colonne 4.	Le minimum de la colonne 2.	Le taux de la campagne, colonne 3.	Le maximum de la colonne 4.	Le minimum de la colonne 2.	Le taux de la campagne, colonne 3.	Le maximum de la colonne 4.	5.250	3.500
9.600								4.000	2.667
7.200								3.000	2.000
6.000								2.500	1.667
5.025								2.000	1.333
4.905 4.665 4.425 4.185								1.950 1.850 1.750 1.650	1.300 1.233 1.167 1.100
4.135 4.005 3.825 3.645								1.600 1.475 1.400 1.325	1.087 983 933 883
3.585 2.915								1.300 1.150	867 767

TABLES

TABLE MÉTHODIQUE DES MATIÈRES

Ire PARTIE.

LOIS, ORDONNANCES, DÉCRETS, ETC., FORMANT LA RÉGLEMENTATION
DU SERVICE DES PENSIONS MILITAIRES.

IIe PARTIE.

DISPOSITIONS DIVERSES.

IIIe PARTIE.

CAMPAGNES.

IVe PARTIE.

INSTRUCTION GÉNÉRALE POUR L'ÉTABLISSEMENT DES DEMANDES
ET PROPOSITIONS DE PENSIONS.

TABLE CHRONOLOGIQUE

TABLE ALPHABÉTIQUE

A

O

P

R

Librairie militaire Henri CHARLES-LAVAUZELLE
Paris et Limoges.

Organisation de l'armée :

1re PARTIE. *Organisation générale* (à jour en octobre 1908). 406 pages, cartonné.. 3 »

2e PARTIE. *Cadres et effectifs* (à jour au 18 avril 1916.) 728 pages, cart. 6 »

3e PARTIE *Administration de l'armée* (à jour au 15 janvier 1916). 608 p. 5 »

Personnel civil d'exploitation des établissements militaires. Dispositions relatives aux conditions du travail dans les marchés passés au nom de l'Etat (à jour au 25 mai 1916). 624 pages, cartonné........... 5 »

Pensions militaires. (Mis à jour au 15 novembre 1917.) 310 p., cart. 2 25

Pensions et gratifications de réforme. (Volume mis à jour au 10 avril 1917.) 44 pages, cartonné... » 50

Pensions civiles. (Volume arrêté à la date du 20 juin 1908.) In-8° de 96 pages, cartonné... » 75

Service des poudres et salpêtres (personnel et matériel) (à jour au 1er février 1911). 220 pages, cartonné.............................. 2 »

Recrutement de l'armée. Dispositions générales (à jour au 31 juil. 1916). 328 pages, cartonné.. 2 50

Instruction du 20 décembre 1916 sur l'aptitude physique au service militaire (à jour au 25 juillet 1917). 72 pages, broché............. » 75

Recrutement de l'armée. Allocations pour soutiens indispensables de famille. (Volume arrêté au 1er mars 1916.) 124 pages, cartonné.. 1 »

Recrutement de l'armée. — Commissions spéciales de réforme (à jour au 31 juillet 1916). 60 pages.............................. » 50

Instruction du 16 avril 1910 relative à l'affectation des jeunes soldats, à l'appel et à la libération des classes. 62 pages... ... » 75

Remonte générale à l'intérieur. (Volume mis à jour au 2 août 1915.) 348 pages, broché... 2 50

Instruction du 19 décembre 1900 sur le service des remontes et des haras en Algérie et en Tunisie. 226 pag., br., 2 fr. 50; relié toile. 3 50

Remonte de la gendarmerie (à jour au 10 décembre 1910), 26 pages, cartonné.. » 50

Réquisitions militaires. (Volume mis à jour à la date du 10 avril 1917.) 196 pages, cartonné.. 1 50

Réquisitions militaires. Recensement et classement des animaux et des voitures (mis à jour à la date du 1er août 1914). 216 pages, cart. 1 50

Instruction du 20 juin 1910 relative aux hommes de troupes de la disponibilité et des réserves. (Volume mis à jour au 16 octobre 1915.) 556 pages, cartonné... 4 »

Réserve et armée territoriale. — Officiers et assimilés. — Instruction relative aux officiers et assimilés de complément. Dispositions communes à chaque arme ou service (mis à jour au 9 août 1915), 364 pag., cart. 2 50

Réserve et armée territoriale. — Elèves officiers de réserve (à jour au 31 juillet 1916), 88 pages, cartonné................................ » 75

Instruction sur le service courant (du 10 février 1908), mise à jour au 20 juin 1917. — 522 pages, cartonné............................. 4 »

Service courant. Tableau des pièces périodiques (à jour au 10 janvier 1916). 170 pages, cartonné.. 1 25

Service de place : Etat de siège, honneurs et préséances, cercles et bibliothèques militaires. (Volume mis à jour au 1er septembre 1917.) 224 pages, cartonné... 1 60